PASCALE LECONTE   MARTIN TRYSTRAM

Avec la participation de :
Lullaby, Miel et Taïmoon Trystram.

AF156438

Deux ans en camping-car avec trois enfants

Année 2 :
Mille et une nuits dans le Béluga.

Dessin de couverture : Martin Trystram

© 2025 Pascale Leconte, Martin Trystram.
Édition : BoD · Books on Demand, 31 avenue Saint-
Rémy, 57600 Forbach, bod@bod.fr
Impression : Libri Plureos GmbH, Friedensallee 273,
22763 Hamburg (Allemagne)
ISBN : 978-2-3226-3504-7
Dépôt légal : Mai 2025

EUROPE
RETOUR
guerre !
RUSSI
MER NOIRE
ISTANBUL
TURQUIE
ANKARA
guerre
ERZURUM
CAPPADOCE
KURDISTAN
ANTALYA
MER MEDITERRANÉE
SYRIE
guerre !
MOSSOUL
BAGDAD
GAZA
BABYLONE
PETRA
JORDANIE
EUPHRATE
EGYPTE
AL'ULA
ARABIE SAOUDITE
DÉSERT
MER ROUGE
NIL
DJEDDAH
LA MECQUE
guerre
AFRIQUE

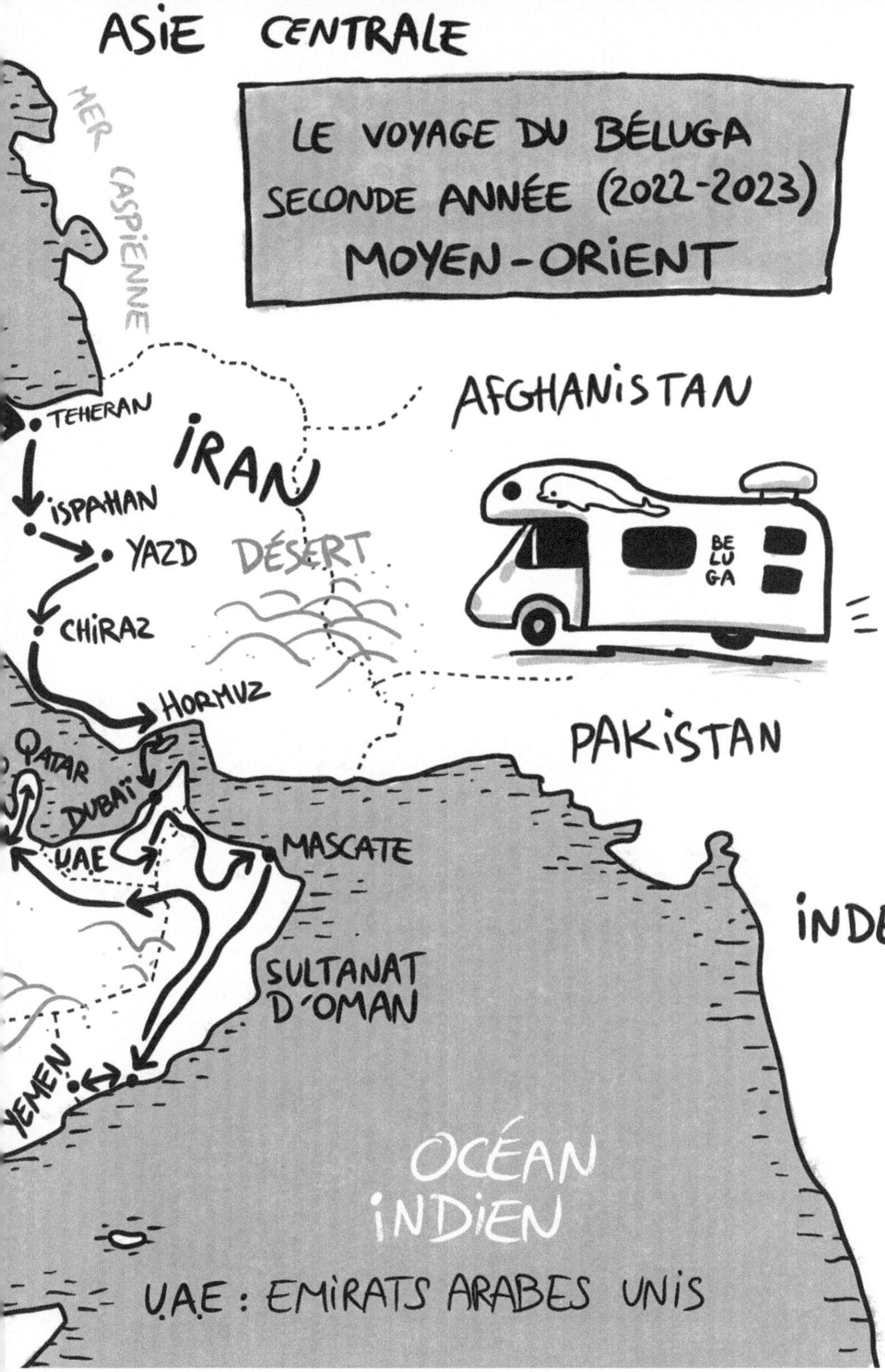
ASIE CENTRALE
LE VOYAGE DU BÉLUGA
SECONDE ANNÉE (2022-2023)
MOYEN-ORIENT
MER CASPIENNE
AFGHANISTAN
TEHERAN
IRAN
ISPAHAN
YAZD
DÉSERT
BE LU GA
CHIRAZ
HORMUZ
PAKISTAN
QATAR
DUBAÏ
U.A.E
MASCATE
INDE
SULTANAT D'OMAN
YEMEN
OCÉAN INDIEN
U.A.E : EMIRATS ARABES UNIS

TURQUIE

Mardi 15 novembre 2022, PASCALE :

Décidément, depuis mon retour à Ankara, je n'ai pas eu une seconde pour écrire dans ce journal alors que j'aurais aimé le faire. Lullaby et moi sommes donc revenus en avion à Ankara (Turquie). Cette fois, Marty, Miel et Taïmoon avaient fait la route en Béluga depuis Antalya afin de venir nous cueillir à l'aéroport de la capitale turque. J'avais dû rentrer à Bruxelles afin de renouveler mon passeport car il expirait en février (je suis belge).

Nous étions tous enchantés de nous retrouver enfin, après quinze jours de séparation !

Nous nous sommes garés deux nuits dans un super parking (à 2€ les 24 heures !). Ankara est vraiment bon marché par rapport à Istanbul ou même Antalya.

Cette capitale est moins touristique que les autres grandes villes en Turquie.

Le seul monument à visiter est le mausolée de Mustafa Atatürk (qui signifie « le père des turcs). Cet homme fut adoré par son peuple car il a complètement modernisé la Turquie durant sa présidence, de 1923 à 1938.

Sur le parking d'Ankara, nous avons fait la rencontre d'une famille nomade : Clément, Amélie et leurs deux enfants, Lucas (11 ans) et Nina (5 ans). Ils ont un camion aménagé en logement et ils font l'école à la maison depuis deux ans. Ils ne comptent pas revenir à la vie sédentaire et ont pour objectif d'atteindre l'Asie. Ils viennent d'Avignon et ne sont pas inscrits au CNED.

Nous avions installé tables et chaises pour discuter au soleil en prenant notre petit déjeuner, quand une autre famille en camping-car est venue se joindre à notre groupe. Micheline et son mari sont belges, ils voyagent avec trois de leurs six enfants (les trois plus jeunes). Leur périple durera pendant six mois, car leur fils de quinze ans ne voulait pas lâcher l'école et ses potes plus longtemps.

Les trois garçons ont quinze, onze et dix ans. Le soir même, les trois couples se sont retrouvés dans le camion d'Amélie et Clément pour discuter autour d'un thé.

Hier, nous sommes arrivés en Cappadoce, juste à temps pour faire le vol en montgolfière.

Nous nous sommes garés en face de l'agence « Royal Balloon » où nous avions rendez-vous pour le vol. Une super équipe que Caroline des « Outsiplous » nous avait conseillée.

D'ailleurs, en discutant lors de mon trajet dans leur camion, sur le chemin pour rentrer à Bruxelles, nous nous sommes rendues compte qu'elle et moi étions à la même école secondaire ! (Environ 1992) Incroyable coïncidence !

Le jour du vol en montgolfière, nous avons pris le petit déjeuner avec d'autres touristes, à six heures du matin. Nous nous étions réveillés quinze minutes avant le rendez-vous car nous dormions sur le parking.

Malheureusement, Lullaby est malade depuis la dernière nuit à Ankara… Nos trois enfants et les enfants des deux familles nomades sont restés dehors assez tard, bien couverts, mais il faisait quand même très froid.

Ainsi, Lullaby dort depuis deux jours, sortant à peine de sa couchette et mangeant le strict minimum. Mais comme il a dormi pendant qu'on prenait le petit déjeuner à l'agence, il a pu nous rejoindre au moment de monter dans le mini-bus qui nous emmènerait au départ des ballons.

En outre, le vol a failli être annulé à cause de la météo qui n'était pas optimale. Les autorités aériennes ont tardé à donner leur accord pour l'envol des montgolfières car le temps était plutôt couvert avec du vent.

Nous avons donc raté le lever du soleil vu de là-haut, car nous n'avons décollé qu'à huit heures.

Sur le lieu du départ, il y avait des dizaines de montgolfières en train de gonfler à l'aide d'énormes ventilateurs soufflant de l'air froid.

Au milieu de ces montagnes si particulières ressemblant au Colorado en moins orangé, le décor était somptueux !

Quand le ballon est gonflé, ils allument le feu pour réchauffer l'air. La montgolfière se dresse à la verticale, prête à accueillir les seize passagers dans sa nacelle. Au centre des quatre compartiments où s'installent les touristes, dont nous, il y a le conducteur entouré de quatre bombonnes de gaz.

Nous nous élevons en douceur, comme délestés de toute pesanteur. Quel silence ! Il est seulement interrompu de temps à autre par les flammes projetées au cœur du ballon.

La température est clémente à côté du feu. Lullaby est calme, plus calme encore que d'habitude. Il semble en plein rêve car la fièvre lui embrouille un peu l'esprit. Il plane. Et nous aussi. Quel spectacle de toute beauté !

J'ai volé pour la première fois sans moteur, sans carlingue, sans parachute qui chute. Au fil des courants d'air, nous nous élevions silencieusement puis nous redescendions. À l'instar des graines de pissenlits qui s'éparpillent dans l'atmosphère, nous sommes une cinquantaine de montgolfières qui se déploient au-dessus de la Love Valley.

Nous étions dans les airs de huit à neuf heures du matin.

L'atterrissage fut aussi fluide et aisé que le décollage. Soixante minutes après le départ, nous avons atterri exactement sur la remorque de leur 4x4 !

La maîtrise du conducteur du ballon et de celui du véhicule à terre était impeccable ! Ils étaient accompagnés d'hommes tirant sur plusieurs cordes pour diriger le ballon lors de l'atterrissage.

L'excursion finissait, avec un verre de champagne et des fraises enrobées de chocolat offerts par notre agence, en contemplant le paysage où, lentement, chaque montgolfière terminait son vol. Quel raffinement.

À la base, je préférais que Marty soit le seul à faire cette activité, vu le prix (200€ par personne). Mais il a insisté pour qu'on le fasse à cinq. En réalité, j'avais surtout peur de ce vol. C'est aussi pour ça que je n'étais pas très motivée…

Marty a eu raison d'insister et j'ai dépassé mes craintes. Le cadeau qui en suivit fut éblouissant !

Vers neuf heures trente, nous étions de retour au Béluga.

Nous sommes partis un peu plus loin dans les hauteurs, là où Nana et Alex nous attendaient avec leurs deux enfants : Amany (3 ans) et Chaïna (1 an). Nous ne les avions plus vus depuis Elea Beach, en Grèce.

À peine les avons-nous rejoints qu'un deuxième camion est arrivé : Clément, Amélie et leurs deux enfants, Lucas et Nina. Nous les avions rencontrés sur le parking d'Ankara, à notre retour de Belgique.

Un peu plus tard, ce fut un autre Clément (25 ans) et son pote Paul (27 ans) qui prenaient place autour de notre feu. Nous avons passé la soirée à faire cuire nos saucisses végétales, des pommes et des chamallows au bout de bâtons. Miel, Taïmoon et Nina ont joué aux dames à l'intérieur du camion, pendant toute la soirée. Lucas (11 ans) est resté avec le groupe dehors. Quand Miel est venu lui proposer de les rejoindre pour jouer, Lucas a répondu :

– Je préfère rester avec les adultes.

– Mais tu fais quoi ?

– J'apprends.

Paul et Clément, amis depuis longtemps, comptaient d'abord voyager chacun dans leur véhicule, mais ils se sont rendus compte que ce serait plus sympa et moins cher de n'avoir qu'un camion pour deux. Ils ont aménagé l'intérieur d'un camion, en rajoutant des murs en bois, un poêle à bois et même un mini vidéo-projecteur avec un écran qui se déroule !

Ils sont sur les routes pour deux ans.

Aujourd'hui, nous avons passé la journée tranquillement dans notre campement.

Lullaby va beaucoup mieux, il a dormi pendant trois jours et le voilà guéri.

J'ai enfin mis ce journal de bord à jour ! J'y ai écrit tout ce que je voulais depuis mon retour de Bruxelles.

Dimanche 20 novembre 2022, PASCALE :

Nous sommes toujours sur le haut plateau de la Cappadoce. Nana et Alex sont partis depuis deux jours car ils étaient ici depuis un mois en raison d'une panne et ils attendaient une nouvelle carte de banque qui devait arriver par la poste. Ils vont continuer vers le Sud.

Si vous souhaitez en apprendre plus sur leur mode de vie, ils tiennent une chaîne Youtube nommée « *Namums_Ohm Famille NOMADE* ».

Après leur départ, nos trois véhicules se sont déplacés pour se rapprocher de la falaise. Maintenant, notre vue donne sur la Love Valley et ses innombrables colonnes minérales.

Depuis notre arrivée ici, le jour du vol en montgolfière, il n'y a plus eu aucun autre vol !

Les conditions météorologiques ne sont pas optimales. Hier, il y avait des rafales de vent. Nous avons donc eu énormément de chance de pouvoir effectuer ce vol… Sinon, nous aurions dû nous lever à six heures plusieurs jours d'affilée afin d'espérer pouvoir voler et nous serions chaque fois rentrés, déçus, nous recoucher.

Nous voulions partir aujourd'hui néanmoins, nous allons rester un jour de plus, espérant voir les montgolfières s'envoler depuis le haut des falaises. Nous partirons demain. Dans notre campement, il y a donc Clément, Amélie, leurs deux enfants, Clément et Paul.

Hier soir, se sont rajoutés un gros camion accompagné d'un 4x4 avec tente de toit. Il s'agit d'une même famille : Émeline et Christophe (les parents), Oriane (20 ans), Liloé (un garçon de 17 ans) et Abélien (13 ans).

Oriane, l'aînée, voyage dans le 4x4 avec son copain, car elle voulait vivre cette aventure d'un an en famille, sans cohabiter dans le même véhicule. Le jeune couple a donc acheté un 4x4 d'occasion à 2500 euros, puis ils l'ont entièrement retapé pour pouvoir y vivre.

Le père est militaire, il était pilote d'hélicoptère pour la marine, et la maman est contrôleuse fiscale. J'étais curieuse de connaître comment et pourquoi elle pratiquait ce métier…

En fait, ses parents l'étaient aussi et quand elle a passé le concours d'entrée, elle a tout de suite été acceptée. Elle aime ce métier car, avant, quand il y avait plus de personnel, leur rôle constituait surtout à accompagner les gens qui se trompaient ou ignoraient comment remplir leur déclaration. Toutefois, actuellement, il n'y a pas ou peu de remplacements des fonctionnaires partis à la retraite. C'est ainsi qu'en quinze ans, ils sont passés de 140 000 à 90 000 personnes pour gérer le contrôle fiscal français et le Trésor Public qui ont fusionné récemment. Elle constate aussi que les français sont vraiment réfractaires au fait de payer autant d'impôts comparés aux allemands, par exemple. Bien entendu, le numérique est responsable d'un besoin réduit en ressources humaines mais c'est tout de même excessif et sans limite, car cela fait cinq ans que les rapports de satisfaction des « clients » sont négatifs et que tout le monde (employés et clients) se plaint du manque de temps et d'effectifs... Pourtant, les supérieurs continuent de réduire le nombre d'employés.

La famille d'Émeline avait rencontré Clément et Amélie sur le parking d'Istanbul. Ils sont restés en contact et se sont retrouvés ici.

Marty et Miel font une ballade à pied jusqu'au village d'à côté où se trouve un château sur la montagne. Vu qu'on avait déjà fait une randonnée hier, tous ensemble, Taïmoon avait envie de rester pour jouer avec Nina. Mais là, il vient de prendre une des BD qu'il a dessinée pour la lire à Nina et sa maman. Pendant ce temps, je peux écrire dans le journal de bord.

Hier, nous avons marché dans la Love Valley, au milieu des colonnes de roches volcaniques et des rochers blancs et lisses comme des dunes. Tout était couleur sable et orangé car, malgré le ciel bleu et la douceur de la température, nous sommes en automne.

Ce fut très escarpé au début, car il fallait descendre au cœur de la vallée. Toutefois, passé ce moment pénible et stressant pour moi, le paysage à contempler fut magnifique !

Après deux heures de marche, nous avons atteint une maisonnette en rondins de bois. C'était un restaurant qui vendait aussi des souvenirs. C'était trop beau : seule au milieu de la montagne, avec un unique étage, un poêle et un salon terrasse ouverte sur le paysage. On y a mangé des galettes aux pommes-de-terre, épinard et fromage, accompagné d'un thé. Parfait à seize heures pour notre repas du « midi ».

Il y avait aussi trois vieilles roulottes aux toits en roseaux. (Comme au Far-West !)

Puis nous sommes revenus par un chemin plus court.

La veille, nous sommes allés en camping-car pour visiter un village à quarante minutes de route. Clément et Paul nous ont accompagnés. Il s'agissait des fameux villages souterrains avec leurs innombrables galeries longues de milliers de mètres… Nous n'en avons visité que la partie ouverte au public.

Au sous-sol, il y avait des couloirs, des pièces, des canaux pour amener l'eau, des réservoirs et des fontaines à vin ! Plus rien n'était en fonction, il s'agit d'un lieu abandonné par les hommes depuis des siècles. À cette époque, environ vingt-mille personnes y habitaient au quotidien, avec leur bétail, afin d'échapper à leurs ennemis. Ce furent les chrétiens qui s'y cachèrent car leur religion était interdite.

Déambuler sous terre, dans des tunnels sombres et exigus, c'était assez angoissant.

Mercredi 23 novembre 2022, PASCALE :

Nous sommes à trois heures de route d'Erzurum. Erzurum est la dernière grande ville de Turquie où nous pouvons retirer nos visas pré-commandés en ligne. Ce visa est obligatoire pour visiter l'Iran. La date prévue de notre entrée en Iran est le samedi 26 novembre. Or il faut trois jours pour l'obtenir une fois le paiement fait (aujourd'hui) donc nous pourrons peut-être avoir les visas vendredi soir… Sinon, ce sera lundi, car l'ambassade ferme le week-end. Hier, nous avons roulé sept heures ! La route est longue depuis la Cappadoce. Et nous arrivons à la fin des trois mois autorisés de présence en Turquie. Au-delà de cette durée, il faut acheter un visa valable un an maximum. Nous sommes entrés le 6 septembre donc nous n'avons pas besoin de ce visa jusqu'au 6 décembre.

Nous venons d'acheter des bouillottes pour les nuits froides.

IRAN

Lundi 28 novembre 2022, PASCALE :

Hier, nous avons passé notre dernière journée en Turquie en visitant le monastère Ishak Pacha, construit au sommet d'une montagne. La vue donnait sur le mont Ararat. Ce monastère est construit en pierre sculptée finement ouvragée, couleur sable. Magnifique !

L'Iran sera la première frontière difficile à passer, cela a nécessité une longue préparation. Comme disait Marty :

– J'ai hâte d'être enfin en Iran pour arrêter de préparer le passage de cette frontière !

Lors de son séjour à Antalya, Laureana (la copine de Marty) a bien apporté le « Carnet de Passage en Douane » (CPD) du Béluga (notre camping-car). Le CPD est obligatoire pour tous les pays hors Europe que nous allons traverser. Il s'agit d'un « passeport » pour notre véhicule. Il ne pouvait être expédié qu'à une adresse française. Laureana l'a donc récupéré juste avant de rejoindre Marty pour une semaine de vacances en Turquie.

Maintenant, nous avons tous les documents nécessaires.

Le prix du visa iranien est de 80 € par personne.

Nous voici enfin en Iran ! Merci Marty ! C'est grâce à sa pugnacité que nous y sommes arrivés. J'avoue que j'étais effrayée à l'idée de traverser ce pays mais Marty s'est renseigné auprès de nos amis nomades actuellement en Iran, et ils nous ont confirmé que tout allait bien.

Ici, nous sommes à 1600 mètres d'altitude. Il fait froid mais pour une fin novembre, il fait très doux.

La frontière fut longue à passer, nous sommes arrivés à dix-huit heures et il faisait déjà nuit. Nous avons mis deux heures pour quitter la Turquie et notre camping-car a dû passer sous une arche de Rayon X pour voir si nous ne cachions rien (ni personne) d'interdit.

Avant d'en arriver là, nous avons longé une file interminable de camions qui attendaient de passer la douane. Heureusement, il y avait une route à côté réservée aux autres véhicules. Tous les camions devaient passer par le Rayon X.

Il y avait quatre voitures avant nous, pourtant le passage vers l'Iran a bien duré deux heures.

Dès la barrière de sortie de la Turquie franchie, un homme est venu pour nous guider de guichets en guichets, jusqu'à la fin. Il nous traduisait tout en anglais, il remplissait notre CPD et d'autres formulaires, il nous a proposé d'échanger des rials iraniens. Ce que j'ai accepté. 200 € = 60 000 000 RI !!! Autrement dit, un euro équivaut à 300 000 RI !

Cet homme est un « facilitateur » qui nous accompagne, nous guide d'un poste à un autre et répond à nos questions. Évidemment, son service se paie : vingt euros.

Quand, à vingt-deux heures, nous avons quitté la frontière et remercié notre facilitateur, nous étions HEUREUX !

Maintenant, nous allons profiter !

Nous avons installé un VPN pour brouiller les cookies d'internet, car en Iran, internet est ultra limité ct contrôlé par les autorités du pays… Aucun accès à Facebook, Youtube ou Instagram… Il faudra acheter une carte SIM qu'on mettra dans le téléphone de Marty.

Par conséquent, j'ai clôturé mon forfait internet et celui de Lullaby qu'on avait ouvert juste pour le voyage. Free nous a permis d'avoir 25 Giga d'internet inclus dans notre forfait mensuel à dix euros par mois, jusqu'en Turquie (incluse), excepté l'Albanie.

En revanche, plus aucun pays de la péninsule arabique n'est inclus dans ce forfait, donc il est inutile de maintenir nos abonnements payants. Un seul sur trois suffira.

Nous avons eu le temps de réaliser des devoirs CNED pendant que Marty gérait le passage de la frontière.

Dès notre entrée dans la ville iranienne, le dépaysement fut total : l'écriture latine avait disparu au profit des belles lettres arabiques.

Une large route centrale, cernée de part et d'autre par des boutiques avec des mots iraniens en néons. Des cafés, des restaurants, des marchands ambulants de boissons chaudes ou de kebab et des épiceries. Aucun supermarché jusqu'à présent.

Nous avons tout de suite été remplir notre réservoir dans une station essence.

Mes amis, tenez-vous bien… En France, le litre du diesel a atteint les deux euros. En Iran, c'est le plein de 80 litres qui coûte deux euros !!

Nous avons payé 120 000 RI pour vingt litres, autrement dit, vingt litres coûtait 0,40 € !

Nous allons beaucoup rouler, cela tombe à pic, ce pays est immense, encore plus vaste que la Turquie.

Bien évidemment, je suis maintenant voilée… Et voilà, dès qu'on se retrouve dans la situation d'une femme dans un pays qui l'exige, nous nous voilons. Je cache donc mes cheveux depuis la frontière.

Comme j'habite dans un camping-car qui possède de grandes fenêtres donnant sur l'extérieur, je garde ce voile du matin au soir.

C'est intéressant de se mettre dans la peau d'une femme voilée. Une expérience enrichissante. Je m'étais toujours demandée comment je le vivrais, comment je me sentirais dans ce cas-là ? Maintenant, j'ai les réponses à toutes ces questions.

Marty avait entendu des iraniens qui lui disaient que la Turquie était trop chère pour eux !

En Turquie, nous étions quand même à un euro le kilo de légumes ou de fruits quand nous en sommes à quatre euros, en France. Je me demande combien sera le coût ici ? Ce ne sera sans doute pas corrélé au prix dérisoire de l'essence. Le prix du carburant est si bas parce qu'ils le produisent eux-mêmes dans leur pays.

Pour le moment, Marty est en train d'acheter deux plaques d'immatriculation iraniennes au commissariat de police, pour remplacer les nôtres temporairement. Car notre facilitateur nous a dit que c'était obligatoire si nous dépassions dix jours de voyage en Iran.

Après, nous allons rouler quatre heures pour rejoindre la prochaine grande ville : Tabriz.

Il fait beau, doux, presque chaud.

Un sevrage d'internet me fera le plus grand bien !

Jeudi 1 décembre 2022, PASCALE :

Nous avons acheté une carte SIM donc j'ai pu prévenir mes proches que nous étions en Iran.

Le lendemain de notre passage en frontière, nous sommes allés au commissariat de police pour payer dix dollars, le prix des deux plaques d'immatriculation iraniennes. Marty arrive vers treize heures pour faire les plaques et le flic nous dit qu'ils ferment à quatorze heures et qu'il faut d'abord aller à la banque pour payer un euro d'acompte. Or la banque est fermée donc il faut revenir le lendemain à huit heures du matin.

Nous avons dû passer une deuxième nuit à Macau alors que Marty voulait vite rouler vers Tabriz.

Le lendemain, Marty s'est réveillé tôt pour aller à la banque. Mission numéro un accomplie.

Mais quand il est retourné au commissariat pour finaliser la commande, il y avait un nouveau flic qui refusait de valider notre demande sans avoir vu que le numéro du moteur gravé soit le même que celui noté sur le CPD (Carnet de Passage en Douane) du Béluga.

Il nous obligeait à aller chez le garagiste d'en face pour qu'il regarde sous le châssis et confirme le numéro. Marty m'annonça, hyper stressé, que notre voyage en Iran s'arrêtait maintenant… Car si notre numéro de moteur ne correspond pas à celui inscrit sur le CPD, alors nous risquons la confiscation de notre camping-car à la moindre frontière un peu tatillonne !

Nous n'avons jamais vraiment compris quel numéro inscrire sur le CPD car il y en a plusieurs et presque inaccessible pour les voir. Ainsi, nous n'étions pas sûrs d'avoir inscrit le bon sur le formulaire.

Au garage, Marty sympathise avec Hamed, un iranien qui a vécu dix ans à Liège ! Il parle bien français car il est arrivé en Belgique à quinze ans pour y faire ses études.

Ensuite, il est parti à Londres où il vit actuellement. Son frère vit en France et sa sœur s'est mariée à Dubaï et s'y trouve encore.

Hamed revient régulièrement en Iran pour voir son père (sa mère est décédée).

Là, pour la première fois, il avait fait le chemin en voiture (une voiture anglaise avec le volant à droite) donc il avait le même problème que nous… Il était bloqué au commissariat depuis trois jours ! Et plusieurs autres personnes aussi.

Le flic nous rejoint même au garage pour voir le garagiste et ils avaient beau chercher, ils ne trouvaient pas le numéro du moteur. Pour autant, ils refusaient de signer notre document !

Au final, c'est Hamed qui leur a donné une billet pour faire accepter notre requête !

Bon, ce bakchich était de l'ordre de trois à dix euros.

En effet, le garagiste nous a demandé un billet aussi, ce qui était normal. Mais quand tu remarques que le flic nous a dit d'aller précisément dans ce garage-là alors que nous étions dans une rue remplie de garages différents et qu'il a finalement signé le document sans avoir pu vérifier qu'il s'agissait du bon numéro dès que le garagiste a reçu son « paiement ».

Nous avons aussi dû donner quelques euros au flic et Hamed nous a aidé à mettre les plaques iraniennes.

Sans compter que le policier voulait en plus nous faire payer une assurance auto iranienne alors que l'Iran est déjà pris en charge par notre assurance française. Là, j'ai refusé et il a laissé tomber.

Enfin libérés, nous sommes partis un peu plus loin pour manger. Il était quatorze heures et nous n'avions encore rien avalé en raison du stress de tout finaliser avant la fermeture du commissariat.

Hamed nous a retrouvés à la camionnette qui vendait des kebabs et il nous a offert un thé. Puis nous avons dégusté une spécialité iranienne à emporter : œuf dur, pomme de terre, menthe, salade et aneth enroulés dans une galette style tacos. C'était bon, nourrissant et végétarien.

Nous avons enfin pu rouler, rouler et encore rouler !

Après ces sueurs froides, Marty n'avait qu'une seule envie, c'était d'avancer le plus loin possible de cette frontière compliquée, pour atteindre Tabriz où un couple de français nous attendait (Serge et Afsha).

Nous avons roulé jusqu'au soir. Dès que notre réservoir d'essence se vidait d'un quart, nous partions en quête de carburant. Nous avons été dans deux stations qui ont refusé de nous vendre du diesel ! Car seuls les iraniens possèdent une carte les autorisant à acheter de l'essence dans leur pays. Pour les voyageurs, c'est la galère…

À chaque fois, ils nous disaient d'aller à la pompe suivante.

Donc là, je commençais à angoisser. C'est frustrant de ne pas pouvoir payer ce dont nous avons besoin non par manque d'argent mais parce qu'on nous l'interdit.

Heureusement, la troisième pompe fut la bonne. Et devinez quoi ? Ce fut gratuit !! Le pompiste a dit à Marty :

– C'est bon, il n'y a rien à payer.

Incroyable !

Nous sommes arrivés le soir même à Tabriz. Le van des français s'y trouvait déjà, ainsi qu'un autre van de belges. Des belges qui s'étaient garés juste derrière nous quand on se trouvait à Erzurum, en Turquie. Nous ne nous étions pas vus car ils étaient partis tôt pour chercher leurs visas et quand ils étaient revenus, c'était nous qui étions partis.

Nous nous sommes donc rencontrés ici, sur le parking gratuit de Tabriz.

Le lendemain matin, les français sont partis, donc nous avons passé du temps avec les belges : Philippe, Jess, Aïden (garçon de 11 ans) et Abby (fille de 8 ans).

Ils ont commencé leur voyage en septembre de cette année. Ils sont déjà en Iran car ils ont prévu de voyager jusqu'à fin août 2023 et aimeraient atteindre l'Inde. Ils ont donc traversé les pays européens le plus rapidement possible.

Nous allons partager la route avec eux jusqu'à Téhéran.

Dès notre arrivée sur le parking, un iranien d'une soixantaine d'années est venu se présenter : il se fait appeler « English teacher ». Il nous propose de l'aide, des infos et du change.

Il était plutôt collant et insistant mais le lendemain, Marty a fait appel à lui car notre chauffage ne fonctionnait plus. Il nous a accompagné chez un garagiste pour traduire.

Ce garagiste était d'une incroyable incompétence... Il était persuadé que notre chauffage était électrique alors qu'il fonctionne au gaz. Et c'est Marty qui a fait le décrassage et le nettoyage de l'intérieur du chauffage. Moi, je suis partie avec Miel dans les rues du coin pour trouver un repas. C'était galère. Il n'y avait que des kebabs ou des snacks sucrés. J'ai acheté des brochettes de pommes de terre, de tomates et de champignons.

Le vendeur m'a donné un prix trois fois plus élevé que d'ordinaire, les patates étaient pourries à l'intérieur. Bref, ce fut une mauvaise journée, et pluvieuse de surcroît.

Lullaby est encore malade. Pas de fièvre ni de toux mais l'œil gauche et son nerf optique lui fait mal. Il dort beaucoup et vit un peu au ralenti néanmoins il est quand même motivé et partant pour faire les visites.

Le premier soir à Macau, je suis sortie, seule, à la nuit tombée, pour aller acheter trois kebabs qui compléteraient la soupe au potiron que Marty préparait.

Ce fut une erreur que je ne referai plus. Bien que voilée, j'ai quand même été prise pour une prostituée…

En rentrant dans le restaurant, je commande en anglais et le client à côté du comptoir me dit en souriant :

– Welcome to Macau.

– Thank you, do you speak english ?

J'espérais qu'il pourrait traduire ma demande de repas végétarien au cuisinier. Mais non, il ne savait dire que bienvenue.

Je commande donc avec des gestes et je m'installe à table en attendant. Le client se retournait sans cesse pour capter mon attention et relancer une impossible discussion.

J'avais les yeux rivés sur mon téléphone. Même sans internet, j'ai toujours des photos à trier.

À un moment, le client m'appelle et me montre sa liasse de billets, m'indiquant qu'il veut m'offrir le repas.

– No, thanks.

J'étais touchée par son geste puis, comme la commande était prête, j'ai payé le cuisinier.

Quand je sors, le client m'attendait dehors. Je lui dis :
– Thank you. Goodbye.
Et il me fait le signe du fric avec sa main. C'est là que je réalise qu'il envisageait une suite sexuelle rémunérée avec ma personne…! Je redis « No, thanks. » et je suis retournée d'un pas rapide au Béluga.
Il ne m'a pas suivie. Je crains d'avoir transmis un message trop avenant, malgré moi, avec une attitude souriante et spontanée.
Jess m'a expliqué plus tard qu'ici, les femmes ne doivent transmettre aucune émotion, surtout pas la joie ou la sympathie, sous peine de passer pour une « fille facile ».
Pourtant, j'ai la même attitude que Marty quand il voit des gens. Mais lui est un homme et je suis une femme. Cela change tout.

Samedi 3 décembre 2022, PASCALE :

Avec Fabienne, nous avons enfin finalisé le recueil de contes pour enfants, ainsi que le site de vote pour poursuivre cette aventure littéraire avec les nouvelles qui auront le plus de succès auprès des lecteurs. Problème… Alors que mon fichier PDF n'attend qu'à être téléchargé sur le site d'édition afin de publier le livre, j'ai un accès ultra limité à internet ! La connexion fonctionne de manière aléatoire et il m'est impossible de télécharger des fichiers sur le site.
Ainsi, je ne peux ni envoyer les devoirs au CNED ni publier ce recueil qui doit être prêt début décembre puisqu'on veut en faire la promotion pour les cadeaux de Noël !
Hier, nous avons passé notre dernière journée à Tabriz. Nasser, un guide touristique conseillé par Jess nous a proposé une visite au village troglodyte situé à une heure

de Tabriz. Pour vingt euros, nous y étions conduits, à cinq, en voiture, aller et retour.

Ce village creusé dans la roche est l'un des derniers à être toujours habité !

Comme il y a cent ans, nous avons vu des iraniens marcher au milieu des troupeaux de brebis et les ruelles en pierres parsemées de crottins et de boue…

Il y avait aussi des rigoles où coulaient la pluie, la boue et même du sang d'animal ! Quand nous sommes arrivés là, deux hommes étaient accroupis au-dessus de la rigole, tenant calmement un agneau mort, ils venaient de l'égorger. Ils tenaient la bête avec respect, voire tendresse. Sans doute l'avaient-ils vu naître et grandir. Le temps était simplement venu de le manger pour nourrir leur famille.

Ce cycle de la vie qu'on ne remet pas en question dans les campagnes traditionnelles où internet n'existe pas et où il y a, à peine, les prémices de l'électricité.

En tout cas, si on désire fuir un monde totalitariste du contrôle généralisé de la population qui pourrait advenir un jour, il existera toujours des endroits où aucune caméra, aucune intelligence artificielle ne pourra venir faire sa loi. Ce lieu-ci, par exemple.

Nous avons fait la visite de ce village ancestral puis nous sommes rentrés vers quatorze heures au parking de Tabriz. Jess et Phil étaient partis plus tôt pour aller au prochain lieu que Marty avait proposé.

Un endroit aride et désertique fait de montagnes striées de lignes ocres, jaunes et rouges !

Nous les avons rejoints là-bas, après la tombée de la nuit, donc nous n'avons pu admirer ce paysage surnaturel que ce matin…

On se croirait sur Mercure ! En tout cas, ce paysage ressemble à l'idée que je me fais de cette planète lointaine.

Non seulement, nous découvrons la Terre, lors de cette

double année sabbatique, mais nous avons même l'impression de visiter les autres planètes du système solaire !

Décidément, ce périple restera gravé dans ma mémoire comme une expérience hors du commun. Pendant que les enfants jouaient aux cartes Pokémon dans le van des belges, nous avons invité les parents chez nous.

Jess, 41 ans, est orthophoniste (on dit « logopède » en Belgique). Elle gère ses propres patients dans son cabinet à domicile.

Quant à Phil, il s'était toujours dit : « Je travaille jusqu'à quarante ans, puis j'arrête. »

Sous entendu, qu'il amassait de l'épargne en tant que salarié, puis, à la quarantaine, il se mit à son propre compte et gère aujourd'hui sa vie comme il l'entend.

Or c'est précisément l'année de ses quarante ans !

Mission accomplie pour lui car il était banquier et a pu acheter sa maison et une vieille ferme qu'ils ont aménagé pour la moitié en leur futur domicile et l'autre moitié, en un gîte.

Maintenant, ils sont en voyage pendant un an.

Quand nous étions à Tabriz, le premier jour, nous sommes allés boire un cacao chaud dans un café avec les cinq enfants et Jess (Phil devait faire une démarche).

À côté de nous, il y avait un groupe d'étudiants. Marty a discuté avec eux pour en savoir plus sur leur vie estudiantine. Ils faisaient tous des études pour devenir ingénieurs ! Il y avait des filles aux cheveux voilés et des garçons, tous d'environ vingt-deux ans.

Parmi eux, une étudiante était passionnée de dessin. Elle a sorti son téléphone pour montrer la toile qu'elle venait d'achever. C'était hyper bien réalisé !! Cela représentait un paysage avec une étendue d'eau et des vaguelettes, à la peinture à l'huile ! Cette peinture est rarement utilisée car difficile à maîtriser. Elle a ensuite montré l'une de ses natures mortes : une jolie assiette remplie de grenades à côté d'une carafe en métal gravé. C'était splendide !

Marty et moi étions choqués de tant de maîtrise et de beauté. Je lui ai avoué qu'après cinq ans d'études en Arts Plastiques, j'étais incapable de peindre une toile aussi réaliste.

Elle regrettait de ne pouvoir y consacrer plus de temps, en raison de ses études intensives.

Bref, je repense encore aujourd'hui à la douceur veloutée des grenades qu'elle avait dessinées. J'aurais dû lui demander son nom afin de voir d'autres tableaux réalisés par elle.

Dimanche 4 décembre 2022, MARTY :

Arrivée à Téhéran, Pascale est sur les nerfs ! « Control Freak » + Iran ne font pas bons ménages. Ici, actuellement, rien ne marche comme avant : plaques d'immatriculation, assurance, argent, diesel, téléphone et surtout internet. Nos VPN ne marchent pas bien. C'est comme se débattre contre une tempête, la lutte est difficile.

De coup, Pascale est de très mauvaise humeur et m'en veut d'avoir traîné à finir mes illustrations pour le recueil de Contes.

Peut-être que Nico, un pro d'internet, qu'on va retrouver avec Julie et leur trois enfants, va pouvoir la dépanner ?

Allez, on file manger en ville. Go à la recherche d'un bon restau végétarien.

Comme l'a dit le douanier de la frontière :

– This is Iran. Everything is different in my country.

Il faut l'accepter. C'est ça le voyage.

Oui, on bouffe beaucoup de pain, c'est ça le voyage.

Oui, il y a peu de restaurants veggie bobo, c'est ça le voyage.

Oui, les pizzas ne sont pas au feu de bois, c'est ça le voyage.

Oui, internet marche mal, c'est ça le voyage.

Oui, on ne peut pas remonter contre le vent, c'est ça la naviguation.

Vendredi 9 décembre 2022, PASCALE :

Après quelques jours de forte tension entre Marty et moi, tout va mieux.

J'étais vraiment en étaux entre ma famille en camping-car qui voulait profiter, s'amuser, bavarder avec les amis et les iraniens curieux de voir des français ici, puis de l'autre côté, mon amie en Belgique, ainsi que les auteurs publiés dans le recueil de Contes, qui souhaitaient avoir leur exemplaire avant Noël !

Et moi, au milieu de tout ça, complètement incapable de trouver une solution à la censure iranienne sur les sites internet… Impossible de contourner le système mis en place par les autorités pour finaliser la publication du recueil de contes pour enfants !

Nous avons installé et payé plusieurs VPN différents, aucun n'a fonctionné. Notre carte SIM bugge une fois sur deux et fonctionne au ralenti.

Heureusement, Nico a réussi à mettre les fichiers du livre en ligne.

Nous avons tous été manger au restau végé que Nico et Julie avaient déjà testé et se faisaient une joie de retrouver.

Puis, ils sont retournés au « Book Garden » pour visiter un mini-musée de construction en Lego.

Je peux enfin réellement profiter de cette mystérieuse capitale.

Nous avons visité le Grand Bazar du Sud où il y a des objets à acheter puis hier, le Grand Bazar du Nord spécialisé dans la nourriture. Nous avons cumulé cette visite avec le petit village à flanc de montagne, typique et touristique.

Pour s'y rendre, il a fallu prendre le métro jusqu'au terminus (dix arrêts depuis notre parking) puis dix minutes en taxi, le tout pour deux euros. Nous aurions pu marcher mais le chemin montait fort jusqu'à l'entrée du village.

Comme d'habitude, nous y sommes arrivés à la tombée de la nuit… Mais c'était magique !

Tout au long de la rivière en cascade, il y avait des hôtels dont les balcons étaient éclairés par des loupiotes et des terrasses où s'asseoir à table ou par terre sur des tapis

Dans le lit de la rivière, il y avait des pilotis où étaient installés des tables basses avec tapis pour y prendre le thé. L'élément « eau » était omniprésent. Étonnement, l'eau se mêlait harmonieusement au feu. Il y avait beaucoup de jolis circuits où l'eau entourait les flambeaux enflammés.

Oui, notre entrée en Iran était difficile et la vie ici est compliquée mais cette double année était nécessaire pour vivre notre expérience à fond !

La première année fut du plaisir à l'état pur, avec la découverte des pays européens, facile d'accès, où l'euro était utilisé et où les gens et les panneaux sont en anglais.

Maintenant, nous poussons plus avant dans notre zone d'inconfort et donc, d'aventure…

Pas d'euros, pas de distributeurs pour retirer des billes, aucune carte bancaire européenne n'est acceptée nul part, le diesel est difficile à obtenir, les indications de prix et de lieux sont en iranien. Bref, nous vivons un dépaysement total, c'est ardu mais d'autant plus intéressant à expérimenter. Il nous a bien fallu une première année de rodage pour maîtriser la vie nomade à cinq en camping-car.

Nous étions fin prêts à passer à l'étape supérieure.

Aussi, nous avons pris la décision de la vivre pleinement et jusqu'au bout : c'est à dire jusqu'à fin août 2023 !

Nous avions inscrit Lullaby pour qu'il passe son BREVET le 30 juin 2023 à la préfecture de Montpellier. Entre-temps, nous avons eu la confirmation que ce BREVET n'était pas obligatoire pour son passage en seconde. En plus, Marty et moi pensons qu'il faut donner la priorité au voyage jusqu'à la dernière limite (fin août).

Si Lullaby fait le BREVET en annulant le mois de révision qu'il devait passer chez ses grands-parents, nous allons devoir y consacrer beaucoup de temps et d'énergie tout en poursuivant le voyage…

Ainsi, ce serait une perte de temps pour la découverte des pays du Moyen-Orient que nous n'aurons plus l'occasion de visiter de si tôt, voire jamais ?

Maintenant, nous avons neuf longs mois devant nous, nous avons le CPD pour notre Béluga, les passeports, les Visas et une disponibilité totale.

Le BREVET lui-même ne sera pas sympa à passer pour Lullaby, ni représentatif car il le fera seul, sans les autres élèves de son collège. Nous avons donc averti Lullaby ce matin de notre décision et il était d'accord.

L'année prochaine, nous serons tous plus disponibles pour l'accompagner dans sa scolarité.

Nous sommes vendredi et, en Iran, c'est leur « dimanche ». En fait, le jeudi et le vendredi sont leur week-end. Aussi, les iraniens se baladent en couple, entre amis ou en famille. Ils ont l'air heureux.

Dans le parc où nous sommes garés, il y a beaucoup de tables de pique-nique avec un coin barbecue mis à disposition des promeneurs.

Et plusieurs barbecues étaient allumés, les gens y faisaient cuire leur repas… Pourtant nous sommes mi-décembre ! Il fait gris et froid…

Concernant le voile des femmes, l'Iran est comparable à n'importe quelle ville de France ou d'ailleurs. Certaines femmes sont intégralement couvertes de noir (sauf le visage) mais elles sont plutôt rares.

La majorité porte un voile couvrant à peine leurs cheveux. Et beaucoup ne cachent pas du tout leur chevelure !

Avec mon voile bleu, je suis l'une des plus voilées, c'est dire !

J'ai un bandeau et un voile car sans ce bandeau, le voile glissait tout le temps…

Je me sens mieux lorsque je suis voilée, je m'y étais préparée et je préfère faire la « bonne citoyenne » pour une fois.

D'ailleurs, je préfère largement cacher mes cheveux plutôt que masquer mon nez comme ce fut le cas durant la pandémie. Cela, je ne m'y suis jamais résolue car ma respiration en était vraiment gênée.

Bref, la révolution populaire a été hyper efficace ! En moins d'un mois, le peuple a atteint l'un de ses objectifs prioritaires : être libre de porter ou non le voile.

Samedi 10 décembre 2022, PASCALE :

Nous avons quitté Téhéran hier soir, après un dernier cacao chaud au Book Garden. Les garçons ont visité le musée de la guerre qui était juste à côté de notre parking. Malgré le sujet, la mise en scène était moderne et incroyable !

Des salles d'immersion totale, avec sons de la forêt, lumières d'ambiance et chaleur suffocante ou froid glacial pour accentuer les scènes de la guerre Iran-Irak.

Quand j'avais demandé à un iranien qui était venu nous

parler ce qu'il pensait des irakiens, maintenant que la guerre était finie depuis quarante ans, il avait répondu :

– Notre peuple est en paix avec le peuple irakien. Seuls les gouvernements et les autorités veulent toujours maintenir une sorte de conflit.

Quand Nico et Julie étaient encore là, (car ils sont partis vers le sud avant nous) nous avions invité un iranien de vingt-deux ans nommé Ouman dans leur camping-car.

Ouman nous a raconté qu'il y a quelques jours, il se baladait en ville avec une amie qui ne portait pas le voile. À un moment, une dizaine de militaires ont croisé leur route et lui ont imposé de cacher ses cheveux. La fille a dit non.

Alors, les militaires ont pointé leur flash-ball sur elle et Ouman, en ordonnant qu'elle obéisse sinon ils allaient tirer…

Ouman lui a dit :

– Viens, on marche et on s'en va.

Et c'est ce qu'ils firent.

Les soldats et leurs fusils sont restés en plan, avec leurs armes brandies face au vide !

Ouman et son amie sont partis, sans avoir obéi.

En fait, ces flics n'ont pas le pouvoir de nous faire obéir ; ils savent que s'il y a la moindre bavure injuste, le peuple entier le saura et le soulèvement de colère sera d'autant plus fort. Donc, la milice compte uniquement sur notre auto-censure et notre soumission volontaire à la peur.

C'est très important à savoir. Ils ont déjà perdu. La nouvelle génération est là.

Nous avions été visiter une très jolie mosquée dont les murs extérieurs étaient en mosaïques colorées et l'intérieur aussi était splendide !

Les murs intérieurs étaient entièrement recouverts de mosaïques de miroirs. On n'y voyait pas notre reflet car les miroirs sont petits et de formes géométriques variées, mais c'était éblouissant !

Les quatre garçons ont été du côté masculin et moi, j'ai dû revêtir un immense drap fleuri pour visiter le coin féminin qui, heureusement, était aussi beau que celui des hommes.

Lundi 12 décembre 2022, PASCALE :

Aujourd'hui, j'ai quarante-cinq ans. Quel drôle d'endroit pour le fêter… En Iran, voilée et avec un gros gâteau au chocolat et crème fraîche au Nutella ! Je l'ai acheté dans une excellente pâtisserie de Qom.

Nous sommes à Qom depuis deux jours, cette ville sainte abrite le Mausolée de Fatima.

Cette femme, dont l'intelligence et la piété a marqué les esprits de son temps, est née dans la Médina, vers 789 après JC. Elle est morte ici, âgée de vingt-sept ans, empoisonnée par ses ennemis.

Le Mausolée était splendide, l'extérieur était recouvert de mosaïques colorées. Et encore et toujours des intérieurs chargés de miroirs à multiples facettes.

Un imam nous attendait pour nous faire la visite des lieux. Marty l'avait prévenu de notre venue la veille par téléphone. Heureusement, car, sans lui, en tant que touristes, nous n'aurions pas pu entrer.

J'ai, en revanche, dû me couvrir intégralement d'un drap fleuri. Du haut du crâne au sol, sans toutefois recouvrir le visage. Je ressemblais parfaitement à un gros sac de linge.

Avant l'Iran, j'étais en paix avec les femmes qui se voilaient intégralement, mais à présent, je suis blessée car quand ce n'est pas un choix personnel, c'est odieux. Surtout en comparaison avec les hommes qui se baladent tête nue, en chemise et en pantalon.

De quel droit ?

Je le fais pour le moment mais si j'avais à vivre dans un tel endroit, je resterais voilée même chez moi. Hors de question de me couvrir dans la rue puis, une fois arrivée dans mon foyer, devoir me mettre en jupette séduisante, me maquiller, m'apprêter pour plaire à mon époux !

Je ne suis pas une poupée qu'on habille selon le bon vouloir des hommes qui m'entourent.

En plus, sans doute est-ce car je suis une étrangère mais je ne me suis pas sentie invisibilisée par le voile. Les gens, hommes et femmes, me dévisagent dans la rue, il y a même eu quelques sifflements. Donc ce voile est une belle arnaque pour la gent féminine.

Mardi 13 décembre 2022, PASCALE :

Hier soir, nous avons retrouvé les deux familles belges à Kashan : Nico, Julie et Phil, Jess et, bien sûr, leurs enfants. Les six adultes ont passé la soirée chez nous.

Après avoir joués dehors, les enfants ont mangé le gâteau d'anniversaire dans le camping-car de Nico.

Nous avions roulé environ deux heures depuis Qom.

À partir de maintenant, toutes les villes où nous nous arrêterons seront plutôt proches, au maximum trois heures entre chacune d'elles et ce, en ligne droite vers le sud, jusqu'au bateau pour aller à Dubaï.

Lullaby est bien assidu pour ses cours. Il s'y met même sans qu'on ait besoin de le lui proposer. Il a confiance en ses capacités.

Hier, ils ont tous les trois très bien travaillé. Marty avec Lullaby, Taïmoon avec moi, et Miel en autonomie pour les maths.

Lullaby apprend seul, tout le temps ; chaque fois que nous allons quelque part où une personne travaille, il observe et retient comment faire. Ce fut le cas avec le barman qui faisait des cafés, la personne qui prépare les jus de fruits fraîchement pressés, le garagiste, le boulanger… Lullaby vient me voir après pour m'expliquer ce qu'il a appris en analysant leurs gestes. Beaucoup de choses le passionnent, il aime travailler de ses propres mains. Et il est impatient de passer son permis et de conduire.

Toutefois, il sort souvent son bloc de feuilles pour y dessiner des portes-conteneurs gigantesques, des camions avec vue subjective du conducteur… Il a toujours cette petite étincelle artistique.

En parlant de camion, nous sommes en décembre et les Outsiplous (Didier, Caro, Cléa et Eline) viennent de vendre leur camion ! Il est parti en un claquement de doigts. Cela fait drôle de se dire qu'il n'est plus avec eux, ce camion que Lullaby et moi avions pris avec eux pour retourner à Antalya, depuis le festival Rainbow.

Cette page se tourne, ils sont en Afrique du Sud pour le nouveau travail de Didier.

Pareil pour la famille de cinq enfants avec leur Odysséebus. Ils rentraient en France en août pour retourner à l'école dès septembre. Il parait que leur fille aînée, Opale, n'a pas voulu quitter le bus pendant une semaine après leur retour ! Elle n'acceptait pas que cette aventure soit terminée…

La plupart des familles qu'on a croisées l'année passée ont retrouvé leur vie d'avant, quand d'autres commencent tout juste leur voyage, comme Phil et Jess qui ont débuté en septembre.

Pour certains, la vie d'après n'est pas identique à celle d'avant.

Par exemple, Marco et Oriane, qui habitaient à Lille, avaient revendu leur maison avant le départ. Et ils viennent d'acheter leur nouvelle demeure en Bretagne. Une nouvelle existence s'offre à eux !

Un voyage comme le nôtre permet de prendre un autre chemin, de concrétiser des changements qui semblaient impossible auparavant.

Pour ma part, j'ai plusieurs projets créatifs en tête que je commence tranquillement en parallèle de ce périple, mais je serai ravie de revenir à Montpellier pour y consacrer plus de temps.

Même si, comme disait Julie (& Nico), c'est quand même dommage de ne pouvoir cumuler projet professionnel et enfants en instruction en famille…

C'est plus difficile quand on vit en mode nomade. Mais ce serait tellement plus simple quand on est dans un éco-lieu ou un éco-village où d'autres familles sont dans le même cas que nous. Pourquoi pas un jour ?

Les iraniens sont vraiment gentils et le cœur sur la main ! À l'instar des turques et des albanais, je trouve.

Ils viennent souvent nous voir pour discuter, en savoir plus sur nous, d'où nous venons et ce que nous faisons dans leur beau pays.

Ils nous offrent souvent un thé, du pain ou un paquet de biscuits, accompagné de leur numéro de téléphone si nous avons besoin d'aide.

Le pays est tout de même en pleine ébullition. Une partie du peuple n'est plus dupe de cette religion qui souhaite contrôler leur vie jusque dans leur intimité…

Les iraniens, à qui on annonçait que nous visiterions Qom (la ville sainte et ultra religieuse), nous le déconseillaient :

– Qu'allez-vous faire dans cet endroit où la religion est omniprésente ?

En effet, à Qom, nous n'avons vu qu'une seule femme non voilée en trois jours… Presque toutes sont intégralement recouvertes d'un drap noir.

À chaque coin de rue, il y a des imams portant un turban

noir et d'autres avec un turban blanc. Ils vivent dans le faste et encensent un mausolée fait du meilleur marbre et d'or pur ! La mosquée qu'on a visitée là-bas comporte une coupole qui pèse deux tonnes d'or… Certes, le monument est magnifique, mais quel non-sens par rapport à la pauvreté de la population. Les iraniens sont très critiques et lucides vis-à-vis de ça.

Et même concernant leur équipe de foot ! Ils étaient dégoûtés que l'équipe ait chanté l'hymne national au début des matchs, car cela montrait qu'ils prenaient le parti du gouvernement iranien et non du pays en révolte.

C'était du moins le discours des gens avec qui nous avons discuté.

Les flics sont venus nous réveiller à neuf heures ce matin, mais comme nous dormions tous, aucune de nos trois familles ne s'est réveillées. Ils ont juste crié :

– Hello ! Hello…

Ils ont attendu cinq minutes puis ils sont partis.

Maintenant, à onze heures trente, ils sont de retour… pour parler foot !

Cette fois, Nico et Marty étaient debout et ils ont discuté avec eux.

Les flics voulaient aussi nous prévenir que ce lieu était dangereux la nuit, sans pour autant préciser en quoi (vols ?).

Ils sont restés cinq minutes et sont repartis avec de grands sourires et en klaxonnant !

Mercredi 14 décembre 2022, PASCALE :

« Tout est compliqué en Iran ! » Voici la phrase par excellence qui définira ce pays par rapport à ceux que nous avons visité auparavant.

Heureusement, la beauté absolue côtoie au quotidien cette complexité et cela en vaut la peine.

Aujourd'hui, nous avons vu un ancien hammam. Il était magnifique : l'intérieur était fait de carrelage et de mosaïques colorées, avec des alcôves éclairées de l'intérieur, des colonnes en arabesque et de multiples pièces en labyrinthe. Les murs étaient sculptés et peints. Quel raffinement ! La splendeur s'allie à la santé pour se sentir bien, un esprit sain dans un corps sain.

Le sauna ne fonctionnait plus, c'était juste un musée à 1,50 € l'entrée.

Hier, nous avons visité une vieille habitation luxueuse avec cour, fontaine et patio encadré de murs finement ouvragés. Toujours dans cette esthétique orientale qui me plaît autant.

Les meilleurs matériaux de construction : bois brut, pierre blanche, vitre de couleurs.

On s'y sent bien dès qu'on pénètre dans ces lieux. Les terrasses sur les toits sont exposées au soleil en hiver et d'autres sont à l'ombre en été. Seules les marches étaient étranges car beaucoup trop hautes pour une foulée classique…

Nous avons été au restaurant juste à côté : quinze euros pour nous cinq. Nous étions avec Nico, Julie, Phil et Jess. Une table de six adultes, une autre de huit enfants. Ils s'entendent bien et jouent en duo ou en groupe.

Pendant que Marty était parti en quête d'une autre carte SIM pour avoir une meilleure connexion internet, j'ai fait les devoirs avec les enfants. J'aidais Taïmoon et les deux grands s'autogéraient. Quel beau progrès par rapport à l'année passée où il fallait un adulte par enfant et le troisième jouait car les parents s'occupaient des deux autres. C'est l'étape du collège qui a opéré un déclic dans l'esprit de Miel. Les devoirs sont plus difficiles mais plus intéressants et approfondis.

Pourquoi l'Iran est-il si compliqué ? Tout l'est ! Même acheter du pain, c'est la galère...

Déjà, il y a très peu de boulangeries mais beaucoup de pâtisseries proposant des gâteaux et des biscuits sucrés. Les rares boulangeries n'ouvrent qu'en fin d'après-midi et ils cuisent le pain/galette en direct !

Donc il y a toujours la queue. Les gens prennent plusieurs pains à la fois. Il n'y a qu'une seule sorte de pain par boulangerie. On ne paie que par carte iranienne (cette carte est omniprésente en Iran), excepté nous, les étrangers, qui payons en cash puisque nous n'avons pas de carte. Ainsi, il faut le montant exact car ils n'ont plus de change, ils n'utilisent presque jamais leurs billets (l'inflation est telle qu'il y a trop de billets à compter même pour acheter du pain).

Dans le métro de Téhéran, nous ne pouvions payer que par carte bancaire iranienne, or comme nous n'en avions pas, les contrôleurs nous laissaient passer gratuitement ! Avec le sourire, en plus. Pour cinq personnes, le trajet coûtait 100 000 rial, c'est à dire 0,30 euros au total !

Idem pour le pain, trois galettes coûtaient 0,15 euros. Souvent, les boulangers nous l'offraient gracieusement aussi. Et les iraniens de la file d'attente nous proposaient toujours de passer en priorité... Vraiment, ce peuple est tellement gentil.

Ici, nous ne pouvons pas acheter de carte SIM sans montrer un passeport ! Marty n'avait pas pris son passeport avec lui, donc il a dû revenir le lendemain. Mais ce n'était pas le bon magasin, il devait se rendre dans une boutique spécialisée pour les touristes qui était fermée pour la pause du midi suivi de la prière. Donc Marty et moi y sommes revenus le soir et, miracle, nous avons enfin pu avoir notre deuxième carte SIM.

Bon, pour l'instant, elle fonctionne encore moins bien que la précédente… Peut-être est-ce internet qui marche plus ou moins bien selon les créneaux horaires ?

Dimanche 18 décembre 2022, PASCALE :

Vendredi, nous avons fait la rencontre du désert ! C'était une première pour les enfants et moi. Marty connaissait déjà le désert de Tunisie.

Quel choc magnifique… Quelle paix, quel calme, quelle immensité de se trouver au cœur d'un tel paysage ! Nous y sommes restés toute l'après-midi, les enfants descendaient le long des dunes en roulant. Nous marchions pieds nus, car la saison et la température étaient idéales pour cela. Mi-décembre, en plein jour, il fait doux, nous pouvons arpenter le sable sans chaussure pour sentir pleinement ce sol si particulier : ferme et souple, doux et poudreux.

Chaque grain de sable était parfaitement identique à l'autre. Cela donnait une unité très harmonieuse. Ce temps passé seule au milieu d'éléments bruts m'a beaucoup inspiré pour l'un de mes prochains romans où le personnage principal passe quarante jours dans le désert… Vous avez certainement deviné de qui il s'agit ?

Taïmoon était tel le Petit Prince de St Exupéry. Il s'en allait, confiant, se promenant dans les dunes pendant que Leïla, notre guide et Amir, le conducteur du 4x4, préparaient un feu avec le bois du désert, pour réchauffer le thé et le plat aux aubergines, crème fraîche et noix en poudre, typiquement iranien, concocté par Leïla. Nous avons payé un forfait pour nous cinq, pour cette journée dans le désert avec le repas compris, total 90 euros.

Avec le thé, elle avait ramené des bâtonnets de cristaux de sucre parfumé au safran, à faire fondre dans les verres. Il y avait aussi des boutons de roses séchés à faire infuser dans nos verres. Quel raffinement gustatif !

Leïla avait apporté des noix séchées encore dans leur coque, qu'elle a posé dans les braises. Après quelques minutes de cuisson, nous les avons mangées, elles avaient un goût de châtaignes grillées.

Taïmoon se cachait derrière les rares buissons. Il a finalement déclaré :

– Ici, c'est le Paradis !

Nous serions restés jusqu'à minuit, mais nous étions accompagné par notre charmante guide donc, nous devions rentrer avant la nuit.

Avant de repartir, Amir a sorti sa flûte iranienne qu'il avait fabriquée lui-même et sur laquelle était gravée son prénom. Il s'est mis à jouer, c'était magique !

Un son rocailleux emprunt de mélancolie est sorti de l'instrument. En fermant les yeux, nous étions chez les Berbères du désert.

Il s'agissait pourtant d'un simple tuyau creux, en métal, percé de quatre trous. Marty a fait deux dessins, dont un avec le portrait du musicien. Amir était aux anges.

Vraiment, ce fut un moment hors du temps où les arts et la beauté du monde s'entremêlaient. L'Humanité, que c'est beau !

Avant ce lieu pour le pique-nique, nous étions passés sur un lac de sel qui était à sec mais recouvert d'une épaisse croûte de sel blanc.

Leïla, qui avait à cœur de nous proposer de multiples expériences sensorielles, avait apporté un panier de petits concombres. En Iran (et en Turquie), les concombres font le tiers de la taille des nôtres. Certaines fois même, ils ont la taille d'un gros cornichon.

Nous nous sommes assis sur la croûte de sel et nous avons posé nos concombres dessus avant chaque bouchée ! C'était trop bon.

Dans les dunes, au volant du 4x4, Amir s'éclatait en dehors des pistes et des chemins. Il montait et descendait à toute allure. Cela donnait des sueurs froides, comme dans les montagnes russes… Les enfants ont, bien sûr, adoré !

Heureusement, il ne l'a pas fait trop longtemps, sinon nous aurions eu mal au cœur.

Sur le chemin du retour, avant d'atteindre les poteaux électriques, nous avons reconnu un camping-car au milieu des chameaux en liberté… C'était Nico et Julie !

Ils avaient passé une nuit sur le lac de sel et allaient y rester encore cette nuit-là.

Julie m'a dit qu'au milieu du lac, en pleine nuit, il faisait un noir si profond et absolu qu'elle ne voyait aucune différence entre le ciel et la terre. Elle avait eu l'impression de sauter dans l'infini de l'univers en sortant du véhicule ! Wow !

Eh oui, le désert éveille le poète qui sommeille en chacun de nous.

Vraiment, ce fut une expérience magique.

Nous avons discuté dix minutes puis nous sommes rentrés à Kushan avec notre guide et Amir.

En passant dans la ville, nous nous sommes arrêtés devant une mosquée éblouissante ! Quelle journée, je vous jure…

Une enceinte recouverte de mosaïque multicolore à l'intérieur et à l'extérieur. Une grande cour avec un bassin central et de petites fontaines, puis la mosquée en elle-même, avec son dôme bleu azur, ses murs intérieurs en mosaïques de miroirs et une dizaine de dômes plus petits dont la décoration était à chaque fois différente.

Quand la nuit est tombée, des lampes colorées se sont

allumées dans les minarets et le long des murs. Comme j'aime à le dire : « Plus les pays possèdent des monuments éblouissants, plus les femmes sont voilées… Car trop de beauté ferait exploser le cœur des Humains. »

Ici, nous ne passons pas inaperçus. Que ce soit les enfants ou moi, nous attirons les regards, les saluts et les sourires… Voire les rires gênés ou moqueurs ?

Mardi 20 décembre 2022, PASCALE :

Le Qatar est en plein Mondial de foot. Miel en est fan alors nous nous débrouillons pour aller dans un café lorsque la France joue afin d'y regarder le match.

Aujourd'hui est le jour de la finale France-Argentine. Leïla nous avait conseillé un hôtel à Abyaneh, car nous y serions ce soir-là.

Avant de quitter Kashan avec trois sacs de linges fraîchement lavés et séchés dans un pressing, Leïla et son mari étaient venus tourner un court reportage sur notre mode de vie nomade familial. Car son mari, Mohammed, est photographe et réalisateur. Nous avons répondu en anglais à ses questions et, une fois la vidéo montée, Leïla rajoutera des sous-titres en farsi (langue iranienne, ce nom découle du mot originel « perse »).

Ensuite, nous avons roulé une heure jusqu'au fameux « village rouge » à Abyaneh. Nous y sommes arrivés pile pour le début du match. La télévision de la réception ne fonctionnant pas, ils nous ont laissé une chambre juste pour pouvoir regarder ! Car, bien sûr, nous avions notre camping-car pour la nuit.

Avec un thé et des biscuits, quel accueil ! Comme nous voulions manger, le couple (un couple plutôt âgé qui s'occupait de cet hôtel presque vide à cette période de l'année, ainsi qu'en raison des tensions politiques), nous a préparé un repas végétarien. Ils nous ont aussi proposé de dormir dans la chambre : notre prix serait le leur.

Nous avons donc accepté avec joie ! Nous avons tous pris une douche bien chaude après le repas du soir. Repas simple et bon : riz, aubergines, tomates rôties et une sorte de curry de légumes et de pruneaux mixés.

Le tout, pour sept millions de rials (22 euros). Nous étions ravis de cette nuit, même si nous avons mal dormi... Il faisait trop chaud, les couvertures glissaient sur le côté, le lit était trop ferme et les rideaux pas assez épais, donc la lumière du matin passait aux travers. Mais c'était bien sympa !

Moustafa – le seul client ? – est venu discuter avec nous à notre arrivée, il parlait très bien anglais et a tout traduit pour les hôteliers. Il est là en vacances pour se relaxer. Il est vegan et n'est plus musulman. Il s'est choisi un nouveau nom non musulman : Janius. Il est e-commerçant et a voyagé dans une quarantaine de pays pour son travail.

Le village rouge était authentique et très beau, avec ces vieilles maisonnettes en terre naturellement ocre qui s'alignaient le long des ruelles de la montagne.

Nous sommes partis juste après pour aller à la mosquée de Badrud, celle-ci possède le plus grand dôme du Moyen-Orient !

Elle est aussi belle, même si un peu plus simple et en cours de rénovation, que les autres mosquées qu'on a déjà vues.

L'intérieur du dôme était magnifique : sculpté d'arabesques et de miroirs.

Chaque fois que je vais dans une mosquée, je m'y sens vraiment bien, comparativement aux cathédrales chrétiennes ou orthodoxes qui sont glaciales avec leurs dalles et pierres du sol au plafond...

Dans les mosquées, en revanche, les tapis qu'on foule à pied nu, les couleurs chatoyantes des murs et les lumières chaleureuses passant à travers les vitres colorées sont vraiment apaisantes.

Le soir, en arrivant à Natanz, nous avons été manger dans un restaurant magnifique avec deux pièces reproduisant l'intérieur d'une maison iranienne d'époque, une grande salle de restaurant avec un bassin et des petites fontaines. Nous étions les seuls clients de toute la soirée. Il y avait, mis à notre disposition, des habits traditionnels. On ne s'en est pas privés et nous avons pris des photos. Super !

Dimanche 25 décembre 2022, PASCALE :

Hier soir, le 24 décembre, c'était la veillée de Noël. Nous ne l'avons pas célébré car cela fait des années que cette fête religieuse ne signifie plus rien pour nous. J'avoue que, d'habitude, c'est difficile d'ignorer la période de Noël, à l'instar des autres fêtes : Halloween, Saint Valentin… Dont je n'ai cure. Car en Europe, elles sont omniprésentes et associées à une hyper consommation qu'on ne peut éviter du regard ni de la pensée…

Même l'année passée, en Italie, nous étions en plein dedans avec les « panettones » et les décorations rouges et vertes.

Je respire enfin cette fois-ci où tout autour de nous est en accord avec ma conscience.

Aucune fête n'est imposée. Me voici alors libre de ne rien célébrer si ce n'est la joie de vivre et le bonheur au quotidien.

La dernière fois que nous avions vu Mika et Mélissa, c'était en Turquie, lors du festival Rainbow. Nous avons de leurs nouvelles : ils se dirigeaient vers l'Azerbaïdjan pour traverser la mer Caspienne, quand ils ont appris que cette frontière était fermée et qu'ils ne pouvaient plus passer. Ils

projetaient de faire la route de la soie avec tous les pays en
« stan ».

Ils ont alors décidé de rentrer en France à bord de leur van,
pour y passer l'hiver et préparer la suite de leur voyage en
Amérique.

Les Outsiplous y sont actuellement, en Colombie (avec leur
sac à dos, sans véhicule).

Paul et Clément sont au Pakistan, peut-être même au-delà.
Ils allaient vers l'Inde.

Ismaël et Emilie, avec leur trois enfants, sont sur le chemin
du retour en France. Ils ont été jusqu'à Oman et ont fait ce
que nous souhaitons faire : le tour des pays du Moyen-
Orient.

Nous allons retrouver Nico et Julie ce soir, dans la
prochaine ville.

Nous avons dormi dans la rue, à côté de la Guesthouse de
Mohammed qui nous a accueillis avec du thé et des navets
caramélisés ! Alors que nous prenions le thé, assis sur le
tapis de sa somptueuse maison typiquement iranienne, son
collègue est arrivé avec une assiette remplie de mini navets
cuits dans un bouillon légèrement sucré.

Nous avons quitté Isfahan hier, et sommes maintenant à
côté de Naïn. Nous avons réservé un repas végétarien chez
Mohammed.

Il nous a déconseillé de prendre le ferry à Bandar Abbas
(1400 € pour le Béluga et nous cinq). Il vaut mieux aller à
Bandar Leigh, à 1150 euros. Mohammed peut se charger de
nous acheter nos billets, gérer la place du camping-car…
Mais pour cela, nous devons lui donner, dès à présent,
1000 $ en cash, les 150 qui restent seront à donner à celui
qui nous accueillera au port.

Tous les avis internet à son sujet sont hyper élogieux, il
nous semble digne de confiance. Donc nous allons accepter
sa proposition.

En Iran, nous sommes comme des stars ! D'autant plus si on s'éloigne des grandes villes auparavant touristiques. Pourtant, je porte un voile et m'habille de noir, sans doute ma peau blanche me trahit. Même Marty et les enfants sont tout de suite repérés comme étranger.

Alors ils nous disent timidement « Hello ! » et sourient quand on leur répond. Ceux qui parlent anglais viennent nous aborder et nous demander d'où nous venons.

Quand on dit : « Farancia » (mot qu'ils comprennent mieux que « France »), ils enchaînent du tac-ô-tac : « Ah ! Mbappé ! » Car ils ont tous suivi la coupe du monde.

On est donc constamment arrêtés par des gens hyper sympas qui viennent pour discuter et pratiquer leur anglais ou leur français, et pour nous proposer leur aide.

Les iraniens sont absolument adorables. Marty est trop heureux de trouver des potes à chaque coin de rue.

Pour ma part, j'ai un peu plus de mal en raison de mon caractère introverti. Je me rends compte que je ne pourrais jamais être célèbre car cela me met mal à l'aise de devoir m'arrêter et discuter avec tous les gens, même s'ils sont gentils.

J'ai besoin de ma petite bulle d'indépendance et le contact avec les autres m'apporte autant de joie que de fatigue.

Chez Mohammed, au moment de payer la réservation du ferry, il regarde nos dollars d'un air embêté… Nous n'avons que de vieux dollars verts qui ne sont plus acceptés en Iran ! Les nouveaux billets sont multicolores et avec une bande magnétique.

Il téléphone au bureau de change pour s'assurer qu'ils seront acceptés. Il raccroche et nous dit que ça coûtera 25$ de plus. Maintenant, tout est en ordre pour notre départ dans un mois.

Dimanche 25 décembre 2022, MIEL :

Bonjour, je m'appelle Miel. J'ai onze ans et j'ai envie de vous raconter un petit moment d'Iran. C'était dans le désert, car Papa et Maman avait acheté un tour en 4x4 avec un guide et un chauffeur. Au début, nous avons roulé sur le bitume à côté d'un peu de sable et des poteaux électriques. Le chauffeur a dit en farci (en perse) quelque chose que le guide nous a traduit : « Quand il n'y aura plus de poteaux, nous serons dans le vrai désert. »

Nous avons roulé tranquillement sur le sable dur et à un moment, nous sommes montés sur une dune en voiture ! Lullaby et moi, on était devant à regarder le paysage. Personne n'avait de ceinture, même pas le chauffeur (en Iran, la ceinture n'est obligatoire que pour devant). Et là, on a vu qu'on était à dix mètres de haut ! D'un coup, on a fait la descente raide… Là, les parents, derrière, ils ont crié car ils ignoraient ce qui se passait, alors que nous, devant, on était trop contents car c'était super drôle !

C'était presque comme une montagne russe, sauf que si on tombait, on n'avait pas « trois vies »…

Après, nous avons fait plusieurs descentes, mais moins fortes que celle-là.

C'était encore du sable un peu dur. Le chauffeur et la voiture n'étaient même pas encore en « mode 4x4 ».

Nous sommes ensuite allés dans un grand lac de sel, sans eau. Du coup, ce n'était pas un lac mais une immense étendue de sel !

On s'est arrêtés et la guide a dit : « Vous venez, on va marcher dehors. » C'était tout croustillant de sel quand on marchait dessus. Elle a sorti une boîte de concombres, on est allés à cent mètres du 4x4. Et elle a mangé un croc de concombre. Puis elle l'a mis par terre, il y avait un peu de sel dessus et on a tous mangé deux petits concombres avec du sel du lac de sel.

J'ai essayé de prendre une grosse plaque de sel, je l'ai porté cinq secondes en la soulevant et « crac », elle s'est cassée.

Le chauffeur a dit en farsi : « Rentrez tous, on repart ! »

Quand on est rentrés dans le véhicule, la guide a dit : « Maintenant, on va se mettre en mode 4x4 ». Le chauffeur a changé de mode à côté du boîtier de vitesse, il a actionné un levier pour changer de mode. Et il a dégonflé un peu les quatre roues. À chaque montée, j'avais hyper peur qu'on ait une descente haute et raide.

On s'est garés vers midi et on s'est roulés dans les dunes pendant que le chauffeur et la guide réchauffaient le repas avec un feu de bois.

Vendredi 30 décembre 2022, PASCALE :

Dans deux jours, nous serons en 2023.

Nous sommes garés dans le parking de la « tour du silence ». Une large tour en briques couleur sable, posée au sommet d'une colline.

Au pied de cette colline, il y a plusieurs petites demeures jaunâtres possédant un toit sphérique, comme une demi boule, comme chez certains peuples du désert, comme aussi dans le film « Starwars » sur la planète Tatooine ! C'est magnifique !

Nous avons retrouvé Nico et Julie, avec leurs trois enfants, à Yasd.

Nous ne nous quitterons plus pour l'instant car nos programmes coïncident parfaitement.

Pour fêter l'anniversaire de Basile, leur second fils, ils ont organisé un goûter à Yasd, dans la belle cours intérieure d'un restaurant où ils avaient dîné la veille. Ils ont donc réservé une salle où nous avons pu déguster les cakes qu'ils avaient cuits dans leur « mini four portatif » placé sur la gazinière de leur camping-car.

Basile a soufflé ses bougies et les enfants ont installé leur plateau de jeu fait maison, sur une table pour y jouer durant cinq heures ! Et encore… Ils ont dû arrêter car il était vingt-deux heures et nous rentrions tous nous coucher. Superbe soirée !

À Yasd, nous avons visité le « Museum of Water » qui explique comment ce peuple du désert a réussi à creuser des galeries pour conduire l'eau de la montagne jusqu'au village. Nous avons aussi découvert leur ingénieuse cave constituée d'un bassin d'eau qui maintenait la fraîcheur toute l'année.

Marty a insisté pour que nous visitions le temple Zoroastrien. Cette religion, l'une des plus anciennes, est la première a avoir imposé un dieu unique : monothéiste.

Dans ce temple reconstruit, donc moderne, brûlait un foyer allumé en 400 après JC !

Ce feu est donc entretenu jours et nuits depuis 1500 ans…

Le lendemain, nous avons visité une jolie maison traditionnelle avec sa cour intérieure et son bassin rectangulaire. Nous avons pu y réaliser une séance photo familiale en habits iraniens.

Mercredi 4 janvier 2023, PASCALE :

Nous voilà en 2023 ! Et dire que nous étions partis en 2021… Notre soirée du nouvel an était très sympa. Nous étions à Persepolis avec Nico et Julie. Les six enfants ont passé le réveillon dans le camping-car de Nico et les quatre adultes, dans le nôtre où nous avons fait un repas partagé.

Pour les iraniens, il n'y avait ni réveillon ni St Sylvestre car ils n'ont pas le même calendrier qu'en occident, un peu comme les chinois.

En Iran, le nouvel an est vers mars. Nous sommes donc dans un pays où nous sommes encore en 2022 ! Tout est relatif…

Le lendemain, Sephora, une guide iranienne qui parlait français, nous a attendus à l'entrée du site historique. Excepté le nom « Persepolis », aucune image ne me venait à l'esprit. Ce fut donc une totale découverte pour moi !

Les enfants ont été sages et intéressés. Nous y avons passé toute l'après-midi, dont deux heures en compagnie de la guide. Quand elle est partie, nous y sommes retournés avec des lunettes virtuelles pour voir comment les lieux étaient à l'époque, aux environs de 500 avant JC.

C'était grandiose ! Il s'agissait d'un palais pour les cérémonies royales et politiques. Persepolis était la cinquième capitale de l'empire (il y avait une capitale par saison, plus une autre). À Persepolis, on célébrait le passage de l'hiver au printemps, représenté par une gazelle qui se fait dévorer par un lion.

Le lendemain, nous sommes passés devant les quatre tombeaux royaux creusés et sculptés dans la roche d'une montagne. Les entrées sont en hauteur et donc inaccessibles…

Puis, nous avons roulé jusqu'à Shiraz, la dernière grande ville qu'on voulait visiter avant d'aller dans les îles du sud. Nous y avons vu une mosquée, un beau parc et une autre grande mosquée où les mosaïques en miroirs sont différents de ce qu'on avait déjà vu. Ici, les morceaux de miroirs étaient mis à plat et non en volume. De plus, ils étaient teintés de diverses couleurs.

Le lendemain, nous avions rendez-vous avec Hamed (l'iranien qui avait aidé Marty à Tabriz, juste après la frontière, au moment de changer la plaque d'immatriculation de nos véhicules). Hamed nous avait proposé de le contacter quand nous arrivions ici car il loge chez sa famille iranienne. Il comptait nous héberger dans le jardin de sa maison de campagne.

La première nuit d'arrivée à Tabriz, nous avons dormi dans un parking à côté d'un parc très sympa et animé. Pendant que nous buvions une boisson chaude sur la terrasse d'un café, Nico et Miel sont allés chez le coiffeur/barbier. Car Marty avait eu cette bonne adresse en discutant avec un iranien, la veille. Ce jeune iranien nommé Ali avait sympathisé avec Marty pendant qu'il commandait les boissons. Ils ont passé la soirée à discuter, à deux, autour d'une table.

Marty a vu Ali deux soirs d'affilée, au bar du parc. Il a 27 ans et parle parfaitement anglais. Il vit en Angleterre et est de passage en Iran pour les vacances. Il est mécanicien spécialisé en motos et est lui-même un motard passionné. Il a de grosses bagues de métalleux et des tatouages partout. Il est en totale rébellion par rapport aux lois islamiques.

Un jour, Ali buvait un verre d'alcool en terrasse et il s'est fait prendre par les flics qui l'ont emmené au commissariat. L'alcool est strictement interdit en Iran, car le pays est musulman. Là-bas, les policiers ont vu qu'il avait un tatouage représentant Anubis (dieu égyptien) et ils l'ont condamné à cinq jours de prison pour ce fait « sataniste »… Non en raison d'avoir un tatouage (car c'est aussi fortement réprimandé par la loi islamiste) mais car ce tatouage représentait un dieu païen. Ils l'ont suspecté d'être satanisme. Ali a donc passé cinq jours dans une pièce avec quatre autres prisonniers, tous des criminels !

La coupe et le rasage de la barbe coûtent un million de rials, autrement dit trois euros ! Un salon de coiffure strictement réservé aux hommes, évidemment. Pour les femmes, il en existe aussi, mais pas avec une vitrine qui donne sur la rue. Cela se passe uniquement dans des appartements, à l'abri des regards.

Après cela, nous avons tous pris un cornet de frites à partager car il y avait un kiosque de « frites belges » ! Elles auraient pu être excellentes si elles avaient été mieux cuites. Mais c'était juste l'apéritif car Hamed, qu'on venait de retrouver, avait prévu le repas chez son frère avec nos deux familles !

Son frère aîné, Hassan, à presque cinquante ans, donc dix ans de plus qu'Hamed. Il nous a accueillis chez lui avec sa femme et leurs trois filles de 8, 16 et 21 ans.

Leur maison était splendide, spacieuse et richement décorée. Tous les enfants se sont installés devant l'écran plat géant et n'en ont plus bougé de la soirée, sauf au moment du repas. Ils avaient des chips, des biscuits, des fruits secs et des bonbons sur la table basse devant eux. Ils ont même reçu des esquimaux glacés en guise d'entrée !

Les adultes, excepté la mère qui préparait le repas, se sont assis à table. On a discuté et mangé les fruits des arbres de leur jardin (nous sommes en ville, mais leur jardin est plutôt grand) et avons bu un thé au safran.

Hamed a trois frères et une sœur. Leur mère est décédée il y a trois ans. Son père, veuf de 70 ans, s'est remarié avec une femme de 40 ans, car il préférait être aidé et accompagné au quotidien plutôt que de rester seul. Sa seconde épouse a accepté et, en guise de dot, elle a reçu une maison ! Ce qui est intéressant, c'est que tout est transparent. Il n'y a pas de récit enjolivé pour occulter la vérité de cet « échange de bons procédés »…

Au moment de passer à table, ils ont déroulé une nappe en plastique sur le tapis du salon (au milieu des beaux canapés blancs et dorés) pour qu'on s'installe tous par terre, nous étions quinze avec Julie, Nico et leurs enfants. Nous avons mangé de la soupe iranienne composée de légumes mixés, de nouilles, de fèves et de légumes secs. Il y avait aussi une salade de pâtes (sauce yaourt, moutarde), des beignets de patates car ils savaient qu'on était végétariens.

Après, j'ai pris une douche rapide dans leur salle de bain (une grande pièce avec un lavabo et une douche (sans bac) où l'eau s'évacue au centre de la pièce vide. Nous avons une douche dans le Béluga mais elle est encombrée de caisses alimentaires… Donc, on ne l'utilise plus comme douche mais comme placard. Par conséquent, on se douche dès qu'on peut et où on peut.

Après cette soirée, nous avons roulé 20 minutes avec le frère d'Hamed et son épouse jusqu'à la résidence secondaire de leur famille. Plus excentrée, avec une piscine (vide car c'est l'hiver), de la place dans le jardin pour nos deux camping-cars, quatre chiens adorables et une maison à deux pièces. Hamed nous proposait de mettre des matelas dans le salon pour y dormir. Mais depuis la nuit à l'hôtel où nous avons tous mal dormi, nous avons poliment refusé : notre Béluga est hyper confortable pour nous. C'est donc lui qui a dormi dans son salon au lieu de devoir rentrer chez son frère où il séjourne pendant ses vacances en Iran.

Nous nous sommes couchés vers minuit, après un dernier thé, les six enfants étaient toujours partant pour faire de nouveaux jeux, peu importe l'heure !

Le lendemain, nous sommes partis à dix heures avec Hamed et dans sa voiture, pour faire renouveler nos visas iraniens. Il nous avait proposé son aide, que nous avons accepté car les policiers du centre des visas ne parlent presque pas anglais… Cette démarche a duré deux heures ! Elle était plus compliquée que pour obtenir nos premiers visas.

Hamed a été interrogé, seul, et après Marty l'a rejoint et a aussi dû répondre aux questions des flics.

Bref, nous sommes le 4 janvier et notre visa actuel expire le 11. Mais nous devrons revenir ce dimanche 8 (leur week-end est le jeudi et le vendredi) pour récupérer nos passeports (qu'ils ont gardés !) et nos nouveaux visas.

Après cela, Hamed nous a accompagnés dans un supermarché comme je n'en ai jamais vu ! Les rayons étaient impeccables, des produits variés en abondance, rangés parfaitement, sans le moindre espace vide, et avec des employés en uniforme qui attendent devant chaque rayon (mais qui ne parle pas anglais). Un vrai magasin de cinéma, qui semble irréaliste. Miel a acheté des baskets Nike (made in Iran). Au total, nous avons payé 50 € pour un caddie bien garni !

Le soir, son frère et son épouse nous ont rejoints aves un repas iranien qu'ils avaient acheté. On leur a dit au revoir et nous sommes partis (avec nos 2 camping-cars) à la « Friday House » (maison du vendredi)…

Le vendredi étant leur jour de fête hebdomadaire, ils se rendent dans cette maison qu'ils utilisent uniquement pour faire la fête. Après une heure de route, nous sommes arrivés à 21 heures : là, tous les invités nous attendaient pour débuter les festivités !

Car Hamed avait organisé une soirée en notre honneur. Une vingtaine d'amis d'environ trente ans étaient présents, habillés avec classe. J'étais la seule femme qui portait un voile, toutes les autres arboraient leur longue chevelure lâchée ! Très peu d'entre eux parlaient anglais.

La table du buffet était, littéralement, une montagne de nourriture : toasts, salades, crudités, pâtes au yaourt, fruits frais coupés, croquettes de patates ou de poulet s'amoncelaient joliment présentés sur la table qui disparaissait totalement sous ce festin…

Il y avait de la chicha parfumée au « chewing-gum à la menthe ». Beaucoup de gens fumaient des cigarettes et buvaient de l'alcool : de la vodka dans des bouteilles en verre sans étiquette ! (Car l'alcool est totalement interdit dans les pays islamiques.)

– Voilà le vrai Iran ! nous a déclaré Hamed. Ce n'est pas comme les gens qu'on voit dans la rue, ça n'a rien à voir.

Taïmoon est venu me voir pour dire :

– J'ai remarqué qu'il y a plein de mannequins, ici !

Julie et moi étions les seules non maquillées, non coiffées avec soin, sans talon haut ni robe moulante noire. Les autres femmes étaient hyper apprêtées.

Néanmoins, tout le monde nous souriait et nous saluait gentiment. Dès qu'on est arrivés avec Hamed, le buffet a été inauguré et tous les invités sont venus, debout, autour du buffet, pour manger.

Puis, vingt minutes plus tard, les lumières se sont éteintes et la boule à facettes s'est mise à clignoter. C'était le signal : tout le monde est allés danser sur la piste, devant le DJ qui était un groupe de musiciens (2 chanteurs et un pianiste de synthétiseur) !

Ce furent des chansons style « disco » à l'oriental, mais avec une sonorité plus moderne et dansante.

Nous avons aussi dansé, comme eux. Là, il n'y avait plus de différences culturelles ni de barrière due à la langue. Nous étions tous identiques, s'amusant au rythme de la musique : ce lien universel.

Nous avons dansé trente minutes, puis les lumières se sont rallumées d'un coup, la musique s'est tue et on s'est tous retrouvés autour de la table pour grignoter et boire. Cette alternance danse/buffet toutes les trente minutes s'est poursuivie jusqu'à la fin de la soirée ! Peut-être était-ce en raison des musiciens qui pouvaient, ainsi, se reposer régulièrement ?

Vers minuit et demi, j'ai été chercher les enfants qui jouaient dans le camping-car de Nico, car c'était l'heure de les coucher.

Marty, Nico et Julie sont restés à la fête jusqu'à trois heures, la musique s'est arrêtée à ce moment-là. Ils ont même passé

« Alors on danse » de Stromae, pour faire plaisir aux belges (Nico, Julie et moi) et parce qu'ils connaissent et aiment cette chanson, en Iran !

Le lendemain matin, Nico est venu nous offrir une assiette de pancakes qu'il venait de cuire. Car la veille, il avait dit à ses enfants :

– Demain, matin, je ferai des pancakes.

– Super ! avait répondu Lullaby qui jouait avec eux.

– Heu… C'est chez nous, les pancakes, avait précisé Nathan (le fils aîné).

La déception lisible sur le visage de Lullaby avait fait craquer Nico, il s'était alors motivé à en cuisiner une double dose.

Vers 13 heures, Hamed a sorti une énorme enceinte sur la terrasse et il a remis « Alors on danse », tout en rallumant le feu du foyer à l'extérieur ! Il discute avec Dorni (sa copine), Nico, Julie et Marty pendant que je mets le journal de bord à jour.

Lundi 9 janvier 2023, PASCALE :

Je suis installée dans le salon chez le « Baba » (le père) d'Hamed. Et j'écris, encore, les dernières nouvelles de notre séjour dans la demeure de cet iranien qui nous a accueillis (lui, son épouse et ses 2 fils) comme des membres de leur famille.

Nico et Julie sont restés quelques jours dans la maison de campagne puis ils ont continué vers Bandar Abbas afin d'obtenir leurs visas indiens.

Nous restons plus longtemps avec Hamed et les siens car nous attendions l'extension de nos seconds visas. Nous les avons bien récupérés, hier matin.

Nous devons quitter l'Iran avant le 7 février. Maintenant que nous avons une date de retour à Montpellier (fin août 2023), je suis un peu plus pointilleuse sur notre emploi du temps car il ne nous reste que 8 mois de voyage pour faire toute la péninsule arabique et le retour en France !

La visite de l'Iran s'achèvera par les îles où nous rejoindrons Nico et Julie pour son anniversaire le 19 janvier.

Hamed est adorable ! Il nous accompagne lors des visites et de la découverte de sa ville : Shiraz. Nous nous entassons à sept dans sa voiture, une superbe BMW édition « rouge et noire » (les enfants en sont fans). Sa copine et lui devant, nous cinq sur la banquette arrière. De toute manière, à l'arrière de sa voiture, les ceintures de sécurité ne fonctionnent pas…

Ici, en Iran, loin des normes européennes, les panneaux routiers indiquent (encore) d'attacher sa ceinture à l'avant (évidemment, car à l'arrière, c'est optionnel).

Hamed est chez son père pendant 3 mois. Pendant ce temps, à Londres, sa société de location de voitures tourne toute seule (son collègue s'en charge). Il peut donc rester en Iran aussi longtemps qu'il le souhaite, d'autant plus que sa copine Dorni habite ici.

Ils sont en couple depuis 5 ans mais non mariés. Hamed s'était marié avant mais ils ont divorcés 6 mois après leur mariage, alors qu'ils étaient en couple depuis plusieurs années.

Depuis, il ne veut plus se marier trop vite…

Shiraz est une grande ville (la troisième plus grande d'Iran), elle s'étend donc sur de longues distances que nous parcourons dans sa voiture. Nous allons souvent chez son frère aîné avec son épouse et leur trois filles.

Aujourd'hui, nous avons laissé notre Béluga chez le garagiste pour une remise en beauté de sa carrosserie. Après un bon car wash, le camping-car a été poli afin qu'il soit tout blanc, et sans les vieux autocollants de la marque.

Hamed m'a proposé d'utiliser la machine à laver le linge qui se trouve à sa maison de campagne, mais j'ignore comment l'utiliser… C'est une ancienne machine avec 2 bacs différents qu'il faut remplir manuellement avec un tuyau d'arrosage et appuyer sur des boutons à chaque étape du lavage, rinçage, essorage, vidage car rien n'est automatisé.

Donc, j'ai décliné sa proposition car cela exigeait que je reste à la maison pour gérer toutes les étapes successives pendant deux heures ! Or nous avions prévu plusieurs visites.

Ce vendredi (jour de congé en Iran), la famille d'Hamed est venue à la campagne pour y passer la journée. Certains sont déjà arrivés la veille au soir, et d'autres, le matin même.

Leïla (épouse d'Hassan, le frère d'Hamed) et les femmes s'occupaient de tout ! Je vois à quel point elles sont importantes pour le confort de tous tandis que les hommes, assis sur les tapis du salon, bavardaient et riaient. Le rôle des hommes est aussi important quoique plus valorisé : ils assurent l'ambiance et les moments joyeux pendant que les femmes gèrent l'intendance de ces groupes à géométries variables car il y a des amis et des membres de la famille qui viennent et partent au fur et à mesure.

J'ai l'impression qu'en Iran, les réunions de famille sont plus intenses, omniprésentes dans le quotidien des gens.

Ils sont assis, à l'intérieur ou autour du poêle à l'extérieur (poêle abondamment arrosé d'essence, à l'arrosoir !). Ils papotent, regardent à peine leur téléphone. La TV n'est allumée qu'occasionnellement. Ils sont juste là, ensemble. Il y a peu d'enfants, car les filles d'Hassan sont des adolescentes, sauf la plus jeune qui a 6 ans. Et Hamed n'a pas d'enfant.

Surtout, je n'ai jamais vu d'enfants aussi sages et calmes qu'ici ! Les adultes n'ont pas besoin de les gérer, autrement qu'au moment des repas. D'ailleurs, les femmes sont trop occupées à la cuisine pour prendre en charge les enfants.

Bref, mes 3 fils étaient les plus turbulents de la bande, or même là, ils étaient autonomes en faisant des jeux de société.

À côté de leur maison, il y a un grand terrain qui sert de boxes à chevaux et de piste pour leur entrainement. Quatre d'entre eux sont leurs chevaux. C'était mignon car il y avait des poulains avec leur mère.

De l'autre côté, il y a la demeure des voisins qui nous ont tous invités pendant une heure. L'intérieur était moderne avec énormément de canapés richement décorés. En dépit de cela, le patriarche de la maison préférait s'asseoir sur un tapis à même le sol, entre ses beaux canapés !

Comme Hamed avait vu la guitare de Marty dans le Béluga, il nous avait demandé de chanter quelques chansons pour sa famille. Nous l'avons fait là, dans le salon des voisins. Marty m'a demandé de l'accompagner au chant, et Miel s'est joint à nous. Nous avons sélectionné, à leur demande, 3 chansons françaises.

Ils sont tous très gentils mais malheureusement… Presque personne ne parle anglais ! Donc les conversations sont limitées (excepté avec Hamed), voire impossible. Et l'après-midi consiste à rester assis, ensemble, en écoutant de la musique.

Nous avons bu un thé puis nous sommes retournés chez Hassan, juste à côté.

Leïla m'a proposé de lancer la machine à linge. J'ai accepté. Elle a fait plusieurs machines peu remplies car la capacité de lavage et d'essorage sont très réduites…

Marty a installé une corde à l'extérieur et j'ai étendu le linge au fur et à mesure qu'il était lavé. Je n'ai fait que la moitié de nos affaires sales car je ne voulais pas déranger Leïla.

La seconde partie vient d'être faite chez le père d'Hamed, où nous avons été invité à prendre le repas du midi.

Sa nouvelle épouse qui a 5 ans de moins que moi, s'est occupée des machines et moi, de les étendre dans leur cour. J'étais étonnée car il y avait une belle machine moderne et automatique dans la cuisine mais personne ne l'utilise ! La dame a préféré tout laver en plusieurs fois et en plusieurs étapes dans son ancienne machine manuelle…

Là, je n'ai vraiment rien compris.

Hamed m'a dit que la nouvelle machine n'a encore jamais servi !

Cette dame est très intéressante, je trouve. Donc, elle a épousé le père d'Hamed âgé de 70 ans car elle était toujours célibataire à 40 ans. Ainsi, elle avait pu se consacrer à ses passions à la place d'un foyer. Dans la maison, elle a une pièce réservée pour son atelier de couture, avec machine à coudre, tissus et plusieurs habits en cours de fabrication.

Elle a aussi réalisé des tapisseries et semble pleinement épanouie dans cette vie avec son mari/compagnon.

Comme d'habitude, nous avons déroulé une nappe en plastique sur le tapis et nous avons mangé juste à côté de la grande table en bois assortie de chaises.

Hier soir, nous avons admiré une grande porte construite sur la montagne avec un sentier qui mène jusqu'à une caverne avec un bassin au milieu. Dans un coin de cette grotte, il y a un lion qui crache de l'eau en été.

Cet endroit se trouvait à côté du plus grand hôtel d'Iran, le « Shiraz Hotel ». Très luxueux, une nuit avec petit déjeuner, piscine, spa et salle de sport coûte… 50 € par personne !

La piscine au dernier étage, tourne très lentement pour faire un 360° de panorama.

Malheureusement, elle est fermée depuis le covid.

Mercredi 11 janvier 2023, MARTY :

Nous quittons Shiraz, Hamed, Hassan et leur famille. Nous y sommes restés cinq jours. Nous avons pu, avec l'aide précieuse d'Hamed, faire plein de démarches : extension de 30 jours pour nos visas, vidange, car wash, bouteilles de gaz, impression de stickers pour le Béluga, repas, fêtes, restaurants, visites…
Hamed et Hassan sont adorables. Je suis triste de les quitter. Et en même temps, content de nous remettre en mouvement et de continuer notre aventure.
J'ai le sentiment d'avoir une famille à Shiraz.

Mercredi 11 janvier 2023, PASCALE :

Ce matin, nous avons collé deux autocollants représentant un béluga de 2 mètres, de chaque côté du véhicule.
J'avais demandé à Hamed comment il s'était retrouvé seul à Bruxelles quand il avait 15 ans :
Il rêvait de vivre en Europe depuis tout petit et il insistait encore et encore auprès de ses parents qui refusaient qu'il aille étudier là-bas.
À 15 ans, ils ont enfin accepté et il a pu partir faire des études de plomberie et d'anglais.
C'est à ce moment là qu'Hamed s'est retrouvé bien seul et qu'il aurait aimé être mieux entouré et conseillé par des belges. Plus tard, il est allé en Angleterre pour y travailler.
Hier, la deuxième carte SIM iranienne a expiré car elle avait atteint un mois d'existence. Ici, toutes les cartes destinées aux étrangers s'arrêtent de fonctionner au bout d'un mois.
Marty et Hamed ont donc été en acheter une nouvelle à 18€ avec un VPN et 20 GB d'internet. Le VPN marche enfin !

C'est la première fois depuis notre arrivée en Iran.

J'ai donc pu me connecter et visionner quelques vidéos youtube pour la première fois après 45 jours « d'abstinence » ! Oui, je parle en utilisant des mots de toxico mais j'ai vraiment ressenti cela comme un sevrage forcé de « youtube », Facebook et Instagram…

Jeudi 12 janvier 2023, LULLABY :

« Salam ! Roubi ? » veut dire « Bonjour ! Ça va ? » en iranien.

On est en Iran depuis longtemps maintenant et il y a tellement de truc à dire dessus que ça prendrait trop longtemps à les dire. Déjà, avant de venir en Iran, on avait tous très peur à cause des manifs contre le voile, sauf qu'en fait, il n'y avait rien.

Avant de rentrer en Iran, on voulait rester dans la campagne et ne pas aller en ville. Mais on n'a pas du tout fait ça, on a même fait l'inverse. Les gens sont sympas, très sympas (même des fois, un peu trop sympas). Personnellement, je préfère les mosquées avec l'architecture iranienne que turque. Elles sont plus fines et décorées. On vient de passer une semaine dans la maison d'Hamed. Ils étaient vraiment sympas et nous ont accueillis, nous et une autre famille de voyageurs belges.

Bref, nous voilà repartis sur la route et nous venons d'arriver au golfe Persique.

L'arrivée était vraiment bizarre car des kilomètres à l'avance, le ciel était rouge avec un peu de fumée au départ. On croyait que c'était la lumière du soleil puis un incendie et là, il y a eu de grosses flammes qui volaient dans le ciel et il y avait plus que des camions citernes qui roulaient. En s'avançant plus, on vit que les deux feux volants n'étaient que des cheminées d'usine de raffinement de pétrole car elles étaient cachées par une grosse colline. Plus on roulait, plus ça sentait fort le pétrole et petit à petit, on voyait d'autres cheminées de feu... 2, 4, 6, 10. Il n'y avait pas que des cheminées de feu, il y avait aussi des cheminées de fumées et plus bas, il y avait d'immenses hangars remplis de tuyaux qui zigzaguaient, des hangars grands comme des immeubles. L'ambiance était vraiment anxiogène car c'était la nuit et le ciel était tout rouge avec de géantes flammes, pleins de lumières et de camions, pendant des kilomètres, la taille d'une ville. Quand on roulait encore dans les terres, il y avait un panneau « Intensif Industry », ces deux mots séparés faisaient déjà beaucoup d'effets mais, ensemble, c'était comme un coup de poing dans mon cerveau. Quand je me dis qu'il faut tout ça pour faire fonctionner nos voitures... En arrivant sur la plage, on a retrouvé le calme de la mer qui nous manquait beaucoup. Ses doux sons de remous infinis, son calme apaisant, à perte de vue sillonnée par des bateaux, cargos, voiliers, jets, passagers. La diversité des plages de sable fin qui vient se glisser entre nos orteils ou de gros galets bruts mais avec un certain charme, tout cela me rappelait la belle Grèce. Tout, ah oui, à part les cheminées de feu qu'on voit depuis la côte, sur la terre avec des usines, et dans la mer, sur des plateformes.

J'ai regardé avec Papa sur la carte du golfe Persique, tous les puits de pétrole, sur la mer et sur la terre, tous représentés par des petits points noirs alors qu'en vrai, ils sont si imposants. Cela me fait penser à un truc en France et même en Turquie, toutes ces usines, ces abattoirs, sont cachés au fin fond des campagnes alors qu'ici, ils montrent tout sans honte, à ciel ouvert. Les grosses usines à côté des plages ou bien les magasins au bord des routes avec des enclos de moutons et de chèvres qui se font égorger un par un et attacher en attendant d'être dépecés et coupés, tout ça, devant la route et les acheteurs qui viennent acheter leur stock au milieu des carcasses et des bêtes encore vivantes. Ils ne sont pourtant pas cruels ni insensibles, c'est juste une autre culture, c'est ça qui est bien avec le voyage. Il y a du positif et du négatif : j'aime la France, j'aime l'Iran, j'aime la terre, les terriens et les cultures étrangères.

Pour finir avec un truc rigolo, Hassan, le frère d'Hamed, disait toujours « Welmicom » en rigolant. Ça veut dire « Foutez-moi la paix ». Je trouve ça rigolo, allez, salut !

Lundi 12 janvier 2023, MARTY :

Je profite d'une éclaircie dans le paysage internet iranien pour vous souhaiter à tous une belle année. Tout va bien pour nous en Iran. On ne s'y sent pas spécialement en insécurité malgré les évènements. Nous avons prolongé notre visa, du coup, on pique au sud, direction la mer (le Golfe) et ses îles. J'ai hâte de retrouver des chaleurs printanières, voire estivales car on caille depuis la Turquie. Que c'est grand ! Que c'est haut ! Que c'est montagneux ! Ce pays n'en finit pas. J'ai l'impression qu'on a agrandi le monde. Les proportions ici sont tellement différentes de celles de notre petite Europe : Montagnes, villes, plaines, déserts, ciel, routes… Tout est grand.

Nous sommes bien entourés : par une autre famille avec laquelle nous voyageons de-ci de-là, et par l'accueil extraordinaire de la population. Nous venons de passer une semaine chez une famille iranienne qui a des terrains dans lesquels se poser. Par contre internet ici, c'est vraiment de la m... Ça fait un mois et demi que nous sommes quasi coupés du monde. En même temps, ça nous fait faire une petite cure d'écrans, de news et d'anxiogénité et, ma foi, cela n'est pas trop déplaisant.

Nous étions un moment arrêtés au bord de la route dans un petit patelin dans une plaine désertique entourée de montagnes, ça caillait vraiment à mort. Par curiosité, je vérifie sur ma carte et je découvre que nous étions à 2500 mètres d'altitude. Comme ça, sans nous en rendre compte, juste parce que le pays est immense, du coup, au milieu, c'est haut, sans forcément être montagneux.

En France, pour être à 2500 mètres, il faut être dans les Alpes, on s'en rend bien compte. Je réalise alors ce que ça fait que d'être sur de grands plateaux continentaux d'altitude (Asie mineure, les "stans", Mongolie, Chine). On se sent tellement petits ; ça rend pensif. Ce n'est pas pour rien que c'est dans la même ville, la vieille Shiraz, que sont issus deux des plus grands poètes du Moyen-Orient : Hafez et Saadi.

Ici, le seul danger qui nous guette, ce n'est pas la révolution, c'est la route. Ils roulent, mais alors, n'importe comment. C'est incroyable ! Je cherchais de l'aventure...

Eh bien, me voilà servi. Contresens sur l'autoroute ; pas de feux la nuit (au fait, ça sert à quoi ce bouton à gauche du volant ?) ; zéro clignotant (excusez-moi, vous avez dit clignoquoi ?) ; aucun respect des distances ni même des bandes (ça fait joli au sol quand y'en a) ; plus aucune priorité ; ça roule à touche-touche dans les bouchons (c'est toi le chat) ; dans les ronds-points, c'est carrément la guerre ; bien sûr, on double de tous les côtés sans prévenir ; passage en force partout ; triple, quadruples, quintuples files pour se garer ; pique-niques et marchés au bord de l'autoroute ; vendeurs au milieu de la chaussée ; U-turn en plein milieu de l'autoroute, etc. Les premiers jours, j'étais stressé (déjà les Turcs, c'est pas des tendres sur la route), je faisais des appels de phares, klaxonnais, bref, je faisais mon parigot-tête-de-veau, alors que maintenant je me plais presque à jouer au globule balancé à fond de train dans des artères mouvantes. La circulation est désordonnée et organique. De toute façon, ce n'est pas moi, le petit occidental qui vais changer quoi que ce soit à leur façon de conduire. Donc je me détends et je pense qu'en France, je serai beaucoup plus dans l'acceptation et le laisser-aller.

Au volant, ce sont des teignes, mais dès qu'ils ouvrent la portière, ce sont des sourires, des accolades, des fruits offerts... Absolument adorables. Comme les Turcs, mais encore plus. J'avais déjà lu là-dessus mais là, j'ai la preuve que la bagnole rend nerveux même les plus doux. Les véhicules sont vieux et pourris. Presque que des Peugeot 405 (vous vous demandiez ce qu'elles étaient devenues ? Figurez-vous qu'elles ont une vie inversée (oui, comme Benjamen Button – et un peu comme moi, il faut avouer) après une retraite calme en France, elles vivent en Iran leur jeunesse la plus trépidante qui soit). Mais sans pare-chocs, sales...

Ok, et les camions ? Magnifiques vieux modèles à l'américaine. Tout en mécaniques apparentes et crachant des bouquets de roses noires. Leurs chargements, montent, montent sans fin, "jusqu'aux nuages" disent les kids. Heureusement que dans ces paysages désertiques, il n'y a pas beaucoup de virages, ni ponts, ni fils électriques, car c'est incroyable comment ils chargent les camions. Les sacs sont posés en piles, en tas, pas forcément sanglés et ça ne tombe pas. Bien entendu, c'est en trapèze, ça s'élargit vers le haut, sinon ça ne serait pas drôle, parfois c'est même de travers, ou alors le trop-plein de sacs pendouillent sur les côtés. Parfois, c'est carrément le châssis qui est vrillé et qui donne une inclinaison « à la Pise » au chargement. Ils sont couverts d'inscriptions peu rassurantes du genre "inch Allah", "my God », "Allah drives"...

Ça, c'est pour les conducteurs, maintenant les routes, ça va de pas mal (oui quand même), à bof, puis absolument dégueulasse. Nid-de-poule, craquements, plots, sable, pierres…

Et le pire, c'est leurs dos d'ânes "casse-châssis". C'est d'une agressivité sans précédent, il faut carrément les passer au pas, voir à l'arrêt. Et ils ne sont pas forcément indiqués, tu roules et d'un coup, meeeerde, un dos d'âne-muraille ! Deux pieds sur le frein, les bouquins qui volent de la bibliothèque, la casserole qui se renverse, le châssis qui perd deux ans de vie en une bosse. Je suis bien content d'avoir rajouté des lames d'amortisseurs en Turquie, sinon j'aurais tapé bien des fois.

Pour la sécurité, ils font des trucs super dangereux, ça semble contre-productif. Au moins, c'est vrai qu'ils ne roulent pas très vite. De toute façon avec les vieilles (et belles) bagnoles anglaises des années 60, ils ont du mal.

Parfois il y a un super 4x4 équipé pour le désert, avec grilles de désensablement, qui déboule à fond de balle, eux ils s'en balek des trous, des bosses et autres ravines, car eux, ils ne roulent pas, non, ils volent. Je m'attends à en trouver bien plus du côté arabique du golfe.

Ce que j'apprécie dans la route, ce sont les proportions américaines : les bas-côtés sont immenses et à niveau (ben oui, il ne pleut pas), tu te poses où tu veux, même les plus gros camions. Il n'y a ni clôture, ni fossé, peu de maisons, donc c'est freestyle total. C'est parking partout.

– Papaaaa, pipiiii...

– Ok, où vous voulez, les kids.

Très simple de s'arrêter, de bivouaquer. Même en traversée de villes, les "bas-côtés" sont immenses et investis par des petits vendeurs, les poules et les moutons. Tout ça donne un côté Inde que j'aime bien. Mais en mode aride et moins dense. En Inde, même paumé à la campagne, il y a du monde partout.

Et les paysages ! Ces paysages... Je n'ai pas de mots, c'est juste à vivre. Je vais quand même essayer en trois simples : "majestueux", "colorés"... Oserais-je un... "divin" ?

Vendredi 13 janvier 2023, PASCALE :

Nous sommes à Siraf, une petite ville en bordure de l'océan Indien. Nous avons roulé 4 heures hier. Cela fait du bien d'avancer, de sentir les kilomètres se dérouler sous nos roues.

Je suis vraiment contente de notre Béluga tout beau ! Cela faisait plus d'un an que j'attendais ces décorations. En optant pour des stickers imprimés sur mesure plutôt qu'un dessin fait directement sur la carrosserie, on a pu trouver le temps de les mettre, avec Hamed.

Je suis dans le camping-car alors que les 4 garçons sont à la plage, juste en face. Cela me fait du bien d'avoir notre « maisonnette » pour moi toute seule. Les choux-fleurs cuisent pendant que j'écris ces lignes. En revanche, un imam hurle sa prière dans les haut-parleurs depuis 45 minutes ! (D'ordinaire l'appel à la prière ne dure pas plus de 5 à 10 minutes.) Tantôt chantée, tantôt psalmodiée, tantôt parlée, il monopolise le micro et les oreilles de toute la ville par sa voix vindicative. J'avoue que c'est très intrusif et désagréable. Il a fait pareil, hier soir, vers 21 heures et ça a duré plus d'une heure !

Hier, nous étions jeudi soir (leur samedi) et toute la côte était plantée de petites tentes familiales !

Les gens du coin viennent passer leur week-end sur la digue. Les uns à côté des autres, ils montent leur tente et mangent leur pique-nique. Enfin, pour être précis : ils font la cuisine avec les barbecues installés le long du trottoir ou carrément leur petit réchaud sur une mini-bouteille de gaz.

Comme dans des igloos, ils sont assemblés autour du

brasero à l'intérieur même de leur tente ! Grand-mère qui tient le bébé dans ses bras, enfants plus grands qui jouent et parents qui s'occupent du repas et du rangement. Ils ont même apporté leur baffle et leur sono pour écouter de la musique jusqu'à minuit. Puis, silence toute la nuit, et rebelote à 8h30 du matin.

PRÉCISIONS ÉCRITES PAR MARTY :

Comme il leur est difficile de voyager, ils viennent camper à la mer le week-end. Ça leur fait comme de courtes vacances. Ils sont super détendus. Parfois, ils dorment à même le sol sur un tapis (ben oui, pourquoi s'emmerder avec une tente ?!).
Et comme partout en Iran, le mot d'ordre est « Safety First » (« la sécurité d'abord ») : des bouteilles de gaz allumées dans les tentes avec au-dessus, au choix : théières, casseroles de ragoût ou charbon de bois pour la chicha. Ils flânent le long de la digue en écoutant de la musique et en fumant le narguilé. Non, vraiment, ils sont bien posés, les iraniens. En groupe de potes ou en famille, ils profitent bien de leurs jours de congés.
La partie de pêche du soir sur la digue est vraiment un prétexte pour se retrouver entre amis ; ils ne doivent pas prendre beaucoup de poissons avec leurs grosses enceintes posées sur la digue.

SUITE ÉCRITE PAR PASCALE :

Ça y est, je me suis « dévoilée » ! Nous sommes en Iran depuis plus d'un mois et j'ai vu qu'il y a plein de femmes non voilées. Donc, je me sens enfin le courage de le faire aussi. J'ai l'impression de soutenir leur combat car, quand je portais le voile, j'avais peur des répercussions et je montrais la soumission au pouvoir en place et à la religion, ce qui n'est pas du tout dans mes habitudes.

Mohammed, celui qui va nous acheter nos billets de bateau pour Dubaï, nous a dit qu'il y a 20 cm de neige chez lui ! Tandis qu'ici, Marty et les enfants viennent de se baigner dans l'océan Indien pour la première fois depuis la Turquie, à Antalya (c'était le 10/11/22).

Nous avons rangé les bonnets et les chaussures d'hiver pour ressortir les maillots et les tongs ! Nous pourrions vivre constamment à la saison de notre choix, en étant nomade.

Hier, grâce au nouveau VPN, Marty a pu partager les premières photos d'Iran sur Facebook, depuis notre arrivée, il y a 1 mois et 15 jours. Ça nous a fait du bien d'avoir des petits bonjours de tout le monde et de donner nos nouvelles !

Au loin, tout au bout de la plage, nous voyons 4 immenses cheminées qui crachent constamment d'énormes flammes. C'était fascinant, hier soir, sur la mer sombre, un coin de ciel vibrant de cette lumière rougeoyante !

En quittant la plage, nous nous sommes arrêtés un peu plus loin car la route longeait une plage dont l'eau passait du bleu turquoise au bleu azur pour finir par du bleu roi au loin… Splendide !

Marty et les enfants ont eu envie de dessiner ce magnifique paysage. Enfin surtout les 3 camions qui étaient garés devant. Taïmoon est resté faire ses devoirs avec moi. Les camionneurs mangeaient un casse-croute en fumant de la chicha sur la plage.

Miel et Lullaby, qui les ont dessinés, ont été leur montrer leur dessin. Les conducteurs étaient enchantés. Ils ont pris des photos aves les enfants et leur ont fait visiter la cabine de leur camion. Les voilà avec Marty en train d'essayer le siège, l'énorme volant et bien sûr, le Klaxon !

Nous n'avons pas avancé mais c'est une sacrée journée…

Lundi 16 janvier 2023, PASCALE :

Nous sommes arrivés sur l'île de Queschme où l'on a retrouvé la famille de Nico qui y était depuis quelques jours.

La traversée depuis Bandar Leighen était assez simple, car il s'agit d'une « zone franche » sans taxe. Elle possède donc un statut spécial et il a fallu montrer nos passeports.

La traversée a duré 10 minutes et elle a coûté 6 € pour nous 5 ! (1€ par personne + 1€ le camping-car).

Hier soir, au parking de la plage où nous nous sommes garés, il n'y avait que nos 2 véhicules. Or ce matin, dès 9 heures, la plage était pleine de monde, de voitures, de jet-skis, de kwads et de dromadaires ! Nous étions coincés entre deux voitures garées à côté de nous. Il y avait aussi des parapentes tirés par des 4x4 sur la plage.

Tous les gens marchent et roulent les uns près des autres. Les terrains de sport, de jeux nautiques et les nageurs se mêlent en un joyeux bordel… Non sécurisé !

Pourtant ils ont tous l'air ravi. J'aime marcher sous ce doux soleil d'hiver arabique, la température est idéale, je me sens si bien dans ce pays où l'humain semble être prioritaire sur le commerce, la sécurité et la surveillance.

Ici, on voit des femmes en cheveux et d'autres en burka, en passant par les semi-voilées. Que des iraniens, excepté nos deux familles franco-belges.

Pourtant, nous sommes lundi, ce n'est pas leur week-end…

Peut-être est-on un jour férié ?

Le petit îlot juste en face était accessible à pied ce matin, grâce à la marée basse. Nous y sommes allés à pied nu.

Maintenant qu'il est 14 heures, l'eau a déjà repris son lit et les derniers retardataires doivent revenir avec l'eau au niveau des genoux.

C'est une belle journée sur la planète Terre. Marty rêvait de finir le voyage en Iran avec la découverte de cette île. On va y rester pendant 10 jours, donc jusqu'au 25 janvier. Nico et Julie nous quitterons le 20 car ils doivent remonter tout l'Iran pour passer la frontière Pakistanaise, au nord. Ils ont déjà bien entamé leur deuxième visa. Tandis que nous partirons de ce pays, le 29.

L'Iran, sous certains angles, est comme mon pays idéal, malgré ses nombreuses choses insupportables (censure d'internet, voile des femmes, visas compliqués). J'aime leur anti-américanisme. On vit comme avant la seconde guerre : quand les États-Unis n'avaient pas encore implanté leur culture alimentaire, musicale et cinématographique.

Ici, pas de Macdo, ni de Starbuck, ni de paiement par carte Visa, ni de QR code, pas de lois intempestives qui dirigent tout et s'immiscent partout, pas de caméra à chaque coin de rue, pas de flics qui patrouillent sans cesse…

Et pourtant : pas de vol, peu de crime, juste des gens qui veulent se libérer de la vampirisation monétaire étatique. Enfin, c'est ma vision.

Je voyais nos six enfants faire des dizaines de petites boules de sable bien alignées. Je leur ai demandé si c'était des gâteaux ?

– Non. Des bombes.

Un peu déçue, j'en rigole. Ils sont toujours surprenants, ces gosses ! Maintenant, ils ont sorti les pelles et creusent des galeries dans le sable : un bon travail d'équipe.

Tout à l'heure, nous avons parlé du père de Marty, « Papy » pour les enfants. Nous leur avons expliqué que c'était aussi grâce à lui que nous étions sur la plage iranienne en train de vivre ces beaux moments.

Voici, en bref, comment s'est déroulé la préparation de notre voyage :

En septembre 2020, nos finances étaient au plus bas et nous frôlions un solde négatif sur nos comptes en banque, pour la première fois de notre vie…

Or Marty, sortant à peine des restrictions sanitaires et des confinements successifs imposés par la gestion gouvernementale de la crise covid, avait soif de liberté de mouvement et de voyage. Une soif immense qu'il ressentait depuis toujours, mais qui s'était sacrément accrue avec la pandémie.

J'avoue que cette perte subite et totale de toutes mes libertés m'a aussi donné envie de découvrir les pays de ce merveilleux monde ! Alors qu'avant le covid, j'étais trop attachée à mon confort de vie en France. Ainsi, quand Marty m'a demandé, en septembre 2020, si j'étais partante pour une année nomade en camping-car (que nous n'avions pas), j'ai accepté sans hésitation.

Nous avions alors calculé qu'il nous faudrait économiser 40 000 € pour concrétiser ce projet familial.

20 000, pour acheter un camping-car d'occasion et 20 000 pour financer le quotidien durant une année où nous ne pourrions très probablement pas travailler à distance.

Il nous manquait donc 40 000 euros…

Trois mois plus tard, à Noël, Marty, Lullaby et Miel étaient en vacances chez Clément (le frère de Marty) avec leurs parents.

C'est là que Papy leur a annoncé qu'il comptait leur donner une avance sur héritage de 50 000 €… suite à la vente récente d'un logement qu'il possédait à Paris !

En mai 2021, l'argent était sur le compte de Marty qui s'est tout de suite mis en quête du camping-car idéal pour 5 personnes, avec 5 couchages permanents (pas de lit pliant ou levant) et 5 ceintures de sécurité (en général, cela s'arrêtait à 4).

Marty a passé un mois à guetter les annonces de particuliers à particuliers, pour trouver la perle rare qu'il a fallu aller chercher dans un village paumé du nord de la France…
Il coûtait exactement 19 500 €.

Pour ma part, cela faisait un an que je triais les affaires de la maison (jeux, habits trop petits, vaisselles inutiles) afin de les revendre sur leboncoin et vinted. Cela a permis de remettre nos finances à jour mais surtout, ce serait tout cela de moins à stocker dans un garde-meuble. Depuis notre départ, en septembre 2021, nous payons donc chaque mois, 140 € de loyer pour un box de 12 mètres carrés.

Quand notre camping-car fut garé devant la maison, notre projet de voyage devint réellement concret pour moi. J'entrepris alors de trier ce qui serait à donner ou à vendre, ce qui irait dans le box, dans le camping-car ou resterait dans la maison pour les futurs locataires, afin que notre logement puisse être loué en tant que meublé.

Nous avons trouvé un agent immobilier qui chercherait des locataires.

Ce fut seulement au bout de 3 mois qu'il en trouva car notre maison était plutôt atypique, avec ses meubles de récupération très dépareillés et disponible pour une unique année…

L'agent a accepté le dossier de 5 colocataires qui avaient déjà habité ensemble (un couple et 3 personnes solo), de jeunes adultes qui débutaient leur carrière professionnelle.

En gros, cette location nous offrait 1500 € par mois pour vivre sans loyer (car le Béluga est déjà payé), avec pour seules dépenses : la nourriture, l'essence et le gaz. (L'électricité vient de nos panneaux solaires et l'eau est gratuite dans les stations essence, fontaines publiques, camping…)

Nous avions donc tout ce qu'il fallait pour entreprendre ce

long périple en famille !

En conclusion, Marty et moi ne gagnons presque rien avec nos droits d'auteur (lui sur ses BD, moi sur mes livres) néanmoins, les cadeaux de la vie nous permettent de poursuivre notre art grâce à d'autres revenus.

Jeudi 19 janvier 2023, PASCALE :

Aujourd'hui, Julie fête ses 43 ans. Au programme : goûter d'anniversaire, « farniente » au bord de la plage et du lac de sel. Car nous sommes garés entre ces deux incroyables paysages ! L'île de Queshm est magnifique.

Le lac est tellement salé qu'il est bordé de cristaux de sel. Les pierres sont recouvertes d'une épaisse couche d'un blanc immaculé. On pourrait croire qu'il s'agit de neige. Cependant, c'est beaucoup plus solide et résistant que de la glace. Sur les cailloux, le sel forme des boules qui ressemblent à des pompons de laine feutrée et dans l'eau, le sel est comme de fines lamelles qui s'accumule l'une derrière l'autre. C'est beau.

À notre ancien emplacement, nous avons rencontré un couple d'iraniens en van aménagé. Ils ont 30 ans et sont en vacances pour 2 semaines. Ils travaillent à Isfahan. Mais ils sont surtout youtubeurs et ils ont des milliers d'abonnés. Leur signe distinctif ? Ils ont tous les deux un mono-sourcil, c'est pourquoi ils en ont fait leur « marque » ! Leur logo est un mono-sourcil stylisé avec 2 ronds en-dessous qui représentent leurs yeux et les roues de leur van !

Cette nuit, j'ai fait une « insomnie du matin », c'est à dire que je me réveille très tôt et que je ne parviens plus à me rendormir malgré la fatigue. J'ai alors travaillé sur mon ordinateur, dans le Béluga, sur la table de notre salon, face à la mer. Ainsi, j'ai vu les deux iraniens déjà dehors sur le sable ; ils faisaient du yoga à 7h45.

Quand Marty a installé la table dehors pour notre repas, Marty leur a dit :

– Nous partirons après notre petit déjeuner.

– Your breakfast !!? s'est écrié l'iranien, très étonné.

Car il était midi.

La veille, les 3 hommes avaient passé l'après-midi à discuter sur la plage (Nico, l'iranien et Marty), les 3 extravertis. Tandis que les 3 femmes (Julie, l'iranienne et moi) étions dans nos camping-car respectifs, les 3 introverties. Ce soir-là, Marty avait proposé une séance cinéma en plein air pour les enfants. « Star Wars I », car la famille de Nico en est fan et nos enfants ne les ont jamais vus.

On a mis mon ordi sur la table dehors, on a rajouté le mini-baffle pour avoir un son impeccable à défaut d'un écran géant, et la séance a commencé sous les véritables étoiles d'Iran. La musique mythique du début est fantastique. Un peu avant la fin du film, Taïmoon s'agace :

– Mais il est où « Dark Vador » ? Pourquoi on ne l'a toujours pas vu ?

Nous avons tous souri en douce…

Hier, en changeant de lieu de campement, nous avons rencontré (pour la deuxième fois sur cette île) le van bleu d'un couple français d'une quarantaine d'années (le couple, pas le van). Il s'agit de Tristan et Zrinka. Elle est croate et a vécu en Croatie jusqu'à ses 9 ans.

Elle était institutrice en France, puis vers 30 ans, elle a arrêté de travailler pour se consacrer avec son mari à la location des maisons qu'ils ont achetées.

C'est ainsi qu'ils peuvent voyager dans le « Blue George » (leur van) de septembre 22 à août 23. Ils vont prendre la même route que nous jusqu'à Oman.

Tristan nous a raconté comment, malgré leur maigre salaire de fonctionnaires, ils ont pu acheter plusieurs appartements puis maintenant une grande et belle maison sur la Côte d'Azur. Il expliquait cette technique contre-intuitive qui utilise les prêts bancaires à son avantage, en connaissant parfaitement les failles et rouages de notre société capitalistes et des banques. Son récit a passionné Miel qui était toute ouïe. À tel point que le lendemain matin, Miel a pris mon téléphone pour enregistrer son propre résumé du procédé de Tristan, afin de bien s'en rappeler plus tard. Sacré Miel !

Vendredi 20 janvier 2023, PASCALE :

Nous avons quitté le lac de sel pour visiter la grotte de sel : magnifique !!
Lampe frontale obligatoire car, à l'intérieur, il n'y a ni lumière du jour ni éclairage électrique. Cette île est vraiment particulière, un petit bijou qui semble oublié du monde, sauf par les iraniens qui ont tout à fait conscience des splendeurs de leur pays.
La caverne était creusée dans une roche striée de lignes blanches, noires et rouges ! Et par-dessus cette roche colorée, une couche de sel cristallisé tantôt translucide, tantôt blanche et épaisse comme une fourrure d'hermine. On aurait pu croire, encore une fois, à de la glace, pourtant il faisait chaud. Ensuite, nos deux camping-cars ont roulé sur une piste plus chaotique qui fait le tour de l'île, pour aller au canyon de Queshm.
Il ne restait qu'un mince filet d'eau transparente ce qui nous a permis d'aller plus loin, en suivant son lit presque asséché. Cette fois, nous découvrîmes une roche blanche, tout en rondeur et parfaitement lisse. Douce au toucher. Très organique après le piquant des cristaux de sel. Nous avons admiré le ciel violet sur le canyon car nous étions, comme

bien souvent, les derniers visiteurs de la journée. Nous avons mangé le repas du midi à 18 heures... Le temps file !

Pour les 2 derniers jours en compagnie de la famille de Nico, nous nous sommes installés dans la cour du « Madali Housestay » car Nico a besoin d'électricité pour une commande professionnelle. L'accueil par Hussein (35 ans), son épouse et leurs 2 filles (10 et 3 ans), est super ! Tous installés sous une pergola, nous écoutons son ami en train de chanter et Hussein qui l'accompagne au tambour. Les autres potes qu'il a invités tapent des mains en rythme. Il fait nuit, les poules dorment à côté, ainsi que leurs petits poussins.

Il y a des douches, une vieille machine à laver le linge. La musique a quelque chose de magique, même quand elle est simple : des voix, des instruments, des mains qui frappent.

Cela fait plaisir de voir les 6 enfants jouer ensemble (3 chez Nico et les 3 nôtres), à 6, en duo ou en trio. Ils profitent d'un grand jardin, avec une cabane, des cordes pour se balancer, une nacelle-balançoire, des tables, des arbres à grimper et un hamac.

Lundi 23 janvier 2023, PASCALE :

Nous avons passé 2 nuits dans l'oasis de Madali Housestay, sous la bienveillance d'Hussein, sa femme et ses 2 filles. Cette guesthouse atypique avait, en son point central, un feu sous une pergola métallique. Tous les soirs (3 car nous sommes partis la nuit), Hussein nous y attendait avec du thé sucré et des papillotes de pommes de terre et de légumes aux épices ! Quel bel accueil !

Julie nous a informés que la petite Tsia est née chez Élodie et Romuald (le couple français qu'on avait rencontré en Grèce et qui avait aussi fait un bout de route avec Julie et

Nico).

Nous avons dit au revoir à la famille de Nico, peut-être nous croiserons-nous une dernière fois sur l'île d'Hormuz, demain…

Encore 6 jours et nous quittons l'Iran où nous sommes depuis presque 2 mois.

Jeudi 26 janvier 2023, PASCALE :

Oh la la ! Nous avons pris une navette spatiale et nous avons visité la Planète Vénus ! Ou c'est tout comme… Nous avons découvert la petite île d'Hormuz, celle qui jouxte la grande île de Queshm.

Aucun véhicule n'est autorisé à circuler sur cette petite île, surtout pas les camping-cars.

En revanche, il y a des touk-touks : des motos qui tirent une charrette à six places couverte d'un toit léger.

Le 23 janvier, nous avions visité la « Star Valley » : une sorte de mini Colorado à taille humaine avec une roche couleur jaune pâle. Le soir même, nous avons dormi au parking du port afin d'être déjà sur place pour prendre le bateau de 7 heures du matin.

Malheureusement, le bateau n'est parti que vers 9 heures en raison des conditions météorologiques. Il y a un mois, le ticket coûtait 1.250.000 Rial alors qu'aujourd'hui, il est à 2.000.000 ! Bon, ça ne fait que 5 euros…

Mais, ils augmentent régulièrement les prix car le Rial ne fait que dévaluer.

Il y a deux mois, à notre arrivée, 100 € équivalait à 35 millions de Rial. Aujourd'hui, 100 € vaut 45 millions.

Le bateau pour Hormuz, avec la mer agitée, fut un enfer…

Quarante minutes enfermés à l'intérieur d'une navette hermétiquement close filant à toute allure sur les vagues.

Marty avait recontacté une amie iranienne qu'il avait rencontrée au Rainbow Festival en Turquie, car elle habite sur cette île !

Elnaz nous attendait au port d'Hormuz et avait réservé un touk-touk. Elle nous a accompagnés pour le tour de l'île. Le tour dure 3h30, en s'arrêtant aux endroits à visiter et en faisant une pause déjeuner. On a donné 20 euros au chauffeur, plus une taxe locale par personne. Les autres visites étaient gratuites. Ce lieu est IN-CROY-ABLE !

Un paysage coloré en raison de la roche des montagnes qui varie du blanc au noir, en passant par le jaune, l'ocre et le pourpre ! Il y avait même une montagne de roche verte et toujours ce sel blanc en guise de couverture neigeuse.

Je pourrais me balader durant des heures dans ce paysage souvent plat mais encerclé de montagnes, en suivant le sentier. Malheureusement, nous avions peu de temps pour être à l'heure au dernier bateau de la journée, à 15 heures.

Le chauffeur était aussi un guide, il nous a mené, à pied, jusqu'à la « Rainbow Cave ». Sur le chemin, il était avec Taïmoon et tout au long de la descente vers la grotte, il s'arrêtait près de la roche pour y frotter l'index. De la poudre d'une couleur à chaque fois différente se détachait de la pierre et le guide traçait un trait sur le bras de Taïmoon !

Elnaz a fait de même avec moi. Cette randonnée aux couleurs de l'arc-en-ciel était un enchantement. À la fin de la promenade, j'avais une dizaine de lignes de teintes différentes sur l'avant-bras, du blanc au violet foncé.

Pour la visite de la caverne, il fallait des lampes de poche et il fallait marcher le dos courbé au début de la grotte, le plafond étant très bas. Toutefois, après ces quelques mètres, la voie s'ouvrait sur la plus belle grotte jamais vue ! Des courbes douces organiques faites d'une roche multicolore striée de lignes et parsemée de pierres tels des diamants incrustés dans la paroi…

La température était bien plus élevée qu'à l'extérieur, c'était fou. J'ai vraiment adoré cet endroit particulier. J'aurais voulu m'y allonger pour y passer la nuit et être baignée par l'énergie étourdissante qui se dégageait de cette pierre.

Franchement, j'aurais bien fait deux fois le tour de cette île pour voir et revoir encore tant de beauté !

Après, nous avons roulé en touk-touk jusqu'à la plage rouge : « Red Beach ». Le sable était rouge vif et il donnait sur une mer bleu turquoise. Moi qui aime les couleurs chatoyantes, j'étais servie !

Nous avions une dernière chance de revoir la famille de Nico car nous avions tous prévu de visiter cette île le 23. Et en effet, sans même convenir d'un rendez-vous et sans sortir nos téléphones, nous nous sommes retrouvés ! Alors qu'eux avaient pris le bateau depuis Bandar Abbas et nous depuis Bandar Leighe.

Au retour, nous sommes arrivés les derniers sur le bateau et toutes les places assises étaient prises. Alors, l'hôtesse nous a invités à la suivre jusqu'à l'étage où les passagers étaient serrés les uns contre les autres sur des sièges plus étroits… Toutefois, elle a traversé cette pièce pour nous conduire jusqu'à la cabine de pilotage !

La mer était calme, heureusement, et nous avons fait la traversée avec le capitaine qui conduisait. Lullaby était aux anges, il a enfilé sa casquette de capitaine et a tout observé. Marty a fait un dessin.

Hier soir, nous sommes revenus sur le continent. Adieu Hormuz ! Adieu Queshm ! Marty avait raison, ces îles-là valaient la peine de prolonger notre premier visa…

Même si, sur l'île, le diesel était encore plus limité que partout ailleurs en Iran. Marty a dû demander un document d'autorisation pour prendre 40 litres dans un centre gouvernemental. En revanche, ces 40 litres nous ont coûté un euro !

ÉMIRATS ARABES UNIS

Lundi 30 janvier 2023, PASCALE :

Nous sommes arrivés à Dubaï ! Aux Émirats Arabes Unis (EAU) !

Je pense que les dubaïotes n'apprécient pas vraiment que les iraniens arrivent dans leur pays en bateau… Une fois accostés au port de Dubaï, nous avons dû patienter 4 heures pour pouvoir descendre du navire et monter dans la navette qui nous conduisait à l'aéroport afin de faire le passage en douane !

Mohammed, de l'auberge Tak-Taku en Iran, nous avait acheté les tickets pour la traversée en bateau et celle du Béluga, dans un autre navire (on lui avait payé 1150$ en espèce, un mois avant le départ pour qu'il fasse la réservation).

Le départ d'Iran se faisait dans le port de Bandar Leighen. La veille de notre traversée, il a plu des cordes, du matin au soir ! Je ne me souviens pas d'un jour aussi pluvieux en Iran… Nous en avons profité pour terminer les devoirs des enfants.

Pendant ces 2 derniers mois, je n'ai RIEN pu envoyer au CNED car leur site était inaccessible depuis l'Iran ! Je devrai donc photographier et envoyer toutes les évaluations des 2 modules (correspondant à 2 mois de travail) par enfant, dès qu'on aura internet à Dubaï.

Le lendemain, le samedi 28, nous avons laissé le camping-car au port avec son CPD (le carnet de passage en douane du véhicule) pour qu'il embarque sur le ferry réservé aux marchandises. Vahid, notre contact engagé par Mohammed, nous a ramené à l'hôtel « Diplomat » où nous dormirions une seule nuit.

Ce matin-là, au port du ferry, nous avons retrouvé Tristan et Zrinka qui déposaient aussi leur van, le Blue George. Ils passaient la nuit au même hôtel que nous, et nous avons fait la traversée vers les EAU avec eux, le 29 janvier 2023. Ils sont très sympas. Même les enfants les apprécient énormément.

La traversée a duré 4h30. Marty a été malade à s'en coucher par terre… Malgré le beau temps, il y avait de la houle.

L'arrivée à Dubaï était splendide ! La ligne d'horizon de la ville se découpait sur le ciel bleu pâle et le chapelet d'immeubles, « Twins tower » et autres fantaisies architecturales nous offraient un spectacle hypnotique. Marty a émergé de son mal de mer pile à ce moment-là.

Peut-être que toute l'angoisse et l'anxiété qu'il avait accumulées durant les 2 mois en Iran, pouvaient sortir à présent, en libérant ses tripes… Car malgré les splendeurs de ce pays, Marty et moi, étions en permanence sur le qui-vive avec une sorte de menace fantôme flottant autour de nous. Puis, nous avions embarqué trois enfants dans cette aventure, nous voulions les préserver de tout ce stress et de toute mésaventures.

J'avoue qu'en montant sur le bateau pour Dubaï, je laissais derrière moi un sacré poids. Et je pouvais enfin relâcher la tension qui j'endurais depuis notre entrée en Iran.

Nous avions retiré les plaques d'immatriculation iraniennes, quelques jours plus tôt, avec l'aide d'un garagiste. Nous avons remis les plaques françaises : nous ne tomberions pas deux fois dans le piège de cette corruption organisée. Et en effet, personne ne nous a rien dit à ce propos au moment de laisser le camping-car.

Pendant les 4 heures d'attente accostés au port de Dubaï, aucun passager n'a bronché ni même émis la moindre plainte ! Il y avait un seul bus qui faisait l'aller-retour portaéroport (en 5 minutes), mais il ne roulait que lorsque les iraniens avaient tous passé leur contrôle à la douane et qu'une nouvelle fournée de passagers pouvaient arriver…

Je me suis vraiment énervée à la fin ! Même une fois garé devant l'aéroport, le chauffeur du bus n'ouvrait pas les portes pour nous laisser descendre. Il laissait encore d'autres gens passer devant nous. Je n'en pouvais plus d'être ainsi infantilisée !

En fait, nous étions les seuls étrangers dans le bateau, tous les autres passagers étaient iraniens. Aussi, ils doivent remplir et payer un visa à leur arrivée, ça dure des plombes… Alors que nous n'avions qu'à montrer notre passeport français et nous étions libres !

D'autant plus que nous pensions récupérer nos véhicules le jour de notre arrivée à Dubaï, cependant, Vahid nous a informés que le Béluga n'était pas encore parti en raison des conditions météos…

Nous devions donc trouver un hôtel pour cinq dans cette ville hors de prix, sans forfait internet et à neuf heures du soir, quand nous avons enfin pu sortir de l'aéroport ! La galère !!

Une fois descendue, je me suis plainte aux gardiens de la douane. Alléluia, ils parlaient tous anglais ! Quel plaisir d'être comprise juste en parlant avec la bouche (et non les mains, des mimes et des photos sur notre téléphone, comme ce fut le cas en Iran).

Bref, le vigile a compris que nous devions aller dans un guichet spécial, destiné aux voyageurs occidentaux : en 5 minutes, nous étions dehors, au beau milieu de Dubaï, enfin libérés !

Néanmoins, c'était la nuit, nous avions nos bagages à porter, trois enfants épuisés et sans aucune idée du lieu ni du prix où dormir le soir même.

Heureusement, la douane du port proposait le Wi-Fi gratuit,

car nous n'avions pas un centime de la monnaie locale…

Nous avons marché jusqu'à la première grande avenue et nous sommes montés dans un taxi : tous les taxis acceptent les paiements par carte Visa.

Entre les auberges avec dortoirs interdits aux mineurs mais qui correspondent à notre budget et les hôtels chics et chers, nous étions bien embêtés.

Finalement, j'ai trouvé le « Zaïneast Hotel » avec une chambre pour 4, à 240 DAB (65 €) la nuit. J'ai tout de suite réservé 2 nuits car Marty irait chercher seul le Béluga pendant que je ferais les devoirs avec les enfants, dans la chambre d'hôtel.

J'ai eu raison car nous venons d'apprendre que le camping-car n'était toujours pas parti et qu'il nous faudrait passer une troisième nuit à l'hôtel.

Les enfants sont ravis de voir toutes les voitures de luxe dans les rues : il y en a tellement !

Notre hôtel se situe à Deira, un quartier que Tristan et Zrinka avaient déjà visité il y a 2 ans et qu'ils avaient adoré.

Ce matin, Marty est parti avec eux pour acheter une carte SIM. Il est bientôt 15 heures et ils ne sont toujours pas rentrés. Ils viennent enfin d'obtenir la carte mais c'était compliqué, ils ont dû prendre le métro pour aller à la boutique qui en vendait pour les touristes.

On les attend pour aller manger, nous avons faim et soif de découvrir la ville !

Pour ma part, je rêve de payer 25 DAB (5€) pour prendre un taxi qui me conduira droit chez la pâtisserie Ladurée !!
Ce rêve est à portée de main, pour peu que Marty arrive.

Jeudi 2 février 2023, PASCALE :

Hier, Marty était parti avec Tristan et Zrinka pour aller en taxi jusqu'à la ville de Sharjah où se trouvaient nos deux véhicules enfin arrivés d'Iran.

Ils ont fait une heure de route et sont arrivés au port à 10h30 pour repartir en Béluga à 16 heures ! D'un bureau à un autre, paiements par-ci, taxes par-là, CPD à tamponner ici, frais d'entrée sur le port là-bas… Au total, 150 euros par véhicule.

Heureusement que j'étais resté à l'hôtel avec les enfants. Nous nous sommes baladés à Deira, il s'agit d'un quartier pour les immigrés et les travailleurs. Nous étions les seuls touristes… Les prix s'ajustaient à la population du coin : on a mangé un vrai thali (un assortiment de différents plats servis dans de petits bols en métal) dans un restaurant pakistanais, servi à volonté, mais très pimenté, pour 4€ par personne. Nous étions juste à quatre, car après avoir récupéré le Béluga, Marty a passé la nuit avec les « Blue George », près d'une plage. Le jour du check-out de notre troisième nuit d'hôtel, il devait à nouveau se lever tôt pour souscrire à une assurance véhicule (100€). Et comme la carte SIM et cette assurance ne sont valable qu'un mois, nous allons visiter l'EAU en maximum 30 jours.

Après avoir réglé toute cette paperasse, Marty est venu nous chercher à l'hôtel.

Miel a acheté une mini Burj Khalifa (la plus haute tour du monde, située à Dubaï) pour 4€ dans une boutique notre quartier. Or, quand nous sommes allés au luxueux Mall, il a vu exactement la même statuette pour 14€.

Il a déclaré :

– Le prix en Diram (4 DAB) dans les quartiers pauvres est moins cher que le prix en euro dans les quartier riche (14 €), alors qu'un euro équivaut à 4 Dirams !

Nous avons d'ailleurs trouvé des magasins alimentaires chinois à Deira, on s'est fait plaisir. Cela faisait si longtemps qu'on avait plus mangé de nourriture asiatique.

Le 1er février, c'était l'anniversaire de ma sœur, je lui ai envoyé une photo prise le jour même : la tour Burj Khalifa illuminée d'un « *Bonne* » anniversaire (en français) de mille couleurs ! Oui, écrit avec la faute d'orthographe. Lors des sons et lumières, il y a eu une mise en scène spéciale anniversaire avec cette phrase traduite dans de nombreuses langues.

Nous nous sommes garés dans un terrain vague, à côté des camions de chantier et de bus, afin d'y passer la nuit. Car nous avons récupéré le Béluga en parfait état !

Ce parking providentiel se trouve juste à côté du « Mall of Dubaï » (le plus grand centre commercial du monde), c'est hyper pratique !

Il suffit de marcher 20 minutes en traversant le Mall pour rejoindre la base de la Burj Khalifa où il y avait une projection sur la façade de la tour (de 18 à 23 heures, pendant 5 minutes, toutes les 15 minutes et gratuit !). Une fois sur deux, le show se déroulait au sol, dans le plan d'eau : une danse de fontaines et de jets d'eau en musique. Dont Edith Piaf avec sa vie en rose… Puis, 15 minutes plus tard, la tour elle-même s'illuminait grâce à ses bandes de LED verticales installées entre les fenêtres. Ça fait un écran géant de 800 mètres de haut !

Nous y sommes restés longtemps, donc on a vu plusieurs séances et elles étaient toutes différentes. Dont une « Happy Birthday ».

Il y a deux jours, nous sommes allés au pied de la grande roue de Dubaï (la plus grande roue du monde), elle atteint environ 250 mètres de haut, tandis que celle de Londres mesure 150 mètres. Dubaï, la ville de tous les records !

Nous adorons cet endroit, même si nous sommes conscients

des injustices extrêmes que cette ville génère. Finalement, nous sommes encore et toujours au temps des grandes constructions réalisées à la force des bras d'humains exploités…

Dubaï a des airs d'un Manhattan traversé par de larges cours d'eau et une touche orientale en prime. Des arabesques, des croissants de lune, des étoiles, des portes en ogive… Puis des buildings modernes aux façades éclairées et originales.

Ce que j'ai réalisé après avoir fait une « insomnie de bonheur » lors d'une nuit à l'hôtel, est que ce monde est rempli de merveilles !

Où qu'on aille, qu'importe ce qu'on voit, il y a de la beauté partout. Dans les immeubles, points d'orgue du capitalisme, dans les mosquées ou cathédrales, ces hauts lieux des plus riches mollahs ou ecclésiastiques, dans les palais et les jardins appartenant aux tsars, aux rois, aux empereurs, dans les paysages lunaires, désertiques ou florissants, dans les montagnes, les pics, les grottes, dans les villes modernes, les villages paumés, dans les campagnes, dans les océans, les fleuves… La liste est infinie ! Que de splendeurs nous entourent constamment…

Chacun peut choisir de voir les horreurs, les inégalités qui, elles aussi sont présentes partout sur terre, mais cela nous rendra tristes, déprimés, impuissants.

Tandis que nous pouvons aussi décider de porter notre regard sur les merveilles qui côtoient de si près les souffrances humaines. Même les pires dictateurs aspirent à la beauté. Ces gens-là, malgré leur fol amour d'eux-mêmes, désirent et paient pour s'entourer de merveilles architecturales et de raffinements.

Tant qu'il y a de la beauté en ce monde, il y a de l'espoir. Le beau nous élève, nous apporte un plaisir visuel, de la joie, qui que l'on soit.

Dorénavant, où que j'aille, je sais qu'il y aura toujours de la beauté pour m'émerveiller. Partout. Tout le temps.

J'attendais depuis longtemps de pouvoir déguster à nouveau l'excellence des pâtisseries françaises or je savais que les Émirats et le Qatar possédaient l'une ou l'autre boutiques de ce niveau culinaire. En effet, dans le Mall of Dubaï, il y a « Ladurée », « Yann Couvreur », « Angelina » et « Magnolia » (des cupcakes américains) ! Malheureusement, leur prix sont encore plus chers qu'en France : 13 € la pâtisserie individuelle…

J'étais déçue du prix, de la petitesse des gâteaux et même de leur choix. Et mon envie d'en acheter s'est envolée. J'ai réalisé que je n'aime plus les pâtisseries luxueuses car leur prix indécent me gâche une part du plaisir gustatif. Avec un tel prix, le résultat devrait être exceptionnel, pourtant, c'est loin d'être le cas.

Ça y est, j'ai acheté les tickets de notre retour en France ! Le 1er août 2023, les enfants et moi allons prendre l'avion depuis Istanbul vers Bruxelles.

Ainsi, nous passerons 3 semaines en Belgique, chez mes parents.

Si les parents de Marty sont disponibles, je ferai un aller-retour à Paris avec Lullaby pour qu'il prenne, seul, le train pour Caen.

Pendant ce temps, Marty rentrera tranquillement en Béluga accompagné de Laureana qui prendra l'avion jusqu'en Turquie.

Les enfants ont préféré rentrer en avion et profiter de ce mois pour revoir leurs cousins et grands-parents, plutôt que de parcourir 2000 km en 3 semaines.

On nous demande souvent : « Comment allez-vous gérer ce retour à la vie normale et sédentaire, émotionnellement parlant ? ».

En ce qui nous concerne, Marty et moi, il n'y aura aucune

tristesse ou souffrance à retrouver notre petit havre de paix montpelliérain. Aussi, je suis impatiente de revivre notre quotidien avec l'école, la maison, le jardin, les amis…

Après notre retour, la vie sera idéale car nous allons allier nomadisme et sédentarité ! Nous commençons même à réfléchir au futur avec excitation car nous cumulerons les avantages de ces deux modes de vie : nous prendrons le Béluga pour voyager lors des semaines de congé, et surtout des deux mois de vacances d'été.

Vendredi 3 février 2023, PASCALE :

Quelle soirée nous avons passé hier ! Nous avons rejoint Tristan et Zrinka au Mall of Emirates (l'ancien plus grand Mall de Dubaï, récemment dépassé par le Mall of Dubaï) pour voir, enfin, Avatar 2 au cinéma !

J'attendais cette suite depuis 10 ans… Or le jour de sa sortie, mi décembre 2022, nous étions en Iran, où il n'y avait aucun film américain dans les salles.

Nous avons garé le Béluga près de ce Mall pour la séance de 17h10 (le film dure 3 heures). Ce Mall est immense, évidemment, mais il n'y a aucun endroit pour s'installer dans des canapés, contrairement à l'autre Mall. En revanche, il y a… Une piste de ski et de luges avec de la véritable neige ! Et même des manchots !! Les gens y skient en portant des combinaisons de ski et boivent un chocolat chaud dans le coin chalet restaurant…

Dans le même temps, les escalators et les tapis roulants du métro dubaïote sont éteints en début de soirée avec un écriteau : « ce tapis est à l'arrêt pour économiser de l'énergie ».

Grâce à « l'effort économique » des plus pauvres, à quelques mètres de là, les riches peuvent se croire dans les alpages.

Il y avait aussi, juste devant les vitres qui donnaient sur la piste enneigée, une tirelire d'appel aux dons pour « l'eau et sa préservation »…!

Jeudi 7 février 2023, PASCALE :

Nous avons visité le désert pour la deuxième fois ! Cela n'avait rien à voir avec la première rencontre en Iran, mais c'était tout aussi bien.

Zrinka nous a expliqué que les bons « Groupon » fonctionnent aussi à Dubaï et qu'ils offrent des tarifs très avantageux quand on réserve sur leur site. Alors, j'ai suivi ses bons conseils et j'ai réservé une soirée « Sunset » sur un bateau du canal avec buffet à volonté, et aussi un après-midi dans le désert.

Cette fois, nous étions de nombreux touristes par rapport à l'Iran où nous n'étions que sept dans un vide absolu.

Ici, il y avait plusieurs activités proposées, très courtes, mais sympa : un petit tour sur le dos d'un dromadaire, du sandboard dans la dune (un planche qui glisse sur du sable), un tatouage au henné sur la main, thé et café à volonté, le repas du soir sur tables basses assis sur des coussins et un spectacle avec des derviches tourneurs, des cracheurs de feu et des danseuses du ventre. Pour clôturer la soirée, visible sur le sommet de la dune, une caravane de dromadaires et des marcheurs aux flambeaux.

J'ai adoré la ballade sur un dromadaire. Quel calme et quelle douceur nonchalante lors de cette marche au ralenti dans un univers de sable ! Je n'apprécie pas vraiment l'équitation car les chevaux sont vifs, réactifs et nerveux, selon moi. En revanche, la lenteur du chameau m'est idéale.

Décidément, le désert possède un charme fou !

Dimanche 12 février 2023, PASCALE :

Nous sommes à Dubaï depuis le 29 janvier... En sortirons-nous un jour ?

Il y a tellement de choses à voir et à vivre que nous y passerions un mois, sans même s'en rendre compte. Il nous reste donc 15 jours pour visiter le reste des EAU ! Ce pays est grand mais les lieux à visiter sont restreints. Donc ça ira.

Nous avons fêté les 41 ans de Marty un peu en avance, au sommet de « The View » (à 240 mètres), la tour construite sur l'île en forme de palmier nommée « L'île de Jumeira ». La route centrale qui même à cette tour forme le tronc et les palmes sont des rues où s'alignent les maisons. Initialement prévu pour symboliser le soleil, il s'est finalement mué en un palmier.

Là-haut, c'était bleu, beau, lumineux et, contrairement à la Burj Khalifa, il y avait beaucoup moins de monde (et c'était beaucoup moins cher aussi).

Au pied de la tour, il y a un centre commercial qui propose du fromage !! Et aussi du pain « français » à un prix raisonnable. Miel a enfin pu manger une véritable baguette ! Il m'en réclamait une depuis des semaines, voulant même raccourcir le voyage pour cela...

– Voilà, on peut repartir pour 2 ans, maintenant, m'a-t-il déclaré, rassasié.

Nous nous sommes promenés sur cette île jusqu'au soir. Le luxe et le raffinement y sont omniprésents. Deux gigantesques hôtels accueillent une demi-douzaine de chefs gastronomiques dans les cuisines de leurs restaurants ! (300 € le menu... Vin non compris.)

Cette île a été construite en 6 ans, à coup de péniches remplies de gros cailloux et de sable récolté au fond de la mer. Avec, comme guide pour créer la forme voulue, un satellite !

Nous retrouvons Tristan et Zrinka, presque tous les soirs. Nos deux véhicules sont garés à la plage. Leur fille, Fanny (une chanteuse de 26 ans), est venue les rejoindre depuis Paris, pour une semaine. Après son départ, Tristan et Zrinka nous ont invités dans un restaurant bien particulier et délicieux : du riz et des fruits de mer dans une sauce à la noix de coco. Au lieu de servir ce plat dans des assiettes, le serveur a tout étalé au milieu de la table, sur une nappe en plastique ! Nous avons mangé sans couvert, avec les doigts, pour le plus grand bonheur des enfants. Nous fêtions notre dernier jour ensemble.

Ils ont offert 3 dromadaires en peluche aux garçons. « Désert », « Sahara » et « Boubacar Traoré », les ont-ils chacun baptisés.

La plage où nous dormions est en chantier, c'est pourquoi elle nous était si accessible. Il n'y a presque personne la journée (de toute façon, nous circulons en Béluga le jour).

En revanche, la nuit, quantité de voitures roulent très lentement, sur un petit circuit fermé, les unes derrière les autres, pendant des heures ! Cette route circulaire est longue d'une centaine de mètres… Mais que font-ils ?!

Ils conduisent, en papotant entre mecs. Et même certaines voitures n'avaient qu'un unique chauffeur qui faisait la ronde, peinard, dans sa belle voiture…

Les dubaïotes adorent tellement conduire qu'ils roulent pour le simple plaisir de rouler. En outre, le prix de l'essence est dérisoire (0,90 €/l).

Non loin d'eux, sur le sable, il y avait aussi des installations lumineuses : des « coins salons » avec une énorme télévision allumée, de jolies tentes décorées de loupiotes et de fleurs, des tables dressées avec faste pour accueillir les amoureux, le temps d'un repas aux chandelles parsemé de pétales de roses.

Les installations sont louées par des particuliers, pour des rendez-vous romantiques en duo, des demandes de mariage ou parfois des groupes pour visionner un film sur une grande télévision, pop-corn en prime. Ces décors étaient implantés face à la magnifique skyline dominée par la Burj Khalifa.

Des agences officielles gèrent ces mises en scène chaque nuit. Ce service de « location » coûte 200 € pour 2 heures. Quelle idée simple et géniale !

Lundi 13 février 2023, PASCALE :

Dimanche, nous avons terminé la journée au Souk de la Marine : un marché luxueux dans un beau décor oriental. Le souk se prolonge dans un dédale de canaux et de terrasses illuminées de loupiotes et de palmiers.

Samedi, nous avons passé 2 heures sur un bateau avec buffet, pour admirer le coucher de soleil sur l'horizon de la ville. Ce bateau à deux étages, dont un à l'extérieur, offrait aussi le spectacle d'un derviche tourneur.

Demain, le 14 février, sera le jour d'anniversaire de Marty. Le second sur la route.

Je profite de cette occasion pour le remercier car c'est grâce à lui que ces deux années extraordinaires ont pu se concrétiser !

Mardi 14 février 2023, MARTY :

Voilà 41 ans que je suis sorti de mon œuf !
Quarante-et-une années bien remplies. Mais cette dernière année était sans doute la plus riche en expériences. Vivre sur les routes en famille est une sacrée aventure… Encore plus quand ce sont les (magnifiques) routes de l'Iran…

Encore plus pendant une révolution.

Nous venons d'y passer 2 mois et demi et j'ai trois bonnes nouvelles :

1- Nous sommes vivants ; 2- Nous allons tous très bien ; 3- Nous avons quitté le pays.

Pendant tout ce temps, j'étais coupé d'internet. Avec la révolution, internet y est fortement censuré. Je peux enfin parler plus ouvertement. Je peux aussi reprendre mon nom sur les réseaux sociaux et y poster des photos. J'évitais le maximum de traces, à commencer par le fait que je sois dessinateur de BD, ça aurait pu être très mal perçu. Je ne sais pas pourquoi mais ils apprécient moyennement les dessinateurs français en ce moment.

J'ai beaucoup de choses à vous raconter (et vous montrer) de ce voyage complètement fou, je le ferai tranquillement. Nous avons pris un bateau pour traverser le golfe Persique et nous voilà aux Émirats Arabes Unis. Pays tout aussi déjanté mais complètement à l'opposé du précédent. Et beaucoup plus sûr (enfin pour nous occidentaux…).

Je retrouve internet mais il est super cher (comme beaucoup de choses ici). Donc à nouveau très limité pour moi.

Je prends tout de même le temps de vous écrire ces très rapides nouvelles le jour de mon anniversaire.

Étant loin, je vous fais la même demande que l'année dernière : pour mon anniversaire, ça me ferait vraiment plaisir un petit coucou par message, une petite blague, un smiley, un gif, etc. Un petit truc d'une minute, pas forcément de la grande prose. Je n'aurai pas vraiment l'occasion de répondre individuellement mais ces petites attentions sont ce qui me ferait le plus plaisir, avant de pouvoir vous revoir en vrai… Car oui, il faut l'avouer, vous me manquez.

Et bien sûr, comme chaque année, bonne St Valentin à tous. "À vos amours !"

Une dernière chose, je ne poste pas la veille, j'ai un décalage horaire, il est minuit et je me couche.

Lundi 20 février 2023, PASCALE :

Nous sommes à Abu Dhabi depuis 3 jours. Nous avons finalement réussi à nous extraire de Dubaï et de ses innombrables activités attrayantes…

En 2 heures de route, nous avons pu rejoindre la capitale des Émirats.

Après une nuit sur le parking d'un immense Mall, nous avons visité le « Louvre » moderne qui est gratuit jusqu'à 18 ans !

Les œuvres étaient agencées par époque, de la plus ancienne à aujourd'hui, en prenant chaque fois une œuvre par pays (ou continent) réalisée au même moment.

Par exemple, il y avait 3 représentations de la maternité à la même période, dans différents lieux : une statue de la Vierge et l'Enfant, une statuette africaine et une égyptienne d'Isis et Horus.

Il y avait des peintures notables de Cézanne et autres grands artistes. L'architecture du musée était magnifique aussi : une soucoupe en métal dentelé posée devant le golfe Persique.

Le lendemain, nous avons visité le Palais Qasr Al Watan qui n'est ni un lieu religieux ni d'habitation mais un endroit destiné aux rencontres politiques et commerciales.

Les coupoles avaient la forme allongée et la couleur d'œufs d'un blanc immaculé.

Ce lieu est très récent, il date de 2019 ! Tout était blanc ou doré.

Le soir, il y a eu un spectacle de lumières projetées sur la coupole.

Aujourd'hui, ce fut au tour de la mosquée Cheikh Zayed :

gratuite mais il fallait bien se couvrir, même les hommes. J'ai donc ressorti mon foulard d'Iran accompagné d'une longue jupe sombre.

Cette mosquée est l'une des plus grande du monde, avec un tapis qui, lui, est le plus grand au monde. Ils ont encore réussi à se retrouver dans le Guinness Book !

Dès l'entrée, il y avait une immense cour d'un blanc aveuglant (l'édifice est, lui aussi, blanc et or) avec de longues fleurs en pierre de couleurs incrustées dans le sol.

La cour était entourée de galeries de colonnes et d'arches orientaux. Magnifique ! L'intérieur, très simple et épuré, à l'opposé des mosquées iraniennes, riches en ornements variés.

Une déception tout de même : nous avons visité ce lieu comme si c'était un musée avec un chemin balisé et un parcours bien délimité à suivre, sans jamais pouvoir s'asseoir sur le tapis et profiter de l'énergie de ce temple.

Cette mosquée a été achevée en 2007 ! Ainsi, Abu Dhabi est une ville neuve et sans Histoire inscrite dans la pierre, un endroit où bédouins et pécheurs de poissons ou de perles vivaient depuis des milliers d'années…

Jusqu'au jour où ils découvrirent un trésor sous leurs pieds : le pétrole.

Maintenant, ils construisent des monuments illustrant leur puissance et leur richesse toute récente.

Autre petit bémol, cette mosquée, certes gratuite, n'était accessible que par une longue galerie commerçante (un mini Mall).

Jeudi 23 février 2023, PASCALE :

De la même manière que nous avions visionné « La dolche Vita » à Rome, et « Roméo + Juliet » à Vérone, nous avons regardé « Dune » de Denis Villeneuve au milieu des dunes du désert de Liwa ! Quelle expérience envoûtante !

Mardi, nous avons roulé 4 heures pour arriver dans le désert du Quart-vide. Nous avions dormi devant une petite mosquée avec WC, bien pratique. Nous avons fait le plein d'eau, puis le plein d'essence. Le Quart-vide est une route en demi-cercle dans le sud des Émirats et jusqu'à la frontière désertique de l'Arabie Saoudite.

Ce chemin, plutôt court, est ponctué d'anciens forts couleur sable que l'on peut visiter gratuitement. Ils sont magnifiques dans leur style épuré et traditionnel, avec leurs murs lisses, en terre et en paille.

Il n'y avait aucun visiteur ni touriste, excepté Nathalie, une française en vacances, dans sa voiture de location. Elle parcourt les EAU pour quelques semaines. Elle a pris l'avion depuis Lourdes et dort chez l'habitant grâce au site « couchsurfing ». Site qui met en lien des hôtes qui accueillent gratuitement les voyageurs chez eux.

Nous avons croisé Nathalie lors de la visite des deux forts puis nous nous sommes arrêtés pour manger.

À 16 heures, nous sommes arrivés au terminus de la route qui se jette en plein désert.

Un jour, Tristan nous avait déclaré : « Cette route est la plus belle du monde ! ».

Il avait tout à fait raison. Je conduisais, c'était un régal absolu de rouler sur ce macadam propre (comment font-ils pour qu'il ne soit pas ensablé ?!) au milieu des dunes à pertes de vue ! J'ai adoré.

Cette route menait donc à une impasse, mais cette impasse

était un énorme terrain bétonné avec des WC, des douches, de l'eau et même de l'électricité en libre-service !

Ici, une fois par an, se déroule un festival où les 4x4 viennent rouler dans les dunes, notamment la plus haute des dunes qui en est le spectacle. On peut encore voir les traces de leurs pneus à plusieurs endroits.

Nous avons aussi vu quelques promeneurs qui montaient cette immense dune à pied.

Nous avons mangé dehors, après avoir sorti table et chaises. Puis nous nous sommes hâtés d'aller dans les dunes pour arriver au sommet avant le coucher du soleil ! Quelle beauté…

Troisième expérience dans le désert, troisième ressenti encore très différent des deux premiers. Le soir, nous étions entièrement seuls dans ce vaste parking. Le désert était désert.

Il y avait des lampadaires qui éclairent ce terrain durant toute la nuit. Tout comme les autoroutes que nous avions empruntées pour venir ici : elles ont toutes des éclairages et une ou deux voies par sens. Ce fut donc un régal de conduire la nuit. Et puis… Ils ne regardent pas la dépense énergétique dans ce pays.

Les enfants se sont roulés dans le sable. Miel avait emporté son chameau nommé « Désert » (celui offert par Zrinka). Il a fait une séance photo de ce doudou marchant dans les dunes.

Une fois le soleil disparu derrière l'horizon, Marty a proposé une méditation guidée, assis ou couché sur le sable.

Je me suis sentie vivante comme jamais ! En une belle osmose avec mon compagnon et nos enfants.

Puis, nous sommes rentrés en suivant méticuleusement nos traces sur le sol. Sinon, on a vite fait de se perdre…

Dans le désert de Liwa, la couleur du sable était plus orangée que celui d'Iran. Cela donne de beaux paysages jaune-orangés sous un ciel bleu azur. Quel bien-être d'avoir de telles beautés offertes à nos yeux ébahis.

Depuis le premier fort et jusqu'au profondeur du désert, mon imaginaire d'écrivaine est en ébullition. J'ai envie de me replonger dans mon roman en cours d'écriture, car il se déroule dans le désert du Sinaï. J'aime créer des personnages et des dialogues qui se passent dans ces lieux enchanteurs.

Lors du film « Dune », Miel a déclaré :

– J'aime pas les méchants qui renaissent dans des « bouillons »…

En effet, le Baron de Dune est ramené à la vie dans un bain d'eau noire, Voldemort renaît dans une marmite de potion magique et Dark Vador, dans un bain d'eau blanche gélatineuse.

Eh bien, Miel n'aime pas ça.

Il a aussi sorti une autre remarque pertinente lors du film :

– On a vu « Dune » et « Avatar 2 », tous les deux en anglais. J'en ai marre… Ce n'est pas un film mais un livre puisque je dois lire durant toute la durée !

Vendredi 24 février 2023, PASCALE :

Nous avons passé notre seconde nuit dans le désert de Liwa, quel régal ! Malgré les moustiques qui surviennent au coucher du soleil. Mais nous avons des moustiquaires aux fenêtres et des raquettes électriques pour ceux qui pénètrent à l'intérieur.

Nous voulions monter sur la plus haute dune (300 mètres de haut), vers midi, mais il faisait déjà beaucoup trop chaud. Donc nous avons fait les devoirs des enfants en attendant 17 heures.

De toute la journée, nous n'avons vu passer qu'un couple

d'anglais en voiture. L'homme est venu discuter pour savoir si nous étions vraiment venus depuis la France… Notre plaque d'immatriculation nous « trahissait ». Cela arrive souvent que des gens, surtout des européens, nous abordent pour poser cette question.

On a commencé à marcher sur la grande dune puis une voiture (un hybride entre un 4x4 et un Buggy) est passé près de nous. Le conducteur s'entraînait à monter et descendre à toute allure, comme c'est le cas lors du festival annuel.

Il s'appelle Ahmed et parle un anglais parfait. On lui a demandé s'il pouvait nous emmener au sommet et il a dit : « Yes, of course ! ».

Miel s'est installé en premier, a attaché l'épaisse ceinture de sécurité et… En route pour le sommet, avec quelques zigzag en prime !

La vitesse et le bruit du moteur étaient fous. Rouler dans ces dunes oranges vifs est incroyable ! Ahmed a fait 4 allers-retours pour nous déposer au sommet, nous l'avons bien remercié et il a continué sa route. Nous nous sommes assis sur l'arête sableuse pour admirer le soleil couchant, c'est décidément une heure parfaite pour observer l'étendue du désert.

Nous sommes redescendus tranquillement, une fois la nuit tombée.

Dévaler cette montagne de sable à grande enjambée donne réellement l'impression de s'envoler ou, au moins, d'être sur une autre planète avec une force d'attraction moins élevée.

Franchement, je pourrais rester des semaines ici ! À cette saison, la température est encore clémente, et dès qu'on est à l'ombre, il fait carrément bon.

Ce calme, cette immensité est inspirante et relaxante. J'y demeurerais bien un mois, pour faire une session intensive d'écriture…

Ce matin, je me suis réveillée la première, vers 9h30, car

j'entendais un bruit de moteur : c'était des 4x4 qui montaient et descendaient à pic la haute dune. J'ai un peu marché dehors, sous le soleil naissant de cette nouvelle journée ! Les pieds nus, en robe de nuit, quel régal.

Je me suis rafraîchie le visage au jet d'eau des robinets extérieurs et je me suis installée à notre table pour écrire dans le journal de bord, ce que je suis présentement en train de faire.

Cette vie est idyllique !

Maintenant, Taïmoon et Miel sont aussi réveillés. Ils jouent assis sur le tapis, dehors, posé à même le sol.

Nous quitterons ce lieu magique cette après-midi.

Vendredi 24 février 2023, LULLABY :

Cela faisait 2 jours qu'on était en plein milieu du désert et on a escaladé une immense dune magnifique. On est monté dans un buggy qui nous a aidés à grimper tout en haut, c'était vraiment flippant. Quand on était en train de quitter ce parking, deux gros buggys quatre places nous ont salués et nous ont proposé de venir dans leur camp à dix minutes en voiture. On est allés dans leur buggy et papa nous a suivis en Béluga.

On a roulé sur la route abandonnée, tout d'un coup, il a tourné dans les dunes et 2 minutes après, on est arrivés dans un petit camp où il y avait plein de buggys et toutes les personnes qui s'y trouvaient étaient des locaux qui habitaient Abu Dhabi.

Chaque week-end, ils viennent ici pour se reposer et s'amuser dans le désert. Ils nous ont hyper bien accueillis. À un moment, on est allés voir les étoiles dans les dunes plus hautes en buggy.

On a trop bien vu les étoiles car il n'y avait aucune lumière.

Au retour, Mahmood, un autre conducteur très sympa, m'a invité dans son petit buggy à 2 places. J'ai, bien sûr, accepté. Il y avait un compte-tours qui indiquait les kilomètres mais cette fois, il indiquait une valeur inconnue. Mahmood accéléra plusieurs fois, et plus il accélérait, plus le compteur montait mais on avançait toujours pas car le frein à main était enclenché. D'abord 25, puis 40, puis 60 et pour finir 75, et la seconde fois qu'il était à 75, il enleva le frein à main et on avança tout d'un coup !

On devait être à 70 km/h, ça m'a fait un sacré choc. Après avoir fait un tour de 5 minutes dans les dunes à fond la caisse, il s'est arrêté et m'a demandé : « Are you afraid ? » et j'ai répondu « little bit ». Ensuite il a foncé dans le vide, en fait, il y avait une pente méga raide de 250 mètres de haut !

J'ai vraiment eu peur et après, il a accéléré alors qu'on devait tourner juste à ce moment-là. Au final, on a dérapé et réussi à tourner.

On était dans le camp et je voyais la famille assise dans le salon en train de boire le thé. Comme je croyais que c'était fini, je l'ai remercié et j'allais détacher ma ceinture de sécurité quand il m'a dit « Is not finish ». Il a méga accéléré, le bruit du moteur faisait comme l'hélice d'un avion-cargo des années 60. On montait la grosse dune hyper vite et juste avant d'atteindre le sommet, il a freiné et tourné brusquement et les 2 roues à tribord étaient littéralement à 10 cm de la pente… On a descendu la moitié de ce qu'on a monté en dérapant et tout le côté tribord avait un nuage de fumée.

Une soixantaine de mètres avant le bas de la dune, il a fait volte-face et a accéléré alors qu'on allait en marche arrière… Il a roulé ainsi pendant 10 secondes avant de se remettre enfin dans le bon sens.

On est finalement descendus et il s'est garé en faisant un gros dérapage.

Pendant 20 minutes, mon cœur battait super vite et je tremblais. Après avoir bu une bouteille de 500 ml d'eau, je me suis détendu. Sans mentir, c'est la chose la plus flippante que j'ai faite dans ma vie ! Avec un peu de recul, c'était vraiment effrayant et s'il me proposait à nouveau, je réfléchirais longuement.

Mais je m'en rappellerai toute ma vie et je ne regrette pas du tout. Si je ne l'aurais pas fait, j'aurais raté quelque chose. J'ai demandé à Mahmood depuis quand il conduisait les buggys, il m'a choqué en répondant qu'il faisait ça depuis ses 11 ans ! C'est 3 ans de moins que moi… J'aurais trop aimé le faire aussi. Ça me donne vraiment envie d'en avoir un aussi.

Dimanche 26 février 2023, PASCALE :

Nous avions donc passé 2 nuits là où a lieu le « Liwa Festival » (3 semaines, en janvier) et nous voulions partir, mais comme c'était vendredi soir, il y avait soudain beaucoup d'emirates en 4x4. Car ils viennent rouler ici en hiver et au printemps, avant que la chaleur n'atteigne 50° l'été.

Marty revoit Khaled, l'homme qui nous avait conduit en haut de la dune, il est assis par terre avec ses amis, en train de boire un thé et manger des dattes. Il invite Marty et les enfants à les rejoindre. Moi, j'étais dans le Béluga.

Quand on remonte dans notre camping-car pour partir, 2 autres personnes en buggy viennent discuter à la fenêtre : Abu Saïf et Mahmood nous invitent à boire un thé dans leur campement à 5 minutes en voiture. Mahmood fait la route avec Marty. Moi, dans le buggy avec les 3 enfants. On traverse quelques dunes de nuit et on se retrouve tous au camp où Chamaï (une hollandaise qui habite à Abu Dhabi), son mari et Emina (la copine de Mahmood) sont installés dans le salon extérieur, style tente de bédouins.

L'endroit est composé de cette grande tente, de WC, de douche, d'une pièce fermée et climatisée, d'une cuisine, d'une grande remorque fermée pour loger les habitués et d'un logement pour les pakistanais engagés pour s'occuper des repas du groupe.

Leur planning quotidien : se lever à 7 heures pour déjeuner, puis partir à 8 heures pour rouler environ 3 heures dans les dunes. L'après-midi, ils restent au camp car la chaleur est déjà trop forte, et l'inclinaison des rayons du soleil sur le sable ne leur permet plus de voir les ombres, donc d'anticiper l'inclinaison des pentes.

Puis, ils repartent vers 17 heures, surtout pour rouler sur la plus grande dune. À la fin du week-end, ils rentrent à Abu Dhabi en 3 heures de route.

Ils nous ont invités à rester tout le week-end avec eux, en nous offrant le thé, les repas et leur compagnie. Cet endroit à l'ombre est vraiment agréable et inspirant !

Abu Saïf, un ange, était tellement gentil avec tout le monde. En partant, il nous a offert des dattes de sa propre production, des tomates de son potager et des fruits inconnus pour nous : taille de la prune avec un noyau, au goût de poire avec une chair blanche comme une pomme.

Il habite le village d'à côté, il a 3 jeunes enfants et des dromadaires dont il trait le lait.

J'avoue qu'on a un peu abandonné nos habitudes végétariennes pour être polis et s'adapter à leur mode de vie. Nous mangions assis par terre, autour d'une nappe en plastique (comme en Iran). En revanche, là, il n'y avait aucun couvert… Manger avec les doigts n'est pas vraiment facile, mais c'est une expérience intéressante.

Abu Saïf fait pousser ses légumes dans le sable du désert ! Avec beaucoup d'eau salée car elle est très riche en minéraux. Cela donne un léger goût de sel aux légumes et aux fruits : même la pastèque avait un arrière goût sucré-salé.

Les enfants ont pu rouler sur un mini-kwad pendant plusieurs heures, chacun leur tour.

La nuit, il arrivait qu'on admire un de leur 4x4 s'envoler vers le ciel ! On ne voyait plus que les phares arrières, rouges, se dirigeant vers la lune… Pourquoi ? Car les dunes sont invisibles dans l'obscurité et la voiture l'escaladant semble s'élever vers les cieux.

Pour une fois, nous étions loin des mosquées car il y en avait même une à l'endroit du Liwa Festival et un imam (un enregistrement ou un vrai ?!) chantait à l'heure des prières. Ce chant au beau milieu du désert était incroyable.

Marty a fait leur portrait en guise de remerciement.

Lundi 27 février 2023, PASCALE :

Nous venons de passer notre première nuit à la belle étoile ! Et dans le désert, en prime. Grâce aux excellentes initiatives de Marty qui me pousse souvent en dehors de ma zone de confort.

Nous avions quitté le campement du désert de Liwa pour continuer la route du Quart-vide. Il y avait un troisième fort à visiter. Nous nous sommes garés à côté de ce grand château en torchis couleur sable. Et les enfants ont joué dans les dunes pendant que je préparais le repas du soir. Quand ils sont revenus avec Marty, Miel m'a demandé si j'avais envie de passer la nuit dehors, au sommet de la dune. Car Marhmood dort très souvent dans le désert, à même le sol. Là-haut, les moustiques ne viennent pas et il n'y a pas de rosée du matin.

J'ai dit « oui » malgré mes peurs qui me murmuraient quantité de scénarios terribles.

La montée à pied (20 minutes) était raide et épuisante. Mes pieds s'enfonçaient dans le sable à chaque pas. Grimper une dune est encore plus éprouvant que de marcher dans une épaisse couche de neige. Nous avons installé les tapis de sol, nos oreillers et les sacs de couchage au sommet.

Cette nuit fut belle, entrecoupée de réveils et d'admiration de la galaxie.

Je me suis demandée pourquoi le Soleil et la Lune, pourtant de diamètres radicalement différents, ont-ils la même taille, vu d'ici ? Pourquoi aussi, les étoiles lointaines, qui sont aussi des soleils de tailles variées, possèdent-elles toutes le même diamètre ? Et enfin, alors qu'il fait un froid glacial dans l'espace, les rayons du Soleil, une fois qu'ils traversent notre atmosphère, retrouvent-ils leur température brûlante ?

Bref, j'ai dormi dans le désert.

Quand nous étions au camp d'Abu Saïf, deux camions aménagés se sont arrêtés. C'était deux couples de retraités qui voyageaient ensemble ! L'un est Suisse et l'autre Allemand. Le couple suisse avait consacré sa vie à leur travail, or maintenant qu'ils étaient à la retraite, ils étaient enfin disponibles et motivés pour découvrir le monde. Et quoi de plus facile que de conduire et dormir dans un camion ? Le mari a appris à le conduire avant son départ.

En s'arrêtant à la pompe à essence, le long de la route en direction d'Abu Dhabi, deux occidentaux sont venus nous parler : John travaille aux Émirats mais il adore voyager. Il a été plusieurs fois en Iran et y retournera dans quelques mois. J'ai pu lui échanger les 8 millions de rials iraniens qui me restaient contre 60 Diram EAU ! Chance ! Car aucune banque, en dehors d'Iran, n'acceptait de changer cette monnaie boycottée…

John et son copain irlandais nous ont conseillé de visiter le musée qui se trouve à quelques kilomètres d'ici. Ce dernier expose des voitures loufoques et des trucks hors normes. Dont la voiture roulante la plus grande du monde, une Mercredes sur roues de Monster Truck, 200 voitures exposées et la plus grande caravane (50 mètres de long) avec 8 chambres, 8 salles de bain et 4 garages en un seul bloc !

Mercredi 1 mars 2023, MARTY :

Un mois aux Émirats. Le voyage dans le temps.
Notre périple n'est pas que géographique (géo-graphique), il est aussi temporel.
Après avoir voyagé deux mois et demi dans un autre temps révolu en Iran, nous nous sommes retrouvés parachutés dans le futur des EAU. Le contraste est extrême entre ces deux pays pourtant si proches.
Il y a une « Jacques Chirac street » à Abu Dhabi, dans le quartier des musées (Louvre, Guggenheim…) !
Mon pote émirati (ça sonne bien, hein ? On a tous besoin d'un pote émirati dans la vie) me sort « Chirac is the best ». Celle-là, je n'aurais jamais pensé que j'allais l'entendre un jour...
C'est quand on va à l'étranger qu'on se rend compte de la renommée internationale de certains français. Le président le plus apprécié à l'étranger (et j'avais vu ça en Afrique aussi), c'est Chirac. Mon ami travaille dans l'art et la culture et reconnaît à Chirac son côté cultivé et intéressé par les arts.
En revanche, ils ne savent pas grand chose de sa politique, à part son refus de s'engager en guerre aux côtés des USA.
Contrairement aux autres pays (et surtout l'Iran), la rencontre avec les locaux a été tardive. Les grandes villes de Dubai et Abu Dhabi n'aident pas. Il nous a fallu nous

perdre dans le fin-fond du désert du Quart-vide pour rencontrer vraiment les Émiratis.

Et quelles rencontres ! Que de fun avec ces gars-là.

La découverte était au niveau de l'attente. Avec les foufous, Abu Saïf et Mahmood, nos brothers du désert qui nous ont accueillis comme leur propre famille plusieurs jours dans leur camp du désert. Une aventure incroyable à base de beautés du désert et d'expériences mécaniques.

Découverte des vrais « Fremen », le peuple du sable de Dune. Des vrais passionnés du désert qui ont su nous rendre totalement accros. Lullaby est marqué à jamais. Merci les frères !

Une chose est sûre : we'll be back in your desert !

SULTANAT D'OMAN

Jeudi 2 mars 2023. MARTY :

Passage de frontière cette nuit.

Arrivée à la frontière-sortie des Émirats à 23h30. Notre assurance véhicule expirait à 23h58… Ouf !

Sortie de la frontière-entrée d'Oman à deux heures du matin. Les enfants dormaient dans leurs lits.

Passage frontière très tranquille. Il fallait passer le véhicule dans un scanner rayon X, mais j'ai dit que ce n'était « *not good* » car nous avons à manger et à boire.

– OK, no problem.

Donc pas de scanner.

– Vous voulez rentrer dans le véhicule pour le contrôler ?

– Non, ça va, vous pouvez y aller. Vous avez de l'alcool, des armes ou des médicaments ?

– Non.

– OK, alors vous pouvez y aller. Bienvenue à Oman.

Les douaniers hyper gentils et respectueux.

– Welcome in Oman. I respect you.

Je suis ému car le sultanat d'Oman sera la destination la plus lointaine de nos deux années de voyage. Nous serons en zone « tropicale » dès que nous aurons dépassé la capitale Mascate. Nous sommes à la latitude du Mali. Oman sera le bout du parcours « sur la carte » mais il nous reste encore six mois de voyage qui seront la remontée vers l'Europe. Donc, devant nos roues, nous avons encore beaucoup à parcourir (Oman, Arabie Saoudite, Jordanie, Irak, Turquie et Europe). Mais, sur la carte du monde, Oman représente le bout du parcours, le point le plus éloigné à atteindre, le lieu du demi-tour. Ce qui est bien, c'est qu'on ne remontera pas par le même chemin, nous effectuons donc une grande boucle du Moyen-Orient autour du golfe Persique : descente par l'Iran, les Émirats et Oman ; remontée par l'Arabie Saoudite, (le Qatar ?), la Jordanie et l'Irak. Même en Turquie, nous ne referons pas le même parcours, car au retour, nous longerons le sud, à travers le Kurdistan.

En entrant à Oman, nous pouvons bénéficier de 14 jours gratuits sans visa. Mais après, nous devrons prolonger notre séjour en achetant un visa d'un mois. On peut renouveler la prolongation deux fois, je pense. Nous prévoyons donc d'y rester un mois et demi (au prix d'un visa d'un mois).

Jeudi 2 mars 2023. PASCALE :

Nouveau carnet, nouveau pays ! On vient d'entrer à Oman et on a dit « bye bye » aux Émirats. Ce pays où il y a tellement plus de Lamborghini et de Rolls Royce que de camping-cars ! C'est le monde à l'envers…

On a clôturé ce pays en visitant la ville d'Al lain avec l'ancien palais d'un cheik fan de nature et de faucons.

J'ai beaucoup aimé les Émirats, ce pays à taille humaine dans les distances entre deux villes, même si les villes en elles-mêmes étaient gigantesques.

Ces déserts encerclant les mégalopoles plantées en bord de mer, c'était quelque chose !

Nous voilà à présent dans un vaste pays : Oman est plus grand que l'Iran.

Nous sommes passés de 2,5 € est égal à un million de rials iraniens, à 1 € égal à 4 dirhams émirats puis maintenant 2,5 € vaut un oman rial.

Dans le Mall où nous avons acheté une carte SIM pour avoir internet, les prix étaient presque aussi chers qu'aux Émirats pour avoir internet (ici, 32 € pour 15 gigas).

On va de nouveau se restreindre sur YouTube et autres sites…

Nous avons pris le visa gratuit pour 14 jours à Oman. À la fin de ce délai, nous en prendrons un autre d'un mois à 50 € par personne. Avec un mois et demi à Oman, on sera contents et on verra tout ce qu'on a prévu de visiter. Surtout, après, il nous restera un mois et demi pour faire l'Arabie Saoudite jusqu'en Jordanie, et un petit détour par le Qatar.

Les gens ont l'air curieux et étonnés de voir un camping-car. Un peu comme en Iran.

Le tourisme n'a pas l'air trop développé ici, surtout dans ces villes peu fréquentées par les étrangers.

Les enfants, surtout Taïmoon, me demandent régulièrement combien de mois reste-t-il avant notre retour à Montpellier. Leurs jouets et doudous restés dans le garde-meuble leur manquent de plus en plus. Deux ans de voyage, c'est long, pour eux comme pour nous. Un an et demi pourrait être l'idéal. Car la fatigue du voyage, des frontières, de la chaleur, de la promiscuité… sont plus présentes ces derniers temps. Il est vrai qu'on vit au rythme de l'heure française, avec trois heures de décalage par rapport à la France. On se réveille vers 11 heures à Oman (donc 8 heures française) et on se couche à minuit (21 heures à Paris).

Samedi 4 mars 2023, LULLABY : CONDUITE.

On est à Oman depuis trois jours et on a dormi à côté d'une rivière tropicale super jolie avec des poissons qui nous mangeaient les pieds, c'était très bizarre.

En fait, j'avais pas fini de vous parler de Liwa et des buggys. J'avais eu trop envie d'en conduire un. Figurez-vous que le dernier jour avant de partir, Mahmood m'a proposé de conduire un buggy, j'étais choqué. Je suis allé dans un buggy une place et j'ai mis des grosses lunettes de ski contre le sable dans les yeux et un casque anti-bruit pour pas se faire mal aux oreilles à cause du bruit du moteur (surdimensionné) et il m'a juste dit de tirer à fond sur une espèce de boîte de vitesse et de le suivre. Il est monté dans un autre buggy avec Taïmoon et Miel, puis il a avancé en me faisant signe de le suivre. J'étais choqué qu'il me laisse conduire un engin aussi dangereux sans un minimum de leçon.

Comme j'avais déjà conduit le camping-car, je savais comment faire mais j'avais peur que ce soit trop différent. En fait, la seule différence était que c'était automatique, donc encore plus facile. J'ai accéléré progressivement et, au début, je faisais de trop grandes accélérations et, du coup, je freinais, c'était vraiment inconfortable. Puis, j'ai pris plus de souplesse et j'ai commencé à avancer avec fluidité. C'est dingue comme on apprend vite. On a fait des tours dans les dunes pendant une quinzaine de minutes. J'avais vraiment l'impression d'être sur un bateau en pleine tempête, sur des grosses vagues, car en roulant sur les dunes, le buggy bougeait vraiment comme si on volait à quelques mètres du sol. Ça, c'est grâce aux gros amortisseurs visibles sur les côtés.

Je m'en souviendrai toute ma vie !

Vendredi 10 mars 2023. PASCALE :

Nous avons craqué… Nous sommes retournés voir « Avatar 2 » au cinéma !

On l'avait vu à Dubaï avec Tristan et Zrinka. Mais depuis, je n'avais qu'une seule envie : y retourner. Toutefois, les prix aux Émirats étaient excessifs (12 euros par personne). Et c'était encore plus cher à Abu Dhabi.

Donc, j'ai attendu Oman. J'ai eu raison car, début mars, il ne passait plus que dans deux salles à Oman. Ces deux cinémas se trouvaient à Muscat (la capitale). L'un, version normale, et l'autre en 3D. Suite à l'avis hyper positif de Tristan et Zrinka qui, eux aussi, l'avaient revu à Oman, on a opté pour la 3D. D'autant plus que la 3D était moins chère ici (10 €) que le « classique » à Dubaï. On a récidivé aussi en achetant des Cinnabons (c'est une marque qui fabrique des roulés à la cannelle et au cream cheese). Eux, en revanche, étaient bien plus chers que ceux des Émirats. On a mangé pendant le film car il dure 3h15. Ce fut du grand spectacle !

« Avatar 2 » en 3D fut magnifique. Joyaux de beauté malgré, malheureusement, plusieurs passages violents. Je jubilais devant ce spectacle de fonds marins turquoises où évoluent des poissons incroyables, luminescents et translucides. C'est un univers que j'adore depuis toujours car j'en avais fait un roman en 2018 : « La sirène abyssale ».

On était tous enchantés de revoir ce film avec une totale immersion grâce à la 3D.

On fut en retard pour la séance malgré le fait d'être partis plus de 2 heures avant pour effectuer un trajet de 30 minutes ! Il y avait un axe saturé qui nous retarda énormément. Bref, on est arrivé une demi-heure avant la séance, affamés car on avait seulement pris un petit déjeuner léger et qu'il était 15 heures. On a vite mangé un hamburger au McDo. Depuis que j'ai accepté, une fois, de manger au McDo – suite à l'insistance des trois enfants –, nous allons plus souvent dans ce restaurant ces derniers temps…

J'avoue que notre rythme de vie est très décousu : petit déjeuner vers 11h puis le repas du midi peut se faire attendre jusqu'à 18 heures, certains jours !

On se rabat régulièrement sur le « filet-ô-fish » et le Mac

« Veggie » avec leur menu. Surtout quand on est dans un Mall où tout est hors de prix…

Bref, là encore, je revois à la baisse mes critères d'exigence que je parvenais à tenir en France mais pas en voyage.

En un mois aux Émirats, dont deux semaines à Dubaï avec beaucoup d'activités grâce aux bons « Groupons », on a dépensé environ 2000 € au total, pour cinq personnes. D'ordinaire, nous ne sommes pas aussi dépensiers, mais là, on s'était fait plaisir en restaurants, visites et nous avions renouvelé nos cinq garde-robes car les enfants avaient beaucoup grandi depuis notre départ ! En outre, nos T-shirt s'étaient abîmés avec le grand nombre de lavages et séchages dans les laveries. (Le sèche-linge détériore plus vite le tissu qu'un séchage en plein air).

Nous avons retrouvé Tristan et Zrinka sur la plage de Muscat où nous avons passé deux jours en leur compagnie. Ils nous ont présenté Enora et Richad avec qui on est resté quelques jours de plus sur cette même plage. Entretemps, nous avons trouvé un garage pour changer nos deux pneus arrières, vieux de six ans. Ce fut galère, néanmoins, après trois garages, nous avons trouvé celui qui avait la bonne taille de pneus pour 95 rials (250 €). Presque deux fois moins cher qu'en France. On a fêté ça au restaurant thaïlandais, le soir même, néanmoins les prix chers malgré l'exquise qualité, nous ont dirigé vers un second restaurant pour terminer la soirée avec un grand verre de smoothie et un parotta indien aux omelettes (à 1 € le parotta).

Ce n'est décidément pas simple de se nourrir au restaurant quand on a deux exigences intransigeantes : sans viande et pas cher. Même si tous les plats végétariens (quand il y en a) sont toujours moins chers que les plats avec viande, évidemment.

Avec les températures estivales, toutes mes réserves de fruits et de légumes se gâtent très vite, ce qui rend la gestion des stocks alimentaires stressante et déprimante.

Donc, j'ai vraiment envie d'aller dans de petits restaurants locaux où un gros poisson, du riz et de la salade coûtent à peine 8 € au total, plutôt que de préparer des repas. J'en ai un peu marre.

Depuis les dix jours que nous sommes à Oman, nous n'avons visité qu'une grande et belle mosquée. Les lieux étaient très agréables car peu fréquentés par les fidèles ou les touristes. On a pu s'asseoir sur le tapis et profiter tranquillement de la quiétude de cet endroit sacré. Nous avons aussi vu deux beaux forts (semblables à ceux du désert du Quart-vide des Émirats). Le premier était immense, tel un petit village avec de nombreuses dépendances. Le second, de taille plus modeste, était meublé et décoré comme à l'époque. Pratique pour visualiser comment les lieux étaient habités avant. Nous ne sommes pas franchement efficaces pour les visites. D'autant plus quand on est avec des copains, mais ça va car on a le temps. Le 14 (on est le 10), c'est la fin de notre premier visa gratuit et on payera pour le prolonger d'un mois. Cela nous donnera un mois et demi à Oman.

On traîne aussi car on avance bien dans les cours des enfants. Il le faut car, mine de rien, la fin de l'année scolaire approche (le 15 juin pour le CNED) et il faudra envoyer les bulletins de notes pour l'inscription de Miel et Lullaby au collège et au lycée de Montpellier.

Hier soir, vers 23 heures, quand nous sommes rentrés à la plage pour y dormir, il y avait pleins de voitures garées (c'était le week-end). Alors Marty a voulu prendre une autre route que celle qu'on avait pris depuis trois nuits. Or, en coupant ainsi par le sable, on s'est retrouvés ensablés pour la première fois de notre voyage ! À 23h…

Directement, un omanais est venu nous voir et est parti en quête d'un véhicule pick-up pour nous tracter. Pendant ce temps, Lullaby et Miel ont sorti la pelle pliable pour creuser deux pentes douces devant les roues avant.. Ils ont cherché de très grosses pierres à poser juste devant les roues bloquées. Ensuite, ils ont empilé de grosses pierres devant les roues bloquées. Ainsi, quand Marty est revenu avec Richad et Enora (car ils avaient une sorte de chemin cranté en caoutchouc, à mettre devant les roues), ils n'ont même pas eu le temps de déballer leur matériel que le camping-car était déjà désensablé !

L'homme est venu avec un gars qui avait un pick-up. Nous avons relié les deux véhicules par le câble que Marty avait acheté la veille de notre arrivée à Oman. Le gars a roulé lentement, les deux roues se sont posées sur le chemin de cailloux et, en quelques minutes, nous étions sortis de ce pétrin ! C'était d'une efficacité redoutable.

Maintenant, je suis installée à l'intérieur du camping-car, en train d'écrire dans ce journal tandis que le Béluga se fait « car washer » manuellement.

En sortant du restaurant indien (33 € pour 5 plats et 5 smoothies), nous sommes passés à côté de ce « car wash » en pleine effervescence car il y avait beaucoup de voitures en train d'être lavées. Curieux de tout, les enfants ont regardé les car wash manuels, ceux automatiques (trop bas pour qu'on aille dans ceux-là) et le « vacuum aera » pour passer l'aspirateur.

Marty en a profité pour leur demander le prix pour nettoyer notre camping-car. À onze euros pour un car wash manuel (qui était plus haut), avec un coup d'aspirateur dans le cockpit, nous n'avons pas hésité une seconde !

Ainsi, nous pourrons enfin placer les autocollants des différents drapeaux des pays traversés durant notre voyage. Tristan et Zrinca nous les ont offerts car un ami voyageur leur en avait donnés en double exemplaires. Nous nous y attellerons dès demain.

Samedi 11 mars 2023, MARTY :

République islamique d'Iran VS sultanat d'Oman...
Ou l'étrange vie des rials à travers le golfe Persique.
Non, vous ne rêvez pas, un billet iranien d'un million de rials (oui, oui, ça existe) et un billet omanais d'un demi rial (et oui, ça existe aussi) ont des valeurs assez proches, autour de 1,25€/2€.
Nous passons d'un extrême à l'autre. Deux pays si proches géographiquement (qui n'ont qu'un bras de mer de 50 km qui les sépare) mais dont l'économie est très différente.
Le rial iranien est la monnaie la moins évaluée au monde. Le plus gros billet iranien vaut moins que le plus petit billet d'euros. L'Iran est un pays isolé, qui produit son pétrole (beaucoup, comme on peut le voir sur l'illustration du billet) mais qui ne l'exporte pas ou très peu en raison de leur politique nationaliste depuis le départ du Shah et des sanctions internationales qui en ont découlé. J'ai entendu qu'ils faisaient exceptionnellement affaire avec les russes : pétrole contre métros. Leur monnaie ne circule pas à l'étranger, une des seule au monde ; en Iran, elle ne vaut vraiment pas grand chose et ailleurs, elle ne vaut carrément rien. Une économie en vase clos mais qui pousse les Iraniens à produire à peu près tout ce dont ils ont besoin. Ils sont super débrouillards et produisent un peu de tout. Mais politiquement, ça change un peu en ce moment, il faut voir à l'avenir ce que ça donnera.
Oman est un pays stable qui s'ouvre à la modernité et au reste du monde, Oman mise sur son pétrole et à plus long terme, sur le tourisme.

Jeudi 16 mars 2023. PASCALE :

Je rigole bien quand je relis la dernière phrase que j'avais écrite dans ce carnet. Bien sûr, les drapeaux ne sont toujours pas collés sur la carlingue du camping-car. Pourquoi ? Car le temps file entre les doigts. Muscat est une ville sympa, nous prenons notre temps. Le 13 mars, nous avons prolongé notre premier visa gratuit de 14 jours en un visa payant d'un mois (250 € pour nous cinq). Ainsi, nous resterons un mois et demi, au total.

J'avoue que, pour l'instant, ce pays ne me fascine pas plus que ça, si ce n'est la tranquillité et le dépaysement oriental. Il est aussi satisfaisant car il constitue l'aboutissement de notre voyage. Il représente le point final à atteindre, notre point le plus à l'est.

Bien entendu, après Oman, notre voyage continue, mais ce sera le chemin du retour.

Je me suis fait plaisir au souk de Muscat, juste après notre balade le long de la baie qui donne sur l'océan Indien, ce lieu se nomme la « Corniche ».

Au souk, il y avait vraiment de beaux objets et bijoux. Leur qualité et matière étaient excellente. J'ai acheté un collier en argent, un bracelet et des boucles d'oreilles.

J'ai très peu de bijoux mais j'aime leur beauté et l'énergie qu'ils dégagent par leur bagage minéral si ancien. Je ne les quitte jamais, je vis avec eux, je dors avec eux et je me baigne aussi avec eux. Voilà pourquoi il m'est si difficile d'en trouver à mon goût et qu'ils soient solides mais légers et jolis, et avec un prix accessible. Cela fait beaucoup de conditions.

Je me suis donc offert ces quelques présents. Ainsi que les robes achetées récemment en Iran et aux Émirats. L'esthétisme se vit au quotidien. Si la terre et ses paysages sont si beaux, nous, humains, pouvons aussi faire l'effort d'embellir l'existence par de jolis atours.

Marty avait très envie de visiter le Grand Canyon du Jebel Shams, à 2000 mètres d'altitude. La route, hier, était vraiment stressante. On ne pipait pas un mot dans le véhicule pendant que Marty conduisait, hyper concentré.

On avait coupé la musique et un silence angoissant régnait à l'intérieur car la route, bien qu'en bon état et assez large, était d'une rare raideur. La pente était ardue, en montée comme en descente. Avec notre gros véhicule lent et bien rempli, on craignait de ne pas pouvoir arriver au sommet mais Marty avait cette idée fixe en tête et j'ai cessé de le contredire car j'écoutais ma peur, tandis que lui, son enthousiasme.

On est finalement arrivés au sommet, juste avant la nuit. La température a sacrément baissé ici. On a ressorti les couettes pour la nuit. Cela fait du bien, un peu de fraîcheur.

Le paysage était aride. On aurait dit d'énormes « jeunes » montagnes.

Elles avaient l'air d'être fraîchement sorties des abîmes de la terre car elles étaient rocailleuses. Il y avait peu d'herbe ou de végétaux, tout n'était que rochers désertiques d'un gris bleuté.

Jeudi 23 mars 2023. PASCALE :

Aujourd'hui, c'est l'anniversaire de mon père. C'est aussi le premier jour du Ramadan… Un bon moyen mnémotechnique pour me rappeler de ce jour car, étant dans un pays musulman, nous nous devons de manger et boire à l'intérieur du camping-car afin de ne pas accentuer encore leurs difficultés à jeûner.

Nous ne sommes pas tentés par les restaurants et autres bars à jus car nous traversons actuellement des paysages arides et désertiques. Nous avons fait un stock de fruits et de légumes. Alors que, ces derniers temps, entre Muscat et Nizwa, nous allions tous les jours manger au restaurant.

Nous avons visité le plus vieux fort d'Oman. Il se trouve à Jebel Shams. C'était un fort pour militaires et non un château d'habitation pour les sultans. Oman est un immense pays, de nombreux kilomètres à parcourir séparent les points à visiter. Nous roulons depuis deux jours et encore aujourd'hui, pour atteindre la ville la plus au sud d'Oman.

À raison d'environ 4 heures de route par jour, c'est beaucoup pour les enfants.

La semaine passée, nous étions au sommet d'un Grand Canyon (monter en Béluga c'était révélé galère). Mais notre bon vieux moteur Fiat a tenu la route et a grimpé les 2000 mètres de dénivelé en côte raide. Nous étions tous effrayés, excepté Marty, qui était le seul à être motivé pour aller jusqu'au bout du chemin. Là-haut, la vue était incroyable !

La falaise immense s'ouvrait en deux avec une vallée en son centre, anciennement le lit d'une rivière.

Les enfants étaient partants pour faire des randonnées avec Marty. Quant à moi, j'avais plutôt besoin de repos. Je suis fatiguée en ce moment, en outre, grimper des chemins montagneux n'a jamais été une source de plaisir pour moi, au contraire.

En parallèle, je suis très inspirée pour mon roman. J'y travaille le matin et la nuit, quand les enfants sont couchés.

Quand nous étions dans l'oasis du Grand Canyon, nous avons réalisé une séance photo habillée comme les locaux. À Muscat, nous avions trouvé une djellaba pour chaque garçon et un turban en coton à enrouler autour des cheveux. Cette tenue est idéale pour cette saison chaude. Ils la mettent souvent. On a donc fait de jolies photos habillés ainsi dans les gorges verdoyantes du canyon. Mais on se dépêchait car le ciel s'assombrissait de plus en plus et la pluie n'allait pas tarder à arriver. Un mec en pick-up nous avait prévenus de ne pas rester dans les parages en raison du risque de crue…

Nous sommes donc partis rapidement toutefois, à la ville suivante, Marty s'est rendu compte qu'il avait perdu son trousseau de clés ! Heureusement, pas celles pour conduire, mais celles du gaz et des portes.

Les enfants et moi sommes restés dans un bar à jus avec internet, pendant que Marty faisait l'aller-retour de 15 minutes vers l'oasis. On en a profité pour faire les devoirs. Taïmoon est en avance sur son planning scolaire. Lullaby se maintient à niveau et Miel est en retard.

On a de la difficulté à faire travailler Miel… Il a toujours mieux à faire. On doit lui sortir son matériel, tout lui expliquer, rester à côté de lui pour l'assister et il se déconcentre à la moindre occasion. En revanche, il obtient d'excellents résultats, il enchaîne les 19 et les 20 sur 20. Ces derniers temps, Lullaby a de superbes points aussi, plusieurs 19 !

Et Taïmoon possède un esprit très clair et affuté, il n'éprouve aucune difficulté pour ses devoirs.

Revenons-en aux clés perdues : Marty est malheureusement revenu bredouille.

Samedi 25 mars 2023. PASCALE :

Nous avons retrouvé Tristan et Zrinka à la plage de Salalah, sous les cocotiers remplis de noix de coco mûres à souhait. Nous avons bien fait attention de ne pas nous mettre en dessous car gare au coco qui chute !

Trois jours après avoir perdu le trousseau de clés, après avoir essuyé plusieurs refus des serruriers car ils ne possédaient pas le modèle dont on avait besoin, Taïmoon a retrouvé les clés dans sa boîte à jouets !

Soit elles y étaient tombées, soit on les y avait mise par inadvertance. Bref, ce gros souci en moins nous a bien soulagé. Car à Nizwa, nous avions hésité à remonter vers le nord pour atteindre Muscat, grosse ville où on aurait pu faire des doubles ou alors redescendre dans le sud jusqu'à Salalah, comme nous l'avions prévu initialement. Néanmoins, Marty voulait vraiment rejoindre le sud, d'autant plus que Tristan et Zrinka y étaient actuellement.

C'est pourquoi nous avons lâché l'idée de faire un double des clés et nous avons roulé pendant trois jours à raison de 300 km par jour, ce qui fait 4 heures de route.

Nous avons enfin pu nous poser sur la plage de sable blanc, bien qu'elle fut interdite à la baignade : les vagues sont grosses et dangereuses et le courant y est puissant. Toutefois, le lieu où camper est paradisiaque.

Dimanche 26 mars 2023. PASCALE :

Pour visiter Oman, il faut un visa en plus du passeport. Il y avait deux choix, soit un visa payant renouvelable trois fois, soit un visa gratuit de 14 jours maximum.

Marty s'était renseigné sur les forums des voyageurs d'Oman et parmi ses contacts. Il en avait conclu qu'on pouvait commencer par le gratuit puis enchaîner en payant en ligne celui d'un mois. Par contre, les discours étaient contradictoires. Beaucoup de gens affirmaient aussi qu'il était impossible de prolonger de quelques manières que ce soit le visa gratuit. Finalement, Vicente, un voyageur avec lequel Marty était entré en contact sur Internet, nous avait certifié qu'il avait fait le gratuit puis payé en ligne le deuxième visa d'un mois. Et qu'il était allé dans un commissariat pour avoir la certitude que son visa d'internet était bien opérationnel. Le flic lui avait confirmé que tout était en ordre comme ça. On avait donc fait pareil. La veille de l'expiration de notre visa gratuit nous avions été prendre un café dans un Mall de Muscat pour avoir internet et faire l'achat en ligne. Après quelques essais infructueux, nous sommes finalement parvenus à le prolonger pour chacun d'entre nous. Nous avions ainsi continué notre séjour, l'esprit tranquille.

Pour autant, ce vendredi 24 mars, nous avons reçu un message téléphonique de Vicente qui était bloqué à la sortie du pays car le prolongement de son visa en ligne n'avait pas été pris en compte. En effet, le visa gratuit n'est pas un visa. Il représente une exonération de visa pendant 14 jours. Nous n'avons eu aucun tampon d'entrée dans le pays, ni numéro de visa. Seulement 14 jours de dispense.

Donc, si on veut rester plus longtemps, il nous faut impérativement repasser la frontière, pour avoir le tampon que seuls les douaniers possèdent, cela marquera le début du visa d'un mois. Petit détail qui a son importance : pour chaque jour sans visa, on reçoit une amende de 10 rials par personne et par jour (cela fait 25€ par personne et par jour !) or nous avons eu le message de Vincente dix jours après la fin de notre visa gratuit… Nous en sommes donc à 50 rials x 10 jours, ce qui équivaut à 500 rials (donc 1250 € d'amende !). Pour couronner le tout, nous sommes à 1000 km de la frontière la plus proche : celle de l'Arabie Saoudite, notre prochaine destination. Car nous sommes au sud d'Oman, à Salalah.

De plus, nous avons appris cela le vendredi après-midi, alors que les commissariats ferment à 13 heures ce jour-là et que le samedi est le week-end de fermeture.

Nous venions de faire 900 km en trois jours intensifs pour descendre dans le sud, Marty n'avait pas le courage, encore moins l'envie, de refaire tout en sens inverse. Car chaque jour qui passe augmente l'amende de 125 € (25€ par personne) !

Nous nous sommes donc concertés avec l'aide de Tristan et Zrinka pour savoir si nous repartions aussitôt vers la frontière ou si nous attendions dimanche matin pour aller au commissariat de Salalah (le seul du pays avec celui d'Oman) à pouvoir prolonger eux-mêmes nos visas.

On a opté pour cette solution plus confortable qui nous offrait quand même la possibilité de visiter le musée de l'encens (la spécialité d'Oman) et les ruines d'une ville où le musée était construit.

Ce matin (dimanche), nous nous sommes levés à 8h30 pour aller au commissariat. Après environ deux heures sur place, le policier nous confirme qu'il nous faut le tampon que seule la frontière peut réaliser. Il nous rassure en nous disant qu'on n'aura pas d'amende à payer car nous avons réglé le nouveau visa dans les temps. Ce flic nous recommande de nous rendre à la frontière du Yémen, dans le sud, donc beaucoup plus proche d'ici (à environ quatre heures de route). Le policier décide d'appeler le douanier du Yémen pour avoir la confirmation qu'on pourra se faire tamponner notre visa et retourner à Oman pour terminer nos deux semaines de voyage là-bas.

Il nous donne le nom et le numéro de téléphone du douanier. On lui a aussi demandé si on pouvait y aller après-demain, ainsi on aurait juste le temps de voir le « wadi » (rivière) de Salalah.

Ce détour vaut la peine, car la route sera belle le long des montagnes et de la mer. De plus, on touchera le Yémen du bout des doigts ! Nous avons donc été remplir la bonbonne de gaz (13 litres pour la modique somme de 4€). Puis nous avons retrouvé Tristan et Zrinka pour visiter le souk d'encens. Nous en avons acheté 4 kg dans 4 paquets différents à 5€ le kilo. Et des galets de charbon pour les faire brûler.

Nous avons ensuite roulé une demi-heure pour aller dans un « wadi » magnifique. Ici, l'eau de la rivière est presque bleue. Mais il est interdit de s'y baigner car dans l'eau, il y a des vers porteurs de maladies.

Il y a de l'herbe, de beaux arbres, des montagnes au loin et surtout plein d'animaux autour de nous. On se pose une journée et demain, en route pour le Yémen !

Dimanche 26 mars 2023. LULLABY : Yémen.

On est descendus à Salalah, la ville la plus au sud d'Oman. On campe avec Tristan et Zrinka dans un wadi où il y a une cascade et des points d'eau super beaux, mais mauvaise nouvelle, il y a des vers microscopiques qui nous rentrent dans la peau et leurs symptômes sont : notre urine devient piquante, nos boyaux ne marchent plus et notre ventre grossit immédiatement et encore plein d'autres choses.

Il y a des dromadaires, des vaches, des ânes et des chèvres. La nuit, les cris des dromadaires me faisaient penser à des cris de dinosaures, c'était une ambiance très spéciale.

À cause du problème de visa, on va devoir sortir du pays et la frontière la plus proche est celle du Yémen, pays qui est actuellement en guerre. Bon, en vrai, une frontière est constituée de trois parties. La première est un contrôle pour sortir du pays, au milieu il y a une zone franche (c'est-à-dire n'appartenant à aucun pays) et la troisième est un contrôle pour rentrer dans le nouveau pays.

Nous allons sortir, aller au milieu et revenir à Oman donc, en vrai, on ira pas au Yémen.

Lundi 27 mars 2023. PASCALE :

Aujourd'hui, après une nuit passée dans le Wadi au milieu des dromadaires et autres herbivores, nous avons passé la journée avec Tristan et Zrinka.

Marty a dessiné leur van bleu nommé « Blue Georges », ainsi ils pourront afficher son dessin dans un cadre omanais acheté dans le souk de la Corniche (à Muscat).

Marty, qui n'a vraiment pas « l'horloge » dans les gènes, n'était pas pressé de quitter ce lieu paradisiaque avec les amis. Donc nous y avons passé la journée jusqu'à seize heures. Ensuite : corvée d'eau pour remplir le réservoir et nos trois bidons. Achat de fruits et légumes pour les deux jours de trajet aller-retour pour la frontière du Yémen. Et achat de smoothies frais en bouteilles pour le dessert du soir et le petit déjeuner du lendemain. Puis, on a trouvé dans des petites échoppes en l'honneur du Ramadan, un repas prêt a être grignoté le soir même : des samossas, des beignets de légumes et une salade de pois chiches pimentée.

Mais quand j'ai goûté un beignet afin de vérifier qu'il n'était pas trop pimenté, – dans ce cas j'en achèterais une dose supplémentaire – un homme dans sa voiture à klaxonner. Il m'a dit :

– Stop… Don't do that ! It's Ramadan !

Zut… J'avais totalement oublié. C'est long un mois.

La journée, il y a peu de monde dehors : le sommeil, le soleil et le jeûne écrasent tous les musulmans qui pratiquent le Ramadan. On parvient donc à trouver un coin où manger à l'extérieur et à l'abri des regards.

Enfin, à 20 heures, nous étions prêts à rouler ! Repas du soir, pyjama et brossage de dents inclus. La route de montagne était difficile mais c'était sans compter la nuit noire dépourvue du moindre lampadaire, ni les virages serrés ni le brouillard en purée de pois qui nous empêchait de voir au-delà de trois mètres. Et, au milieu de ce brouillard, un checkpoint avec barrage, plots de béton, dos d'âne et barrière close afin que des militaires omanais contrôlent nos passeports…

Marty avait vu que cette route vers le Yémen était entrecoupée de deux barrages militaires. On avait autre chose à faire à 22 heures que de montrer nos passeports et les papiers du véhicule alors que nous n'étions pas encore à la frontière. Il nous reste 1h20 (temps GPS) pour l'atteindre. Or Vector, le douanier avec qui on a rendez-vous voudrait qu'on y arrive demain entre 9 et 11 heures grand max. Car il finit son service à 13 heures.

Aussi, quand l'essuie-glace côté conducteur a disparu en un claquement de doigts, car oui, il pleuvait en plus de tout cela, on a décidé d'en rester là pour aujourd'hui et de se garer dans la montagne, un peu en retrait de la route, pour dormir. Nous étions tous fatigués.

Mercredi 27 mars 2023. MARTY :

La partie désertique d'Oman n'est pas la plus folichonne. On y croise rarement des gens. Tout plat. Chaleur. Vent dingue qui empêche d'ouvrir les fenêtres. Plein de mouches et de moustiques. Tempête de sable. Peu de pompes à essence, d'où bidons dans les coffres. Heureusement, parfois des dromadaires égaient la route.

Et pourtant j'adore les déserts, mais celui-ci ne m'a pas emballé plus que ça. La partie émirati était bien plus belle et plus habitée avec ses jolies dunes oranges et ses oasis, dunes qu'on retrouve en masse en Arabie.

Oman arrive dans notre parcours après la Turquie, l'Iran et les Émirats, qui ont été trois très gros coups de cœur.

On trouve toujours plus fou que soi !

En plein milieu du désert du vide (ça claque, hein ? Et bien vous n'avez encore rien lu…), nous croisons la réincarnation de Lawrence d'Arabie, un britannique qui s'est donné le défi de traverser le désert du vide en vélo, face au vent dominant.

Je le cite :

"La nuit, ma tente est complètement aplatie par le vent";

"Je pourrais m'installer sur une plage mais je préfère le défi du désert" ;

"En roulant bien, dans cinq jours, je peux arriver dans la prochaine ville" ;

"Je me nourris de nouilles déshydratées" ;

"Je me suis mal débrouillé car je dois porter un sac à dos de 5 kilos" ;

"J'utilise mon GPS même sur une route toute droite car je me perds dans ma propre maison" ;

"Il fait chaud. »

Je lui propose de l'eau fraîche. Il refuse poliment. Je suis épaté par son voyage et lui l'est par le nôtre.

Good job my friend ! Iron man !

ARABIE SAOUDITE (Première partie)

Samedi 1er avril 2023. PASCALE :

Je déteste Oman. J'emmerde ce pays sur un point d'exclamation ! Bye bye Oman ! Et à jamais. Eh non… Ce n'est malheureusement pas un poisson d'avril.

Nous voici en Arabie Saoudite délester de 2000 €. L'amende, due au fait que notre visa gratuit était expiré depuis 15 jours quand nous sommes arrivés à la frontière, était de 700 Rial (1750 €). Ajoutez à cela, les 250 € de paiement pour nos 5 visas d'un mois (50 € x 5), visas qui n'ont pas été validés par la douane, contrairement à ce que les douaniers au téléphone et les policiers du bureau de l'immigration nous avaient affirmé avec certitude. Ils nous avaient pourtant assurés que nous n'aurions aucune amende puisque nous avions acheté en ligne les nouveaux visas payant avant la date d'expiration du gratuit.

Le vendredi 24 mars, le jour où Vicente a prévenu Marty pour lui dire que l'info était erronée et qu'on était sans visa valable, nous aurions dû rouler à perdre haleine jusqu'à la frontière la plus proche (Yémen), pour payer la somme déjà due et faire valider à coup de tampon officiel notre nouveau visa payé en ligne.

Mais… Il y avait les cocotiers et nos amis avec nous. Ainsi, Marty ne ressentit pas l'urgence ni l'addition salée qui augmentait chaque jour. Puis surtout, il avait l'espoir ! L'espoir en Vicento qui avait contacté l'ambassade française pour l'aider afin qu'ils statuent sur son cas. Puis l'espoir, 2 jours après cette annonce, toujours par Vicento, qui nous affirme qu'il est finalement passé aux Emirats sans souci, sans amende, sans rien y comprendre.

Alors, après un détour par le Wadi et un week-end entre amis, quand nous nous sommes retrouvés lundi 27, devant le douanier du Yémen qui refusait de valider notre visa payé en ligne tant que nous ne réglions pas les 1100 € d'amende, nous sommes repartis en sens inverse pour tenter, comme Vicento, de passer la frontière aux Emirats, sans amende.

Cela nécessiterait 3 jours entiers de route (1200 km) et on avait aucune envie de repasser par les Émirats (qu'on avait quitté le mois passé), de repayer une assurance d'un mois, de faire du change et de gérer la fin du change sans trop de perte…

J'en ai eu marre de toutes ces décisions insensées et changeantes en fonction de chaque son de cloche qui nous parvenait, j'ai déclaré fermement :

– Maintenant, on se casse d'Oman, comme prévu, par la frontière d'Arabie Saoudite et de toute urgence !

Nous y sommes arrivés en 2 jours de route, à 23 heures… Une heure avant qu'un jour d'amende supplémentaire ne nous soit facturé.

Les trois personnes qui s'occupaient de notre cas complexe, nous martelaient tous la même chose :

– Tant que vous ne payez pas 1750 €, vous ne pourrez pas quitter ce pays.

Marty a même téléphoné au douanier côté Emirats/Oman, avec qui il avait sympathisé à notre arrivée. Et il a passé le téléphone à nos douaniers pour qu'il leur parle en arabe. Évidemment, il n'a jamais pu les faire changer d'avis.

Des racontards ! Des menteurs qui ignorent de quoi ils parlent et nous induisent tous en erreur. Finalement, juste avant minuit, j'ai payé et on a reçu le tampon pour quitter Oman.

Heureusement la carte Visa était fiable car après ça, il fallait tout de suite payer en ligne les 5 visas à 130 € par personne pour l'Arabie Saoudite. Ces visas-là sont particulièrement chers parce qu'ils sont multi-entrées. Nous pourrons aller au Qatar, au Barhein et revenir chaque fois en Arabie.

Nous sommes à présent en Arabie Saoudite.

Après cette horrible semaine, où nous nous sommes dépêchés pour rejoindre le Yémen, puis revenir jusqu'à la frontière d'Arabie, toujours avec ce stress permanent, que chaque jour de plus nous coûterait cher, nous nous reposons enfin à quelques mètres du poste de la frontière.

Rien, on ne fait rien d'autre qu'avancer dans les devoirs des enfants. Taïmoon joue en autonomie pendant que Marty révise les maths avec Lullaby et que Miel réalise toutes ses évaluations en ligne. Par chance, la connexion internet d'Oman fonctionne toujours, même ici, car on avait encore du forfait à utiliser.

Nous allons donc passer au moins deux nuits ici, à côté de la frontière.

Hier, au coucher du soleil, alors que nous travaillions à l'extérieur du véhicule, sur notre table de camping, des saoudiens sont venus nous voir et, avec une extrême politesse et gentillesse, ils nous ont donné de la nourriture à l'heure de la rupture du jeûne ! (La moitié d'une pastèque, cinq plats fraîchement achetés au seul resto du coin, des samossas, des boissons au sirop de mangue ou de grenade.)

Après la déconvenue de l'amende salée, ces gestes attentionnés nous ont vraiment fait chaud au cœur !

Et qu'on ne me parle plus jamais d'Oman.

Samedi 1er avril 2023. MARTY :

ARABIE SAOUDITE, accueil in-cro-yable !

On est contents d'arriver en Arabie Saoudite qui nous séduit dès le premier jour par la gentillesse sans pareille des saoudiens.

Depuis trois jours que nous sommes en Arabie, nous n'arrêtons pas de nous faire offrir à manger et à boire. On n'a même plus besoin de faire des courses. Nos courses périment car on a constamment des petits plats déposés devant notre porte, accompagnés de canettes, bouteilles d'eau, pâtisseries orientales, pastèques...

Des saoudiens se sont proposés de nous "dépanner d'un petit peu d'eau »... Wow ! Ils sont arrivés avec un pick-up rempli de bouteilles d'eau. Mais c'est incroyable, ça ! Nous avons reçu une montagne de bouteilles et bidons, je ne sais même pas comment je vais rentrer tout ça dans notre véhicule.

Déjà qu'en Iran, l'accueil des locaux, c'était quelque chose mais là, les saoudiens ont vraiment la palme !

Et ce n'est même pas pour papoter, juste cadeau, "my gift for you", merci au revoir.

Est-ce que c'est parce que nous sommes dans le désert qu'il y a cette mentalité à offrir son aide à une famille ? Ou alors c'est la période du Ramadan qui est propice aux cadeaux ?

Nous verrons plus tard en ville.

Mercredi 5 avril 2023. PASCALE :

Nous n'avons pas bougé d'un iota de notre emplacement sur le parking de la douane saoudienne depuis 5 jours ! On y est tellement bien. On a même racheté un forfait internet à 2,5 € pour poursuivre nos évaluations en ligne.

Résultat : Miel a terminé 6 évaluations et Lullaby a fini la totalité des maths et du français de son année. Il a fait aussi quelques devoirs d'arts plastiques et de physique-chimie.

Quant à Taïmoon, qui était autonome dans ses jeux les premiers jours, il a carburé l'anglais ensuite, en compagnie de Miel, pour qui cela faisait une révision. Il a terminé 6 évaluations sur les 8 de l'année, concernant le cours d'anglais.

Ce qui a généré une discussion sur la future scolarité des enfants : et si, dans trois ans, on les inscrivait tous au CNED, on se concentrerait uniquement sur leurs études durant les mois d'hiver dans une maison confortable et bien chauffée. Toutes les évaluations de l'année seraient condensées sur ces trois mois, puis nous partirions, libres de toute contrainte scolaire pour les 3 enfants, sur les routes afin de voyager ? Car, combiner voyage en camping-car et scolarité niveau collège, voire lycée, est trop pesant. Résultat : on bâcle l'un au profit de l'autre ou inversement.

Tous les soirs depuis 5 jours, d'adorables saoudiens sont venus nous donner un sac contenant 5 repas préparés par la cantine du coin. Samossas, soupe shorba et pâtes à la sauce tomate, accompagnés de canettes et de bouteilles d'eau, de yaourts, de pastèque, de gâteaux au miel, toujours après le coucher du soleil.

Quel accueil incroyable et touchant !

Il y a 2 jours, deux mecs en djellaba blanche nous ont demandé si on avait besoin de quelque chose. Je voulais savoir où trouver un robinet d'eau potable pour recharger nos trois bidons de 5 litres. Ils ont répondu qu'ils nous enverraient quelqu'un pour prendre nos bidons vides et les rapporter plein. En effet, trente minutes plus tard, ils sont revenus avec nos bidons pleins, accompagnés de 2 bonbonnes de 20 litres chacune et 10 packs de 20 bouteilles de 33 cl !!

On s'est retrouvés avec une montagne d'eau quasi impossible à ranger dans notre camping-car. Quelle générosité ! On s'en souviendra. Nous voilà parés pour faire la traversée du désert. Nous sommes prêts à partir aujourd'hui.

QATAR

Dimanche 9 avril 2023. LULLABY : L'arnaque.

On est au Qatar depuis hier et avant, on était en Arabie Saoudite. À la frontière du Qatar, on a vu un « HUMVEE » avec une tourelle. Il s'agit d'une version militaire du Hummer, en plus gros, large et blindé. La tourelle est un trépied avec une mitraillette, sur le toit. On a aussi vu un véhicule militaire, il était tellement militaire qu'il n'avait pas de marque et qu'il était aussi massif que notre camping-car.

En fait, on était censé encore être à Oman aujourd'hui, mais on a dû partir à cause d'un problème de corruption… Je suis très en colère car tous les douaniers nous ont affirmé qu'on était en règle et qu'on pouvait prendre notre temps. De plus, 25 € d'amende par personne par jour en comptant les enfants, ce n'est pas acceptable. Il y a de la corruption car les mêmes douaniers au téléphone étaient nos meilleurs amis : « Welcome, pas de problème, easy ! » Or une heure après, quand on est face à eux, ils ne sont plus du tout sympas et ne nous parlent que d'argent.

Tout compte fait, Oman était sympa car il y avait de beaux paysages (canyon, rivières). Mais à chaque fois qu'il y avait un truc bien, un autre truc venait gâcher ça : dans un wadi magnifique (eau translucide, dromadaires et cascade), la baignade était interdite car il y avait une espèce de ver dans l'eau qui, si on l'attrapait, pouvait donner une maladie très grave. Autre exemple, une magnifique plage de Salalah avec cocotiers, sable blanc, bananiers et belle mer bleue : interdiction de se baigner, car trop de courant, trop de moustiques et trop de voitures qui passaient au milieu de la plage.

Encore un exemple : traversée du désert, chameaux, route infinie, crânes d'animaux morts dans le sable et plein de camions partout et le sable était comme de la terre de chantier salissante et dégueulasse.

Bref, si on m'avait prévenu dès le départ qu'on allait payer les amendes et les visas payés mais qui n'ont servi à rien, je n'aurais pas hésité et je n'y serais pas allé.

Lundi 10 avril 2023. PASCALE :

Je n'écris plus beaucoup dans ce carnet de bord depuis quelques temps pour deux raisons : une baisse de motivation à ce sujet et une augmentation extrême de motivation au sujet de mon roman en cours d'écriture. Et mon dieu ! Ce que je suis efficace quand je n'ai pas internet à volonté. YouTube me mange énormément de temps, même s'il s'agit aussi de mon média préféré pour me documenter et faire des recherches sur le thème de mes histoires. J'avance donc bien dans la rédaction du premier jet de mon nouveau roman.

Le prix Pampelune 2023 est enfin clos ! Les résultats ont été annoncés fin mars.

Quand Ségolène, la correctrice, m'a rendu le fichier corrigé du recueil, nous étions en train de manger le repas du soir au Qatar. Nous avons passé la frontière Arabie Saoudite/Qatar il y a 2 jours, le 8 avril vers 17 heures. Nous ne le faisons plus au milieu de la nuit, car ce n'est pas une bonne idée, la fatigue nous fait prendre de mauvaises décisions. Le passage de frontière a duré 1h15 en tout (contrôle du véhicule et des passagers). Facile ! Nous avons payé uniquement l'assurance camping-car pour 2 semaines. Nul besoin de visa avant 3 mois sur place ! Cela incite les gens à venir.

Dès la frontière passée, nous avons retiré du cash (des Rials Qatar) au distributeur automatique. C'est ce que je fais depuis que j'ai quitté l'Iran où la carte Visa ne fonctionnait nulle part en raison du blocus. Je conserve encore les euros et les dollars en billets qu'il nous reste car ils seront indispensables en Irak où, là aussi, la carte bancaire européenne ne passe pas.

J'ai retiré l'équivalent de 400 € dès notre arrivée. Marty avait vu sur « Ioverlander » (une appli pour voyageurs) qu'il y avait une excellente boulangerie typique sur le chemin avant Doha (la capitale). On y est allés. Le magasin était minuscule. Juste une cuisine qui donnait sur la rue et quelques chaises en bois posées sur le trottoir. Autour, il n'y avait rien d'autre. Uniquement ce petit resto improbable... Autant dire qu'on ne l'aurait jamais trouvé sans cette appli de voyage.

J'espère toujours découvrir une pâtisserie de qualité même si j'ai lâché l'affaire depuis belle lurette. J'ai compris et intégré, à force de déceptions gustatives, que l'excellence de la pâtisserie ne se trouve qu'en France et en Belgique. À Budva (Montenegro) et à Sofia (Bulgarie) aussi, mais ces 2 pâtisseries artisanales sont les exceptions qui confirment la règle. Marty, lui, est en constante quête d'une boulangerie digne de ce nom. Il cherche du bon pain pour son petit déjeuner.

Même des galettes plates, tout, pourvu que ce soit frais et qu'on puisse y étaler de la confiture. Ainsi, il nous emmène dans cette boulangerie qui fait aussi restaurant pour les travailleurs locaux. Les cuisiniers sont quatre indiens et pakistanais qui font les plats et les galettes de pain cuites sur les parois d'un four creusé dans le sol.

Là, il y a Imad, un indien qui vit au Qatar avec ses parents et ses deux enfants (une fille de 8 ans, un garçon de 5 ans). Il travaille et vit au Qatar depuis 37 ans, comme technicien au puits de pétrole Total, un peu plus loin. Il bosse de nuit et vient manger ici avec son collègue qui travaille de jour. Imad parle très bien anglais et nous a aidés pour faire la commande.

Il est 19 heures, on a faim pour le repas du soir. Depuis l'Arabie Saoudite et au Qatar, on parvient enfin à obtenir de plats non pimentés. Combien de fois à Oman, je n'ai pas pu finir les plats du restaurant, bien qu'affamée, car j'avais la bouche en feu. Quel gâchis…

Pourquoi ont-ils inventé les piments ? Pour améliorer le goût ? Pour cacher un mauvais goût ? Non car il existe d'autres épices parfumées et délicieuses.

Pourquoi souffrir en mangeant ? Je ne comprends pas le concept. Encore une tradition humaine qui m'échappe. Bref, j'étais un peu dégoûtée des restaurants à Oman toutefois, j'ai quand même retenté l'expérience au Qatar. Heureusement, on fut ravis, cette fois !

Le plat était délicieux : on a pris des galettes accompagnées de dal, de pommes de terre aux tomates cuites et aux oignons. Ce fut tellement bon qu'on a commandé une seconde plâtrée pour notre petit déjeuner du lendemain. D'autant plus qu'Imad – Dieu seul sait pourquoi ? – nous a offert le premier repas ! (L'équivalent de 13 € pour nous 5, pains compris.) Quelle gentillesse !

Il nous a invité à passer chez lui, à Doha. Après le repas, il nous a conseillé d'aller dormir juste à côté, sur la plage. C'était un super endroit. Une plage avec des bouquets de palmiers çà et là, personne, une eau bleu translucide calme et peu profonde. Et chaude de surcroît ! Si chaude que, même moi, je m'y suis baignée. Au loin, il y avait une petite usine qui a fonctionné jour et nuit. On a très bien dormi. On y repassera sur le chemin du retour, tellement ce lieu est enchanteur.

Marty et les trois enfants sont rentrés facilement dans l'eau, très chaude à certains endroits. J'avais mon chapeau de paille et un t-shirt long qui me servait de robe. Je suis allée ainsi dans l'eau, la température était parfaite.

C'est ainsi que j'aime la mer : vêtue d'une robe large et d'un chapeau ! De la sorte, le soleil ne me brûle pas et je n'ai pas à m'épiler pour mettre un maillot, ça me saoule. Quand l'eau est chaude, en prime, c'est le combo gagnant qui me fait aimer la plage.

On a donc passé notre première journée au Qatar sur cette plage.

Lullaby et Miel ont réalisé un devoir en art et Taïmoon a fait un peu d'anglais. Le soir, à 18 heures, on était prêts à rouler vers Doha mais on s'est arrêtés à nouveau à ce petit restaurant pour manger. Et on a bien fait ! Vous allez savoir pourquoi...

On est arrivés quand les cuisiniers mangeaient, ils venaient de rompre le jeûne du Ramadan. On a patienté dix minutes qu'ils se restaurent et fassent leur prière en direction de la Mecque. Puis on fait la commande et, tandis qu'on mangeait, on voit le 4x4 d'Imad et son collègue qui revenaient aussi. Il renouvelle son invitation chez lui, nous offre encore le repas (il paie sans qu'on le sache) ! Et nous partage sa connexion internet pour échanger nos mails, car Marty a dessiné le boulanger devant son four. Imad a adoré son carnet de croquis.

Je regarde mes mails et je découvre que Ségolène m'a envoyé la correction du recueil de nouvelles du Prix Pampelune. Manquait plus que ce fichier pour publier le livre. J'ai été dans le camping-car garé à côté, j'ai allumé mon ordi et j'ai mis l'ouvrage en ligne. Ce fut le créneau idéal, car je ne pouvais faire ça qu'avec mon ordinateur or c'est compliqué de le prendre dans un Mall pour profiter d'une connexion gratuite en attendant d'acheter la carte SIM du pays.

Voilà une excellente chose de faite. À présent, je pourrai me concentrer pleinement sur mon roman en cours d'écriture. Après le repas, Imad nous propose d'aller voir le puits de pétrole à dix minutes en voiture.

C'était la nuit et ils étaient en train de démonter le puits de forage qui avait extirpé le pétrole des profondeurs de la terre à cet endroit-là. Le puits serait déplacé à 10 km d'ici pour s'enfoncer dans un autre endroit, jusqu'à épuisement de la nappe pétrolifère en un à deux mois. Ainsi de suite, ils déplacent cette perforeuse géante régulièrement et la relient avec des kilomètres de tuyaux aux raffineries construites un peu plus loin.

Cette fois, ce fut le troisième collègue qui nous a offert notre repas, accompagné de canettes, d'eau, de dattes et d'amandes.

Ils travaillent tous 12 heures par jour, de 6h à 18h, pendant deux mois puis ils rentrent dans leur pays en avion durant un mois. Ils ont dit qu'avant, l'argent et les commandes de pétrole coulaient à flot pour eux. Or, en raison de la diversification des sources énergétiques (solaire, barrages, éoliens), leur production a énormément baissé. Paradoxalement, ils gagnent beaucoup moins qu'au début de leur carrière !

Ils ont vraiment observé ce changement en 15 ans.

Nous ne sommes pas restés là longtemps car nous avions de la route jusqu'à Doha. On y est arrivé vers 23 heures.

Notre arrivée fut grandiose ! La nuit, tous les buildings illuminés sont magnifiques. En revanche, le charme disparait avec la lumière naturelle du jour. Le gris du béton est décidément bien morne.

Miel a tout de suite repéré la sculpture du « 8 » symbolisant la coupe du monde de foot. Ce drôle de 8 qui forme une poire ou un 8 selon l'angle de vue d'où on le regarde, se trouvait au milieu de la baie de Doha.

Nous avons trouvé un terrain vague à côté de la mer pour s'y garer, et nous nous y sommes baladés une demi-heure avant de nous coucher. On a hâte de visiter la ville ! Moi, entre autre pour l'unique magasin Pierre Hermé du voyage (l'un des meilleurs pâtissiers du monde). Il n'y en avait pas à Dubaï.

Et Miel est impatient de découvrir les stades de foot de la Coupe du monde qui s'est déroulée en décembre 2022.

Mercredi 12 avril 2023. PASCALE :

On se plaît bien à Doha ! La Skyline est géniale, je la trouve personnellement plus intéressante que celle de Dubaï qui était, auparavant, la meilleure selon moi. Pourquoi ? Car elle est lumineuse et colorée. L'architecture des tours est particulière, originale. Comme toujours, lorsque les immeubles sont construits au bord de l'eau, l'effet est encore plus magique.

Durant notre vie de couple, il y a eu des engueulades comme des moments très joyeux, c'est un peu semblable durant ce voyage familial. Mais je constate qu'on s'engueule moins souvent et surtout moins longtemps quand ça arrive. On est en paix et bienveillants l'un par rapport à l'autre. Cette relation apaisée fait du bien.

Les enfants jouent très bien ensemble, même Lullaby s'intègre encore dans les jeux imaginés par ses jeunes frères. À présent, ils sont tous passionnés de belles voitures, de camions et de 4x4. Ils en parlent énormément. Ni Marty ni moi ne ressentons de l'intérêt pour ce sujet-là. Toutefois, on s'adapte aux passions de nos trois enfants.

Taïmoon a bientôt fini son cursus de l'année. Il ne lui reste qu'une évaluation d'histoire-géo et une de français. Une fois cela terminé, nous pourrons nous concentrer sur le travail des deux grands.

J'ai été chez Pierre Hermé et je n'ai pas été déçue !

Sa réputation de meilleur pâtissier du monde n'a pas été volée. Plus cher qu'en France, le prix n'atteignait néanmoins pas la somme hautement indécente du Ladurée de Dubaï.

La taille des pâtisseries, bien que réduite par rapport à quelques années, demeure correcte. Et finalement, le goût fut exquis ! J'étais sur un petit nuage en les dévorant avec délectation et ce sentiment bienheureux s'est prolongé bien au-delà, toute la journée. Bien sûr, cela reste tout de même hors de prix (11,50 € le gâteau individuel), au lieu de 8 à 10 € en France. Toutefois, c'est inespéré de trouver cette qualité au beau milieu de notre voyage. Alors je n'hésite pas. Maintenant qu'on a jeté 2000 € par la fenêtre avec l'amende d'Oman, dépenser 50 balles me paraît bien dérisoire… Au moins, j'aurai gagné une sorte de relativisme de la dépense.

Cette dégustation fut une telle réussite que nous y sommes retournés dès le lendemain. Son magasin se trouve dans le Laguna Mall de Doha. La vendeuse m'a dit qu'il y a une autre boutique dans le Doha Festival Mall. J'y passerai bien. Quand j'étais chez Pierre Hermé, il y a eu une autre cliente avec son fils : des Français !

Le premier soir à Doha s'est terminé devant le stade du Lusail. Cet énorme bol d'or circulaire était impressionnant.

Bien sûr, les lieux étaient déserts mais on se plaisait à imaginer la foule de supporters surexcités marchant avec empressement, une boisson fraîche à la main, vers leurs places numérotées.

Nous l'avons donc vu de nuit, éclairé. Le stade était fermé en raison de l'heure tardive. Nous avons demandé quelques informations au vigile. Il nous a appris que l'accès était gratuit durant la journée. Malheureusement, l'accès au terrain en lui-même est interdit. On pourra uniquement le voir depuis l'extérieur car il est encore en fonction quand un match s'y déroule.

Nous avons donc dormi sur le parking d'à côté afin de pouvoir le revoir en plein jour.

Il y a un autre stade qu'on visitera bientôt. Hier soir, nous avons fait une balade le long de la corniche, au bord du golfe Persique. Nous avons marché deux heures sur la digue, ce fut très agréable.

Vendredi 14 avril 2023. PASCALE :

Eh bien… Depuis que nous ne sommes plus à Oman, l'envie d'écrire dans ce carnet revient en force.

Et particulièrement pour Doha car j'adore cette ville !

J'étais aux anges avec Pierre Hermé et voilà que je découvre une autre enseigne du même calibre. Une cheffe pâtissière, nommée Dinara Kasko, qui crée des gâteaux « œuvres d'art » : des pâtisseries aux formes géométriques vendues au National Museum of Qatar ! Le prix est cher, mais moins élevé que Pierre Hermé. Chaque pâtisserie est magnifique point de vue couleurs et elle est sculptée en facettes. Bref, on se régale dans tous les sens du terme.

Je suis en amour avec ce musée, aussi appelé NMOQ. Déjà, le lieu et l'architecture du bâtiment sont exceptionnels. Au milieu d'un grand terrain de verdure, un bâtiment reprenant l'apparence d'une gigantesque rose des sables se marie parfaitement avec quelques anciennes bâtisses de style arabique. Le mélange est harmonieux : teintes sableuses, matériaux nobles et épurés. On s'y sent bien.

La rose des sables est une roche orangée dont la forme très particulière est composée de disques qui s'enchevêtrent.

Il y a aussi deux superbes aires de jeux pour les enfants. Elles sont à l'extérieur donc accessibles même en dehors des heures d'ouverture du musée. La première est un immense trois-mâts coupé en deux ! Il possède différentes pièces avec des cordages, des coffres débordant de trésors, des filets, des tonneaux... Le tout construit en bois.

Il y a une roue de capitaine pour diriger le navire, des bruits de vagues, de vent et de marins. Et même des caisses jetées à « l'eau », l'océan étant le revêtement en caoutchouc mou ayant la forme de vaguelettes.

La seconde aire de jeux est sponsorisée par Total. Toutefois, je dois reconnaitre qu'il s'agit d'une réussite. Différentes formes cubiques sont réunies par des ponts et des escaliers. Chaque cube est une pièce colorée offrant des jeux ludiques ou musicaux. Cet assemblage de cube est porté par des pilotis de métal, au-dessus d'un point d'eau ou les enfants en maillot peuvent patauger.

En revanche, les horaires du musée sont casse-tête en raison du Ramadan. Décidément, c'est long... Un mois entier sur 12 mois, cela n'en finit plus ! On l'a débuté à Oman, on a traversé une partie du désert d'Arabie Saoudite, nous voilà au Qatar depuis plusieurs jours et c'est encore le Ramadan. Nous sommes dépités car nous devons nous cacher pour manger. Tous les restaurants, magasins et musées sont fermés pendant les heures les plus chaudes. Précisément les horaires où on aimerait quitter le camping-car pour profiter des lieux climatisés et des terrasses en plein air. Ce qui est donc impossible. Aujourd'hui, on s'est tous levés à 10 heures pour visiter le musée qui ferme à 14h. Ensuite, il rouvre de 20 heures à minuit. Franchement, à 20 heures, nous n'avons aucune motivation pour commencer une visite avec trois enfants. Le soir, on veut juste manger le repas, lire dans sa couchette et se coucher. Donc on a réveillé les enfants pour être prêts avant 11 heures. Vu la taille du musée, il nous faudra bien trois heures pour le découvrir à notre aise.

Mais quand nous sommes arrivés à la caisse, le vigile nous a annoncé que nous étions vendredi (leur dimanche) et que, par conséquent, le musée n'est ouvert que ce soir à 20 heures.

Quelle déception, surtout d'avoir réveillé tout le monde à la hâte pour rien (on se couche tard et on se lève tard.)

Si je puis me permettre cette effronterie, je dirais, après observation, que le Ramadan fonctionne à l'envers : c'est la journée qu'il faudrait boire, manger et vivre, puis la nuit dès le coucher du soleil, il serait intéressant de jeûner jusqu'au lever de l'astre, de faire le calme en soi, de prier, de ne pas danser ni écouter de musique. Ce serait plus respectueux du fonctionnement physiologique.

Marty, lui, apprécierait plutôt le jeûne façon Carême pendant 40 jours : ne manger que des aliments sains, légers et essentiels. S'abstenir de consommer du gras et du sucre.

Je pourrais rester dans ce cadre idyllique du National Museum of Qatar pendant des jours. L'art m'élève, le calme et la volupté du lieu me ressource, m'inspire. J'avoue que, plus que jamais, je place l'Art et la beauté au-dessus de toute autre chose. C'est vital, capital.

Ce voyage me le fait conscientiser. Désormais, je n'envisage pas ma vie sans l'accompagnement des arts littéraires, visuels, cinématographiques, musicaux…

Mercredi 12 avril, Imad (celui que nous avions croisé deux fois au restaurant pakistanais avant Doha) nous a invité chez lui, à Doha, dans sa maison familiale. Nous y sommes allés vers 15 heures pour profiter de sa piscine qu'il partage avec les gens du lotissement. Marty et les enfants étaient enchantés !

J'ai profité de leur Wi-Fi avec mon ordi pour finaliser l'annonce du recueil de nouvelles qui était enfin publié. Le soir, nous avons rompu le jeûne avec eux par une datte fourrée de cream cheese avec une noix de cajou dessus.

Imad vit avec sa femme, sa fille (7 ans), son fils (5 ans), ses parents et son frère cadet. Vraiment, dans les pays musulmans, la solitude n'existe pas ! La famille reste soudée de la naissance à la mort, ils habitent tous sous le même toit. Les grands-parents s'occupent des petits-enfants et aident dans la préparation des repas. Même si, dans ce cas-là, ils avaient engagé une aide à domicile. Nous avons passé la soirée avec eux, assis dans le salon extérieur, à fumer de la chicha parfumée à l'anis.

Ce fut très sympa. Nous parlions tous en anglais. Ils étaient Indiens, non Qataris.

Vraiment, nous avons rencontré des gens hyper gentils ! Pour les remercier, Marty a fait quelques portraits et il leur a chanté des chansons françaises à la guitare. Sans moi car j'avais trop mal à la gorge (la clim, sans doute). Même parler me demandait un gros effort ce jour-là.

MIEL :

Je suis trop content, aujourd'hui. On est au Qatar depuis une semaine et on a vu le stade de foot de la finale France-Argentine.

Vu de haut, il était rond mais quand on le regarde au niveau du sol, on aurait dit qu'il était ovale.

Trop content, on est allé voir si on pouvait rentrer dedans pour le visiter. Papa a vu le vigile qui était désolé, mais on ne pouvait pas le visiter de l'intérieur. Par contre, on pouvait faire le tour du stade gratuitement. On l'a fait et, à un moment, Taïmoon avait envie d'aller aux toilettes. On a demandé s'il y avait des WC dans le stade. Ils ont dit oui et à l'endroit juste avant les toilettes, on a vu une partie de la pelouse intérieure du stade où a joué Mbappé ! Puis on est parti.

Jeudi 20 avril 2023. PASCALE :

Nous avons quitté le plus beau musée du monde (le National Museum of Qatar), après plus d'une semaine garé dans leur parking. Là-bas, il y avait tout à profusion.

Outre ce lieu magnifique accessible à l'envi grâce au « Silver pass » illimité de 5 jours (25 € euro par personne dès 18 ans, gratuit pour les mineurs, il permettait de visiter 5 musées à Doha).

Il y avait même des toilettes avec des lavabos pour remplir nos réservoirs et, pour couronner le tout, internet était gratuit, même dans le parc !

Nous étions juste à côté du métro que nous avons pris plusieurs fois pour ne pas bouger le camping-car si bien installé. Le métro de Doha est génial lui aussi (1,50 € pour le « Pass illimité d'un jour ») ! Peu d'attente entre deux métros, des stations et des rames de métro clinquantes de propreté : un véritable régal. Et bien sûr, toujours des toilettes et des mosquées pour prier, donc un lieu calme avec des tapis.

Malheureusement, le temps file et nous sommes limités par l'assurance auto qu'on a prise jusque au 22 avril. On nous avait dit qu'il faudrait maximum une semaine pour visiter le petit pays du Qatar, ainsi, nous avions payé deux semaines d'assurance pour être à l'aise et finalement, non, il nous en faudrait trois !

Depuis Doha, on a cessé toutes activités scolaires. On profite du Pass pour faire les 5 musées. Mais je suis dégoûtée des deux derniers musées (les moins connus et les plus petits).

Déjà, comme dans les aéroports, il y a le portique de Rayons X à passer pour nos sacs à main. Le pire était dans l'un des petits musées, je fus même obligée de laisser dans un casier mon mini sac à main contenant mon portefeuille, ma carte de crédit et les clés du camping-car. Alors que ce petit sac n'avait jamais posé problème dans les autres grands musées. Franchement, j'ai détesté être traitée comme une gosse et devoir tenir mon téléphone à la main durant la visite.

Il n'y avait presque personne dans ce musée. En revanche, un à deux vigiles surveillaient chaque salle en regardant nos moindres faits et gestes, à un mètre de nous, en nous suivant du début à la fin.

Ils nous rappelaient à l'ordre dès qu'on se penchait un peu trop au-dessus des vitrines en verre pour y lire le nom de l'artiste ou scruter les détails des œuvres dont les cordons de sécurité étaient installés à presque un mètre du tableau !

Ce genre de visite était nulle : où est l'émotion ? Ou est la beauté du moment quand on est ainsi surveillés, réprimandés toutes les dix minutes comme des enfants ?

En outre, les œuvres présentées dans ces deux derniers musées d'art islamique étaient vraiment insipides. Je vois mal le public quitter leur « Netflix » et ses innombrables séries géniales pour leur préférer la visite de tels musées. Selon moi, l'art est mort si les musées stagnent à ce niveau-là de médiocrité.

Excepté, bien sûr, les deux chefs d'œuvre : le Musée d'Art Islamique dans son écrin cubique et le NMOQ dans sa rose des sables. Mais ce dernier était uniquement un musée d'histoire et de sciences naturelles.

Hier soir, en allant faire des courses au Mall « Le Villaggio », un centre commercial totalement identique à celui que Marty avait vu à Las Vegas (même décoration de fausses façades de maisons colorées de chaque côté de l'allée intérieur, avec un faux ciel bleu peint au plafond. Et de l'eau qui coule au milieu du couloir, avec des gondoles dans lesquelles on peut monter contre paiement, pour faire le circuit, en passant sous les ponts. Tout cela, à l'intérieur du Mall ! Ils ont dû faire appel au même architecte d'intérieur qu'à Las Vegas.

Sur le parking du Mall, nous avons rencontré Saoud, un jeune Qatari de 20 ans. Il avait un appareil photo avec un objectif digne des paparazzis. Il est venu nous parler car il adorait notre camping-car et désirait en savoir plus.

Du coup, il a passé la soirée avec nous. Il est très sympa et parle bien anglais. Il a fait son service militaire (obligatoire pour tous les qataris) pendant un an, l'année passée.

Il est passionné de photos et fait des reportages sur les voitures qui défilent chaque après-midi pendant le Ramadan. Les qataris aiment tellement leur voiture qu'ils paradent, chaque jour, sur un trajet bien défini, uniquement durant le Ramadan.

On a tous été au stade nommé « 3, 2, 1 », car il y avait des activités sportives pour les enfants.

Après cela, nous avons voulu manger dans un « truck food ». Saoud nous a accompagné et on a tous fini au restaurant Ladurée où il nous a invité ! Ce fut exquis !

Nous mangions là, entourés de qataris en djellaba blanche et en turban maintenu par un cordon noir. Les enfants sont restés focalisés sur la Rolls-Royce garée juste à côté…

Nous étions, le temps d'un soir, dans les hautes sphères de la richesse Qatari.

Nous nous sommes quittés vers 23h30 et nous nous revoyons aujourd'hui après-midi, pour visiter l'un des plus gros hôtel du Qatar.

Nous irons ensuite tous ensemble au défilé de voitures.

Lundi 24 avril 2023. PASCALE :

Voilà maintenant trois semaines que nous sommes au Qatar !

Nous n'avions pas besoin de visa, par contre nous avions payé une assurance auto pour seulement deux semaines. Néanmoins, sur la route vers la frontière Qatar/Arabie Saoudite, Marty me dit qu'il a des regrets en quittant ce pays… Il aurait voulu voir le rocher « The Rocks » au nord-ouest, le quartier « The Pearl » à Doha, s'approcher des dunes dans le sud-est et flâner dans le souk au bord de la plage avec des boutres (bateaux en bois), puis découvrir les belles plages du Qatar. Nous n'avions rien fait de tout ça.

Alors, je lui dis :

– D'accord. Allons comme prévu à la frontière, mais j'irai seule avec les papiers du véhicule pour prolonger l'assurance d'une troisième semaine ! Ça nous coutera 40 €.

À Salwa, la petite ville d'Arabie, juste après la frontière, où nous étions resté 3 jours car il y avait le Wi-Fi gratuit à côté d'un café, on avait prévu de se reposer et d'avancer dans les cours qu'on avait pas ouverts depuis 2 semaines.

On hésite à prolonger notre séjour au Qatar car le temps file, il ne nous reste plus que 3 mois pour visiter le Barhein, l'Arabie Saoudite, la Jordanie (début juin), l'Irak puis arriver en Turquie. Or nous ne sommes pas des rapides…

En arrivant à la frontière, on a pris la décision de prolonger d'une semaine.

Mauvaise nouvelle : « it's not allowed » de rentrer à pied jusqu'au poste d'assurance, situé à 200 mètres de la frontière, pour payer puis repartir à pied.

On nous dit d'attendre une voiture de police qui nous escortera jusqu'à l'assurance. Toutefois, le véhicule ne vient jamais. Au bout d'une heure, Marty retourne les voir et apprend que ce n'est pas possible de pénétrer la frontière sans faire tout le circuit classique de sortie du Qatar, suivi de l'entrée en Arabie. Et que l'assurance ne se prolonge que à Doha, où nous étions 3 heures plus tôt, avant de prendre la route pour la frontière.

Pourtant, nous sommes à présent « hors assurance », puisqu'elle s'arrêtait le 22 à minuit et que nous étions le 23. Donc on ne veut pas risquer un retour à Doha sans assurance et sans savoir précisément l'adresse ni les horaires et jours d'ouverture de cette assurance. Heureusement, le douanier nous propose finalement l'option de prolonger l'assurance par internet.

On va donc à la station essence, à 200 mètres de la frontière, pour capter le Wi-Fi, car on n'avait pas de carte SIM pour le Qatar. Le site bug, on n'arrive pas à payer l'assurance pour une seule semaine, car le site bloque sur un an de souscription…

Marty demande de l'aide à un Qatari qui prend 30 minutes de son temps pour faire la commande à partir de son portable qui ne bug pas. Finalement, il parvient à payer, Marty lui passe sa carte Visa.

C'est bon ! On a réussi à avoir une semaine supplémentaire au Qatar. Pour couronner le tout, le Qatari nous dit qu'il a payé avec sa propre visa ! Il nous a donc offert 40 € en cadeau et le plaisir de découvrir plus profondément son pays.

Avant hier soir, nous avons retrouvé Zrinka et Tristan sur la plage des mangroves. Ils ont traversé deux frontières ce jour-là : Emirats/Arabie puis Arabie/Qatar. Leurs deux semaines aux Maldives et en Ouzbékistan se sont parfaitement déroulées. Ils avaient pris l'avion depuis Abu Dhabi, en y laissant leur van « Blue George ».

Après le Ramadan, il y a 3 à 4 jours de festivités : l'Aïd. Aussi, la nuit qu'on a passé à cette plage était terriblement bruyante… Gros baffles à l'extérieur, des voitures avec danses et bavardages jusqu'à 3 heures du matin.

Ensuite, aux aurores, des indiens sportifs ont joué au football puis au criquet. Ils sont motivés !

En revanche, après un mois au rythme nocturne du Ramadan, suivi de deux jours de fête intensive, je commence à être épuisée. Même si ce n'est pas moi qui fais la fête la nuit, je la subis quand même d'un point de vue sonore. Bref, on a besoin de sommeil et de ralentir notre rythme. On fera donc cette dernière semaine au Qatar plus lentement et sans trop d'activités.

Lundi 1er mai 2023. LULLABY : L'abattoir

Hier, on était au Qatar pour notre dernier jour. Et à Doha, il y avait deux quartiers. Le quartier avec les tours et les hôtels de luxe et un autre quartier où il y avait beaucoup d'indiens et, du coup, c'était pas cher. On a trouvé un restaurant indien super bon et pas cher, on y a mangé quatre fois.

Sur le chemin, entre le camping-car et le resto, il avait des petits magasins et il y avait un magasin qui s'appelait « Happy chicken » avec le dessin d'une poule qui levait le pouce et qui souriait. À l'intérieur, il y avait plein de petites cages avec des poules hyper serrées. Elles étaient presque déplumées et quand la porte s'ouvrait, ça puait super fort.

Quand mon père alla dans un magasin de bricolage, Miel, Taïmoon et moi sommes restés à regarder les poules. Je les ai regardées longtemps et je voyais qu'elles avaient des caractères différents et des sentiments.

Par exemple, il y avait une poule dominante. Elles étaient toute assises mais dès qu'un client entrait dans le magasin, la dominante se levait comme si elle voulait protéger les autres.

Quand les poules me regardaient, je voyais qu'elles avaient une âme et que ce n'était pas un truc qui bouge mais un être vivant qui avait une vie et des amis. À un moment, un indien est rentré dans le magasin et a regardé les cages. Il a montré une cage du doigt et un vendeur, qui avait l'air blasé, a ouvert la cage et a pris une poule par les ailes, comme si c'était un objet. Il a commencé à parler avec l'indien. Le vendeur était de dos et je voyais juste le cou et la tête de la poule. Elle n'avait pas l'air effrayée et était intriguée.

À un moment, elle m'a regardé dans les yeux et j'ai vu qu'elle se posait des questions. Moi, je pensais que le vendeur la mettrait dans une petite cage et la donnerait à l'acheteur. Le magasin était composé d'une grande entrée encerclée de toutes les cages à poules. À côté, il y avait trois sièges en plastique pour attendre et le fond de la pièce était à moitié caché par un mur d'un mètre de haut. Sur le côté, il y avait des crochets où il y avait un tablier blanc avec des taches rouges.

Le vendeur avait de grosses bottes jaunes. Il est allé derrière le muret, a posé la poule et a mis le tablier plein de sang. Il a pris un couteau et a commencé à faire des gestes mais je n'ai pas pu les voir. L'indien a levé le pouce vers nous en souriant en direction de Miel mais Miel ne lui a pas répondu. Après, le client est allé voir au-dessus du muret cinq secondes puis, il s'est assis sur une chaise.

À un moment, le vendeur a levé le bras et j'ai vu qu'il tenait les pattes de la poule, elle ne bougeait plus, elle était morte.

On était choqué d'avoir assisté à la mort d'un être vivant. Pendant que le vendeur tuait la poule, il n'avait aucune expression, comme si, pour lui, c'était normal. Il avait la même expression que quand on coupe du pain !

La veille, devant le magasin, il y avait un camion avec des cages en plastique remplies de poules. Les travailleurs jetaient les cages par terre, super brusquement, et après ils prenaient deux poules par main en les tenant par les ailes et les jetaient dans les cages.

Il prenait plus de soin à ranger son tablier et à laver son couteau qu'à manipuler des poules. Horrible !

Mercredi 3 mai 2023. MARTY :

Plouf !

« Maman les p'tites autos qui vont dans l'eau ont-elles des bouées ? »

« Ben non mon gros bêta. »

Plouf, les p'tites autos.

Au Qatar, du soir au matin, les petites autos s'en vont dans l'eau. C'est le balai quotidien. Doha, où tout est « forbidden », réglementé, cadré… mais Doha qui s'est développée très vite, trop vite, n'a pas encore eu le temps de tout règlementer. C'est ainsi qu'il est possible de rouler sur la plage, d'y camper, d'y faire la teuf… et d'y « ploufer ».

Et tous les jours, des dizaines de p'tites autos vont se rafraîchir les pneus dans les eaux piégées du golfe.

Les eaux du golfe Persique sont peu profondes, ce qui facilite l'extraction du pétrole offshore. La marée basse retire les eaux loiiiiin, loiiiiin, et à l'heure de la remontée, ce n'est pas à la vitesse du cheval au galop qu'elles reviennent, non. Ça, ce sont des sornettes racontées aux p'tits z'enfants, mais tout de même, elles remontent sacrément vite. Et plouf ! Une p'tite auto. Les baigneurs et autres campeurs n'ont pas le temps de dire « ouf » que, plouf, leur p'tite auto se baigne dans l'eau.

Mais heureusement la police Qatari veille. Des énormes pick-ups motorisés qui tractent les insouciants. Plouf une p'tite auto, et vroum, la grosse auto. Grosse auto, pleine à craquer de chevaux-vapeurs (ça, c'est pour faire un subtile lien avec le cheval au galop).

Tellement puissantes qu'elles vous remontent jusqu'au rivage les voitures bloquées dans le sable mouillé... frein à main actionné, s'il vous plaît ! Bravo la police. Et tous les soirs, à la remontée des eaux, c'est la même rengaine. Plouf puis Vroum.

Qu'il est marrant de nager au milieu de ces p'tites autos dans l'eau. Et ça continuera tant qu'ils auront des autos. C'est pratique, ça crée des emplois de sauveteurs. Ça fait fonctionner les concessionnaires automobiles et les assureurs se régalent. Et de une ! Et de deux ! Et de dix ! Plouf ! Plouf ! Plouf !

Une fois par semaine, c'est le camion dépanneur qui vient à marée basse pour ramener au sec toutes les épaves. Bravo la dépanneuse !

Mon histoire se termine comme toutes les histoires au Qatar : par un gros VROUM !

ARABIE SAOUDITE (Deuxième partie)

Jeudi 4 mai 2023. PASCALE :

La troisième semaine que nous avons passée au Qatar était super. Nous avons visité le village carré aux couleurs pastels : très beau. C'est là qu'il y avait la possibilité de faire une photo en costumes traditionnels Qataris. On l'a fait et ça nous a bien amusés. D'autant plus que le résultat est toujours extra !

On a pu voir le port de Doha, avec les vieux bateaux. Marty y a fait trois dessins, cela l'inspirait. On a visité le quartier « the Pearl » qui, comme Dubaï, est construit sur une île artificielle. Ce fut sympa mais sans plus. On a fait un barbecue de poissons achetés au marché avec Tristan et Zrinka. Nous sommes restés jusqu'au dimanche 30 mars à minuit, dernière limite de notre seconde assurance auto.

Quand nous avons retrouvé Salwa, en Arabie Saoudite, on a repris nos habitudes : internet à volonté grâce au Wi-Fi du café de la plage et session intensive de devoirs.

Dans cinq jours, je dois finaliser l'inscription des enfants à l'école de l'année prochaine. On a passé trois semaines sans carte SIM, à ne prendre que le Wi-Fi du Musée ou des Malls.

Du coup, j'ai bien avancé dans mon roman. C'est fou comme on gagne un temps précieux quand on n'a pas accès aux divertissements.

Nous avons un mois pour visiter l'Arabie. Marty est très motivé ! Il a vu dans le guide, tous les beaux coins à découvrir.

La température, qui aurait déjà dû être intenable en avril, est encore clémente. Le ciel est souvent voilé et on se gare à l'ombre des arbres, fenêtres grandes ouvertes pour le courant d'air.

Salwa vient à peine de s'ouvrir au tourisme. L'Arabie Saoudite étant l'un des derniers pays à ouvrir ses frontières au monde extérieur depuis environ 2018. Jamais auparavant ! Aussi, le choc culturel est impressionnant... Autant en Iran, les iraniens étaient enchantés de revoir les touristes après des décennies d'absence. Autant en Arabie, ils n'en ont jamais vus du tout ! Ici, les hommes sont en djellaba et turban, tout de blanc vêtus. Même pour jouer au foot sur le terrain, près de la plage.

Déjà, cela détonne avec nos trois enfants en t-shirt et short, hyper pratiques pour le sport.

Mais le plus contrastant, ce sont les femmes. À Salwa, nous n'en avons vue aucune ou presque ! Bien entendu, quand on en croisait une dans sa voiture ou sortant du café, une boisson à emporter dans la main, elles étaient voilées de noir jusqu'au-dessous des yeux. C'est un monde d'hommes, ici plus encore qu'ailleurs. Les femmes sont cachées, invisibles, intégralement voilées. Les femmes voilées sont les épouses vertueuses, les autres sont méprisées, regardées de haut avec froideur, sans aucun sourire évidemment – comme si le sourire était plein de sous-entendus séducteurs et sexuels ! –.

On a été une fois manger dans un restaurant, style cantine. Les vendeurs ont lourdement insisté pour qu'on s'installe dans la « Family room » dont les murs hauts et l'entrée fermée par un rideau, permettent aux femmes de se dévoiler un peu pour manger. Nous voulions plutôt aller dans une autre « Family room » plus spacieuse, aux murs arrivant à la taille. Mais non : impensable pour eux que je sois visible par les clients présents.

C'était moi, de surcroît, qui descendais au comptoir pour voir la carte, sélectionner les repas végétariens et payer la commande. Nous y sommes allés une fois pour manger sur place et quatre fois pour acheter des plats à emporter.

Au comptoir, les quatre fois, ce fut un gars différent à qui je devais parler, néanmoins à chaque fois, leur visage était glacial, d'une neutralité presque robotique. Ils ignoraient ma présence jusqu'à ce que je déclare un grand « Hello, english ? » pour pouvoir commander.

L'attitude de ces hommes pousse les femmes à se masquer. Parmi toutes les femmes intégralement voilées de noir, j'ai préféré ressortir mon voile d'Iran pour aller manger dans le parc d'Al Hofuf. Au moins, en cachant mes cheveux, je fais un effort d'intégration envers eux et le choc culturel est moins violent. D'autant plus que, finalement, mettre un tissu sur mes cheveux n'est pas si contraignant, tant que je ne dois rien mettre sur mon nez ni me recouvrir d'un long manteau noir en plein été !

Quel drôle de monde où la moitié de la population est cachée du regard de l'autre moitié ?! Imaginez-vous un monde où, jamais, vous ne voyez une femme adulte… Comment se construire ? En tant qu'homme ou en tant que femme ? Les seules femmes visibles sont celles de votre famille ou peut-être des amies très proches.

Vous ne connaîtriez alors qu'une trentaine de visages et de corpulences sans long manteau ni voile. Une trentaine sur la totalité des femmes de l'humanité ?

Comment est-ce possible ? La curiosité envers la gent féminine, à ce stade, doit atteindre des sommets ! Et, en effet, une telle curiosité quasi impossible à satisfaire, doit vite monter à la tête. D'où, on voile encore plus les femmes pour les protéger du regard, des actes ou du mépris des hommes. Sacré cercle vicieux.

Ce qui me surprend depuis notre arrivée à Oman puis au Qatar et en Arabie Saoudite, est l'uniformité de la population musulmane. En tant que famille d'artistes atypiques, je suis interpelée par cette population si homogène, où des gens comme Marty et moi ne pourrions exprimer, et encore moins vivre, notre différence de points de vue sur l'existence…

Ici, tout le monde semble faire pareil, au même moment, en gros, bien sûr. Mais quand même. Tout le monde s'habille d'une djellaba blanche ou se voile d'une cape noire, tout le monde fait le Ramadan un mois sur 12. Tous les jours, tout le monde prie à genoux en se tournant vers le même point géographique.

Il s'agit d'une religion aux exigences conséquentes au quotidien. Je trouve qu'en Occident, nous sommes à l'opposé, en ayant rejeté totalement la spiritualité et le sacré au profit d'un matérialisme superficiel, donc je ne prends pas la société dont je suis issue comme un modèle idéal, au contraire. Car je m'en suis moi-même retirée, mise de côté. Je désapprouve tout autant l'obligation occidentale faite aux femmes de devoir assumer de plein front leur vie professionnelle, amoureuse et maternelle, tout en restant désirable pour le regard masculin, à tout âge.

On est aussi un peu tous issus du même moule, mais j'ai l'impression d'avoir plus la liberté d'être qui et comme je veux. Je peux me voiler ou non et cela ne pose aucun problème en Occident. Ici, non, pas d'autres choix que de se vêtir d'une cape noire et couvrante.

Samedi 6 mai 2023. PASCALE :

Nous avons abandonné l'idée d'aller à Bahrein car ces trois semaines au Qatar avaient empiété sur notre emploi du temps. Et que le prix du visa pour 5 personnes, l'assurance auto et le prix du passage sur le pont pour atteindre le Bahrein étaient trop élevés par rapport aux lieux à visiter dans cette petite péninsule.

Hier, nous avons marché dans le canyon saoudien ! De la roche rongée par l'eau et fendue par les tremblements de terre et le temps qui passe. La nuit, il y avait des éclairages sur la roche, c'était magnifique ! La balade durait quarante minutes à pied.

On a même pu y revenir deux fois : le soir, puis le lendemain en plein jour. On a posé pour avoir une photo devant une grande faille rocheuse.

De jour, la chaleur était écrasante, sauf une fois à l'abri dans ce canyon dont les parois étaient si hautes et si rapprochées qu'on se serait cru dans une grotte... Il y faisait frais et sombre, donc la lumière des projecteurs était bien utile.

Au musée qui était inclus dans la visite du canyon, j'ai vu pas mal de femmes, des touristes occidentales mais aussi des saoudiennes moins voilées que dans les villages plus traditionnels.

Lors de la visite des « Caves » (canyon), j'ai appris que la boîte noire, qui est le point central de la Mecque, est vide ! Elle n'a que les quatre murs noirs et rien au centre...

Car il s'agit surtout d'un point « GPS », d'un point d'énergie. Et non d'un coffre de reliques ou autres trésors sacrés. Excepté toutefois sur l'un de ses murs, il y a la « Black stone » : une pierre noire de 20 cm de diamètre dont on ignore totalement l'origine et la matière ! Les analyses scientifiques ne sont pas parvenues à déceler la matière de cette pierre sombre. C'est pourquoi les musulmans en déduisent qu'elle provient du ciel et qu'il s'agit d'un cadeau de leur Dieu. Il y a plus de 2 milliards de musulmans actuellement. Toutefois, la religion la plus répandue est le christianisme. Les musulmans arrivent juste après.

La Mecque est un lieu sacré interdit aux non-musulmans donc nous n'irons pas. En revanche, si nous avons le temps, nous irons peut-être jusqu'à la ville qui l'entoure. Peut-être…

Depuis notre arrivée en Arabie Saoudite, nous nous faisons régulièrement klaxonner par des saoudiens lorsqu'ils nous dépassent sur l'autoroute. Ce n'est pas par mécontentement, au contraire ! Ils nous font de grands sourires en nous saluant quand ils passent à côté de nous.

Ils sont contents de voir des touristes dans leur beau pays.

Hier, le conducteur nous a fait signe de lui téléphoner à travers la vitre. Ce fut tellement drôle et lunaire ! Très sympa comme attitude même si ça nous surprend toujours de faire de grands « salamalecs » à 100 km/heure sur la route…

La chaleur durant la journée se fait plus présente, nous sommes presque en été, mais ça reste encore supportable.

Samedi 13 mai 2023. MARTY :
La traversée de l'Arabie.

L'Arabie, c'est quelque chose ! Très grand, très chaud, très vide…

Dangereux, inhospitalier. Très peu de villes dans les terres. Seule la capitale Riyad se trouve au centre de cet océan vide. Et les températures montent, montent !

Nous n'en souffrons pas encore mais ce n'est pas confortable. Le soleil se lève à 5 heures du matin en mode « Coucou me revoilou ! » et c'est reparti pour un tour.

C'est dans ces conditions difficiles, sur la route de Riyad, donc, je le rappelle, au milieu du vide, que le Béluga est tombé en panne.

Nous faisions une pause sur un moche parking rempli de Trucks en plein cagnard et le moteur refusa de redémarrer.

Coincés sous un soleil plomb, entre des camions qui ne coupent pas leurs moteurs, et attaqués par des nuées de mouches. Oui car les ruines d'à côté servent de latrines sauvages…

Heureusement les saoudiens sont adorables et toujours prêts à aider. Un routier nous offre des bouteilles d'eau fraîche (quel réconfort !) et un autre essaye de joindre par téléphone notre assurance. Le tout, sous des dizaines (centaines ?) de mouches.

Il avait appelé un dépanneur pour lui apporter une nouvelle roue (car il avait explosé l'une de ses nombreuses roues). La dépanneuse arriva et l'on put, toujours avec l'aide de ce routier, refaire démarrer le Béluga grâce à une batterie auxiliaire.

Sauvés ! Pour le moment.

C'est décidé, nous allons rouler d'une traite jusqu'à Riyad sans jamais couper le moteur, sauf si on trouve un garagiste ou un vendeur de batterie. Il y en a un à la prochaine pompe à essence. On lui montre notre véhicule et il nous change la batterie, mais il suspecte une défaillance de notre alternateur. Cette pièce importante est une dynamo qui recharge la batterie lorsqu'on roule.

Nous rejoignons Riyad, mais pas rassurés car à la fin, nos lumières, clignotants et Klaxons ne fonctionnent plus… Ce qui signifie que nous avons toujours un problème électrique !

Donc nous devons aller au Sanayi (quartier de garagistes) pour régler ça. Tout va bien, nous sommes au bon endroit : Riyad, la capitale, une très grande ville de 10 millions d'habitants. On arrivera bien à réparer notre véhicule, nous ne sommes pas dans un bled de campagne.

Et ça ne manque pas, le lendemain matin, rebelote, le moteur ne démarre pas. On demande à une voiture qui passe près de nous de connecter sa batterie à la nôtre pour pouvoir démarrer. Et nous nous rendons au sanayi sans couper le contact à aucun moment. Un gentil garagiste sur WhatsApp me dit qu'il faut changer l'alternateur. Il y a un seul shop à Riyad qui vend des pièces Fiat, et c'est un tout petit magasin.

Il n'a pas la pièce mais peut la commander pour le jour suivant. Youpi !

Enfin non, en fait, il vérifie mais notre camion est trop vieux : il est de 2003 alors que Fiat n'est arrivé en Arabie Saoudite qu'en 2013. Donc ils ne possèdent aucune pièce plus vieilles que 2013. Merdoum !

Solution : commander la pièce depuis l'Europe (France ou Italie ?)

– Et ça prendra combien de temps ?

– Deux semaines.

– What ?! Shit ! Et ça coûte combien ?

– Six cents euros.

– What ?! Shit !

Je vérifie sur internet : la pièce coûte entre 50 et 200 € en France.

Je suis dépité, déprimé. Le ciel me tombe sur la tête. Le prix n'est pas un problème mais les deux semaines d'attente, oui. Nous avons rendez-vous avec les parents de Pascale en Jordanie dans 3 semaines. Nous devrons donc louer un appartement deux semaines à Riyad, puis vite tracer en Jordanie par la route la plus rapide.

Impossible de bien visiter le pays. Adieu l'Arabie. Je suis déjà en train de regarder les prix des vols pour Paris afin de ramener moi-même la pièce au plus vite.

Le vendeur nous conseille un autre garage où ils pourront peut-être « réparer » notre pièce. On s'y pointe direct et on remet tous nos espoirs sur ce type : Hassan Ali.

Après moult vérifications, Hassan nous annonce que l'alternateur fonctionne correctement ! Ce n'est donc pas ça le problème… Je n'y comprends plus rien.

Le souci doit donc venir de notre batterie, pourtant elle est neuve de la veille ! Peut-être qu'on s'est fait arnaquer par le vendeur de batterie. Si ce n'est que ça, je suis trop heureux. On achète une nouvelle batterie (encore !) et tout fonctionne parfaitement.

Problème réglé ? Je n'ai jamais été aussi heureux d'apprendre que je me suis fait enfler ! Quel soulagement ! L'alternateur n'est pas à changer et le Béluga roule bien.

La suite au prochain épisode.

Je laisse le cahier à Lullaby qui veut écrire.

Samedi 13 mai 2023. LULLABY : Les moustiques.

On est en Arabie Saoudite depuis presque un mois. L'Arabie est le pays où j'ai le plus chaud de tout le voyage. Maintenant, chaque matin, je me réveille en sueur. On a acheté des petits ventilateurs pour tout le monde. La chaleur fait pourrir hyper vite la nourriture. Pour l'instant, on mange une fois par jour au restaurant car, ici, on peut avoir un buffet pour 5 personnes avec du riz et des légumes en sauce à 9 € au total.

Et aussi, on achète des jus de fruits frais chaque jour, ce n'est pas cher, c'est délicieux et ça fait du bien quand il fait chaud.

Les restaurants où on mange sont pakistanais : on y mange assis avec les mains (nous, on demande des cuillères). Les plats sont épicés et délicieux comme en Inde. Par contre, l'intérieur du restaurant est moche… Les murs sont noirs de poussière, il y a des fissures sur le mur, il y a des cafards. Bref, on dirait des maisons abandonnées, mais bon, comme je vous ai dit, le prix et la qualité font oublier tout le reste !

Riyad, c'est la capitale et le seul truc bien, c'était que tous les musées étaient hyper bien et… gratuits ! En particulier le musée de « The Line ». Vous savez ce que c'est ?

Il s'agit du projet le plus incroyable de la terre : construire une ville d'une largeur de 200 mètres (deux petits terrains de foot) et d'une hauteur de 500 mètres (donc 200 mètres de plus que la Tour Eiffel) et d'une longueur de… 170 km !

Le musée était hyper bien fait avec des maquettes où on pouvait rentrer à l'intérieur et plein d'autres choses. Ça m'étonne que ce soit l'Arabie qui fasse ce projet super futuriste. À part ça, Riyad était chaud et avec plein de moustiques. Ça fait trois nuits que je dors super mal à cause des moustiques. La première nuit, j'en ai tué huit, la deuxième, neuf et la dernière, six. J'ai enfin dormi une nuit en entier, quel bonheur !

La panne (suite). MARTY :

On pensait qu'à présent, tout était réglé pour le Béluga. Nous étions soulagés de ne pas avoir à débourser 600 balles pour une pièce mécanique ni de l'attendre 2 semaines à Riyad. Alors, une fois les sites culturels visités, nous nous sommes mis en route pour Djeddah.

On a la péninsule arabique à traverser, beaucoup de route en plein cagnard. Il est donc préférable d'avoir un véhicule en bon état de marche.

En quittant le centre de Riyad, Pascale vérifie le témoin lumineux de la batterie et remarque qu'elle avait déjà perdu un niveau par rapport à la veille… Mmh, pas bien rassurant ça, mais bon, comme on nous avait dit que tout allait bien, nous décidons de prendre la route.

Mais je ne suis pas rassuré et je rumine tout ça dans ma tête. J'envisage le pire : une panne au milieu de rien, sous 45°. À une demi-heure de route de Riyad, nous traversons le dernier patelin avant la longue traversée du vide. Une pompe à essence ! Ok, je fais un stop pour analyser la situation.

– Pascale, où en est la batterie ?

– Elle vient de passer au rouge !

– Merdoum !! C'est inquiétant.

Je vais voir le garage du coin (il y a souvent une partie « garage » dans les grandes pompes à essence d'autoroute en Arabie Saoudite. C'est dans un de ceux-là que j'avais acheté la première batterie) et le garagiste me donne le contact d'un électricien automobile au Sanayi du village. Par chance, nous étions dans un village où il y a un quartier technique.

Donc on s'y pointe. Et l'électricien commence des tests pour faire un diagnostic de la panne. Et merde, mauvaise nouvelle :

– Batterie, OK, no problem. Alternator problem, not good.

C'est ce que je redoutais, ce putain d'alternateur qu'il n'y a pas en Arabie Saoudite ! Retour à la case départ…

Je suis dépité. J'ai envie de pleurer.

– S'il vous plaît, brother, j'ai besoin d'un miracle !

Le miracle, c'est lui. Notre ange protecteur. Déjà, il a ce que les autres n'avaient pas : une fosse pour pouvoir regarder sous le véhicule, là où se trouve l'alternateur. Rapidement, il comprend que ce qui foire, c'est la courroie d'alternateur.

Bingo, il a coché la bonne case. Et ça, c'est une putain de bonne nouvelle car une courroie, ça va être beaucoup plus facile à trouver. Il envoie un gars chercher ça chez les différents vendeurs de pièces détachées du sanayi. Ça prend un peu de temps.

Il commence même à me faire stresser en me disant qu'il n'en trouvait pas. Mais maintenant que je sais qu'il s'agit de la courroie à changer, je suis positif. J'ai retrouvé ma joie. J'ai même fait un dessin de son garage pendant l'attente. Et il revient avec deux nouvelles courroies : une pour l'alternateur et l'autre pour la clim.

Cric, crac, tchac, tout est remis en 10 minutes.

Dans mes bras, mon ami !

Et le tout pour 100 balles, pièces comprises. On a vérifié et en effet, la batterie se recharge bien lorsque le moteur est en marche. Par-dessus le marché, la clim crache plus froid qu'avant.

Cette journée fut riche en émotions : elle a commencé avec des larmes aux yeux et s'est terminée avec des larmes de joie ! Et surtout, ça clôt un chapitre angoissant ouvert depuis un peu avant Riyad et qui se résout un peu après Riyad.

Plusieurs garagistes sur plusieurs jours se sont penchés sur notre panne. Plusieurs diagnostics avant de trouver enfin le bon. Comme à l'hôpital.

Ça ne nous a pas permis de bien profiter ni apprécier Riyad. Nous avons quand même fait les visites principales que nous souhaitions faire, mais toujours avec cette épée de Damoclès au-dessus de nos têtes : « Allons-nous pouvoir repartir ? »

Riyad pour nous, ça restera la panne et le sanayi.

Et, il y a 2 mois, ce coquinou de Miel avait écrit par email une blague à ses grands-parents, prétendant qu'on était en panne et qu'on devait aller au sanayi de Riyad ! Incroyable ! Si ça, ce n'est pas de la pensée créatrice ?!

Alors maintenant, interdiction de blaguer sur des pépins à venir ! Nien, verbotten !

Lundi 15 mai 2023. LULLABY : Le foulard.

Maintenant, on est arrivé à Taif (Fiat, en verlan). Dans la banlieue de Taif, il parait qu'il y a des singes sauvages... J'ai hâte de les voir, c'est prévu demain.

La traversée entre Riyad et Taif n'était pas la plus dure, à vrai dire, je ne l'ai même pas captée. C'est allé super vite.

Entre les deux grandes villes, on s'est arrêté à un petit bled et j'ai vu un truc super bizarre…

Pendant qu'on cherchait un resto, j'attendais devant le Béluga et il y avait une voiture garée avec une femme voilée à l'avant et plein d'enfants derrière et la place du conducteur était vide.

Je me suis dit que le père était allé commander de la nourriture au restaurant.

Puis là, je vois un enfant de l'âge de Miel rentrer à la place du conducteur, allumer le moteur et commencer à conduire ! Un enfant conduisait sa maman et ses frères !

Je vous rappelle que l'Arabie Saoudite s'est ouverte au tourisme il y a quelques années, mais avant ça, les femmes n'avaient pas le droit de conduire. Peut-être que ce bled n'était pas au courant de ce changement.

En même temps, quand je vois des femmes voilées jusqu'aux yeux qui conduisent des gros 4x4, ce n'est pas très rassurant (point de vue visibilité). Une fois, j'ai vu une femme entièrement voilée (on ne voyait même pas ses yeux) conduire un gros GMC !

Après ça, j'ai vu conduire une dizaine d'enfants plus jeunes que moi. Depuis qu'on est dans les pays arabes, j'écris beaucoup dans ce carnet. Cette culture m'inspire énormément, les habits, les architectures, les personnes, la langue, les paysages...

Je ne regrette vraiment pas cette deuxième année de voyage ! Et dire que mes parents ont dû insister pour continuer ce voyage alors que moi je voulais rentrer…

Même si l'Europe était incroyable, les pays arabes sont dans une dimension supérieure. C'est aussi l'exotisme qui me donne cette impression, même si tout le monde nous regarde et qu'on a des problèmes mécaniques, je me sens vraiment bien ici. Évidemment, mon pays et mes copains me manquent beaucoup mais je ne suis plus pressé de rentrer.

Quand je vois le parcours, Taif est l'endroit le plus sud de l'Arabie, sur notre route et tout le reste du voyage ne sera que la remontée et le retour vers la France. Je commence déjà à être un peu nostalgique et l'idée que le voyage sera bientôt terminé me fait beaucoup réfléchir. Des questions et des craintes apparaissent peu à peu dans ma tête : la nuit, je recommence à rêver à l'école et je sens que je dois profiter à fond de ces derniers mois incroyables. Le voyage contamine tout le monde car presque tous les amis voyageurs que je connais, voudront voyager à nouveau plus tard.

Au début du voyage, je m'en fichais mais maintenant, je sens que je repartirai découvrir le monde plus tard : ça y est, le voyage m'a contaminé.

Depuis les Émirats, j'ai pu observer le style vestimentaire des locaux (pas des résidents ni des immigrés), les hommes ont des djellabas blanches et un tissu blanc sur la tête (soit attaché en faisant un nœud, soit avec une corde noire). J'adore ce look.

Les femmes sont habillées en noir et portent un voile noir.

Aux Émirats, Oman et Qatar, la plupart des voiles cachaient juste les cheveux mais on voyait le visage. En Arabie Saoudite, toutes les femmes se voilent jusqu'aux yeux.

Ce qui est bizarre c'est, plus les femmes sont voilées, plus elles se maquillent et prennent soin de leur apparence. Tous les yeux des femmes ont du mascara, ce qui fait encore plus ressortir leurs regards. Certaines femmes portent des gants noirs et quand elles les enlèvent, leurs ongles sont vernis et il y a des dessins au henné.

En fait, elles doivent se cacher à l'extérieur mais quand elles sont avec leur mari ou en famille, elles se dévoilent et sont super élégantes : robe de couleurs vives, épaules, bras et jambes découverts, coiffure travaillée. C'est pour ça qu'il y a beaucoup de magasins de maquillage et de jolies robes.

Les hommes, par contre, restent toujours les mêmes. En Iran, sur les portes des maisons, il y avait deux sonnettes. Une petite et aiguë pour la famille proche puis une autre, au son grave, pour les hommes et les étrangers. Quand les femmes entendaient le son grave, elles se voilaient alors que quand il y avait le son aigu, elles restaient comme elles étaient.

J'ai remarqué leur style vestimentaire mais aussi leurs habitudes et comportements. Les femmes détournent le regard, ne parlent pas, tandis que leurs maris nous parlent.

Mais quand on était invité chez eux et qu'elles étaient dévoilées, elles nous parlaient, des fois, même plus que les hommes.

Dans la rue, ils sont confiants et n'ont aucun sac à main ! À part des sacs de magasins de luxe et leur téléphone.

Quand les indiens traversent la route et qu'une voiture approche, ils courent jusqu'au trottoir alors que quand des locaux passent et qu'une voiture arrive, ils regardent au loin et continuent d'avancer au même rythme. J'admire leur attitude confiante.

Mahmood m'avait donné un tissu blanc à mettre sur ma tête et, depuis ce jour-là, je rêvais d'avoir la corde noire qui le maintient. Une simple coûtait entre 7 et 15 €.

Jusqu'à aujourd'hui où une grande coûtait 5 € et une petite 2,50 €, ce qui n'est vraiment pas cher.

Papa m'en a acheté une pour moi. J'ai adoré tellement qu'il est retourné en chercher 3 pour les autres. C'est fou comment une simple corde change notre comportement. Maman me disait de me mettre bien droit car depuis le collège, j'avais tendance à me courber un peu. Maintenant, sans qu'elle ne me dise rien, je me tiens super droit et regarde loin devant moi.

Je n'ai plus peur, non, je suis là et je marche, point final. Et personne ne peut me dire le contraire. C'est magique comment cela booste l'égo. Moi qui étais super timide, je les comprends maintenant. Je suis arrivé à ma phase max ! Je peux plus monter plus haut dans la pyramide, lol.

C'est un des derniers peuples à avoir la majorité des personnes à être habillées en habits traditionnels. Je ne veux pas que ça change. Quand je vois les autres pays européens, américains, asiatiques et même un peu l'Afrique, on est tous habillés en jean's, T-shirt et casquette. On a tellement perdu en classe…

En même temps, pourquoi changer ? La djellaba est super stylée et elle protège de la chaleur. Vraiment, j'adore. Djellaba et foulard avec cordon noir, j'ai tout ce que je voulais. Si je n'avais pas honte, je m'habillerais comme ça en France. C'est vrai, peut-être que je le ferai…

Bon, je vais dormir, j'espère qu'il n'y aura pas de moustiques car, ici, ce sont des moustiques « Ninjas », ils piquent fort et se cachent très bien.

Mardi 16 mai 2023. LULLABY : La Mecque.

Hier, je vous avais dit qu'on allait voir les singes. Eh ben, on a essayé de les voir mais comme le petit village où il y a les singes est le long de la route la plus courte vers la Mecque, elle était réservée uniquement aux musulmans (c'est fou, car cette route n'amène pas qu'à la Mecque mais aussi à Djeddah qui est la deuxième plus grande ville d'Arabie). Surtout que, pour rentrer dans le périphérique de la Mecque, il y a aussi un checkpoint.

La route est nickel et courte (une heure jusqu'à la Mecque) alors qu'il y a une deuxième route jusqu'à Djeddah (deux heures et demie jusqu'à la Mecque) car on peut aussi aller à la Mecque par là. Du coup, la bonne route est interdite aux non-musulmans or l'autre route est nulle ! Elle n'est pas entretenue, donc elle est défoncée, il y a plein de camions car ils sont conduits par des indiens hindous et il y a quelques bagnoles défoncées qui tracent. On a failli faire un accident 3 fois !

On s'est arrêté juste après une station-service qui grouillait de gros cafards volants… Moi, Miel et Taïmoon, on a regardé un chaton tuer au moins 15 cafards ! Et après, il les a mangés.

On s'est donc arrêté à l'entrée du checkpoint et on a marché 20 minutes pour aller voir les babouins. C'était super beau : ils étaient en bande au bord de la route, sur des rochers. On était à 2000 mètres d'altitude. Du coup, il y avait une super belle vue derrière eux. Il y avait des bébés qui s'accrochaient au dos de leur maman. À un moment, il y a eu 2 mâles dominants qui se sont battus...

L'Arabie Saoudite est un pays avec beaucoup de checkpoints, il y a plein d'endroit où il y a des flics ou des militaires qui arrêtent les voitures pour vérifier ce qu'elles transportent et leurs papiers.

Ah, et hier, j'ai eu des moustiques…

Mardi 18 mai 2023. PASCALE :

L'Islam est une religion omniprésente dans le quotidien de ses fidèles. Nous sommes loin du christianisme avec une courte prière murmurée avant chaque repas et une messe le dimanche matin. Et encore, uniquement pour les plus pratiquants.

Tandis que l'Islam, il y a environ 5 prières par jour, à genoux par terre, avec différentes positions, dans une direction bien précise (vers la Mecque) et un réveil à des heures variables, juste pour prier. De plus, il y a un mois de jeûne intense par an, lors du Ramadan. Puis les femmes sont vivement conseillées de se voiler.

Cette religion est au cœur du quotidien : le chant sonore, que nous entendons partout aux moments des prières, rappelle aux musulmans qu'ils doivent s'agenouiller pour prier leur Dieu. Ainsi, deux milliards d'humains se tournent quotidiennement vers Allah et sa pierre noire à la Mecque.

Cette pierre doit être « chargée » d'une énergie incommensurable, vu l'attention qui lui est destinée du soir au matin !

Je suis un peu dubitative par rapport à tout cela car j'aime tellement la liberté et le libre arbitre des humains.

Le rapport homme/femme, sans doute fortement influencé par les sourates du Coran, est plutôt difficile… Les femmes sont ôtées du regard des hommes. Elles sont invisibilisées par leur cape et voile noir. Elles baissent les yeux tout le temps, elles ne parlent pas aux inconnus, ni même aux hommes avec qui leur mari discute.

Au restaurant, elles se cachent avec leur famille dans des « Family rooms » où elles peuvent baisser leur voile pour manger. Dans certains restaurants, elles rentrent par les portes destinées exclusivement aux femmes et il y a d'autres portes réservées aux hommes.

Pourquoi, de tous temps et dans d'innombrables cultures, la femme a-t-elle toujours été considérée comme une personne à cacher du reste du monde et à traiter différemment de ses homologues masculins ?

Je ne cautionne pas non plus à 100 % le mode de vie occidental, je tiens à le rappeler.

Dimanche 21 mai 2023. PASCALE :

Cette nuit, j'ai rempli les déclarations d'impôts en ligne. Comme quoi, même en tant que nomade, les contraintes de la société nous poursuivent.

Nous avons passé trois jours à Djedda, la deuxième plus grande ville d'Arabie Saoudite.

Nous avons visité le vieux quartier. Par contre, le lendemain, on voulait de nouveau trouver un garage pour faire le check-up de notre clim et de l'huile, mais toutes les grandes axes étaient fermées ! Des voitures de flics bloquaient le passage et tout le monde faisait demi-tour...

On avait beau aller par l'Est puis l'Ouest, le quartier était cerné, embouteillé et bloqué. On a appris plus tard qu'il y avait un meeting de 23 rois et dirigeants de différents pays qui venaient pour essayer d'apaiser la guerre en cours et de pacifier les tensions.

Alors, je demandais s'il s'agissait de la guerre d'Arabie Saoudite avec le Yémen ?

– Ah non. C'est pour la guerre en Ukraine. Car l'Arabie a d'excellents rapports avec l'Ukraine et la Russie. Donc ils veulent les aider à trouver un compromis.

Nous étions bloqués dans l'avenue et dès qu'on a pu prendre la tangente, on s'est garé dans la rue d'à côté, pour y passer la nuit.

Ce soir-là, un voisin est venu nous saluer et nous inviter à boire un café chez lui, le lendemain vers onze heures du matin.

Hussain nous a accueilli dans son salon, qui est l'une des dépendances de sa grande maison. Il nous a fait goûter le fameux café saoudien. Sa particularité est d'être vert ou jaune car il n'est pas torréfié. Ainsi, il est moins amer (un goût bien meilleur, selon moi qui n'aime pas le café classique). Ensuite, il y rajoute des grains de cardamome.

Au final, cela ressemble à un thé fort.

Hussain nous a ensuite proposé une ou trois dattes. Pas deux ni quatre. Je pensais que cette tradition ne concernait que la rupture du jeûne lors du Ramadan, mais en fait, il s'agit d'une règle applicable tous les jours.

Il était sympa et curieux de notre parcours, puis il nous a beaucoup parlé de l'Islam auquel il est totalement dévoué. Il avait un discours de droite, voire d'extrême droite…

C'était intéressant de parler avec lui pour comprendre la vision des gens qui pensent à l'opposé de nous.

Il s'est marié à 25 ans avec la femme que ses parents lui ont présentée. Ils se sont vus, ils ont parlé et ont su qu'ils étaient faits l'un pour l'autre. Ils se sont ensuite mariés, ont eu trois filles de 8, 5 et 3 ans.

Malheureusement, ils sont en procédure de divorce depuis quelques mois. Pourquoi ?

– À cause du féminisme, nous répond-il.

Sa femme veut travailler, elle refuse de rester chez elle à s'occuper des enfants, de la maison et de son mari. Hussain est architecte donc il gagne très bien sa vie. Son épouse n'a pas besoin de travailler, pourtant elle désire quand même cela. Il était d'accord et lui avait même trouvé un travail, toutefois il exigeait qu'elle rentre à 14 heures chaque jour, ainsi elle serait prête et disponible pour ses filles et son mari. Or elle voulait rentrer à 17 heures, comme le stipule son planning professionnel.

Pourtant, il paie un domestique pour le ménage, la cuisine et s'occuper des enfants.

Ils n'ont pas trouvé de compromis et sont donc en cours de divorce.

Hussain déteste le féminisme car ce mouvement casse toutes leurs traditions séculaires. Selon lui, les femmes sont obnubilées par leur autonomie, leur indépendance.

Il la traitait comme une princesse, mais elle rejetait ce luxe et ce confort car son épouse préférait travailler.

J'étais épatée : ainsi, de nos jours, la plupart des femmes aspirent tellement à la liberté qu'elles rejettent la vie de reine que leur offre leur mari. C'est plutôt bon signe, non ?

Elles désirent autre chose, plus d'écoute, de respect, d'entraide, d'affection et de liberté. Hussain faisait l'éloge du couple « à vie », en opposition à la société moderne qui pousse au batifolage, à l'inconstance en amour.

Il dit qu'avec une femme, une unique relation, on peut construire une « tour immense » en une vie plutôt que de s'éparpiller dans plusieurs relations amoureuses qui ne permettent pas de construire un seul beau projet.

Marty lui a fait remarquer que pourtant, dans l'Islam, la polygamie est autorisée.

Hussain lui répondit :

– Oui, si tu peux offrir une vie de princesse à chacune de tes femmes, alors oui, bien sûr, on peut avoir plusieurs femmes. Mais il faut leur donner une maison, un salaire et de quoi nourrir les enfants et la vie de famille. Oui, il faut d'abord lui donner un contrat de mariage et de l'argent. Ensuite seulement, on peut avoir son corps et sa beauté.

Il préfère ce genre de relation car « il peut déposer son cœur dans les mains de son épouse », sans être aveuglé par les yeux de l'amour, de la séduction, par définition, changeante. Les coups de foudre cachent les défauts et les caractères différents des deux conjoints. Si on ne prend pas ses précautions, les garçons auront le cœur brisé par des femmes qui ne les aimeront pas vraiment.

Bref, il rejette la modernité et la mondialisation car cela détruit la famille. Or la famille est le socle de la force de l'humain. Une pierre stable et solide sur laquelle construire sa vie. Il a raison sur ce dernier point.

Si les deux parents travaillent, ils se voient moins, ils n'ont plus autant d'affinités ni de temps à consacrer à l'autre.

Hussain n'en démordait pas, l'homme, seul, doit travailler. Il a fait la grimace quand Marty a évoqué le fait qu'une femme pouvait avoir le désir d'être pilote d'avion, par exemple.

Non, les rôles de mari et d'épouse n'étaient pas interchangeables selon les goûts, la personnalité ou même la période de la vie.

Notre hôte disait que puisque l'homme est physiquement et biologiquement différent de la femme, chercher une totale égalité est un leurre, une utopie qui ne peut pas fonctionner. Au contraire, ce duo marche à merveille quand il se complète en apportant chacun ses forces à l'autre.

Pour autant, je connais des femmes beaucoup plus fortes que certains mecs et des hommes faibles et fragiles physiquement. Je connais des femmes qui aiment s'occuper de leur foyer en restant chez elle (dont moi). Et j'en connais qui feraient tout pour travailler à l'extérieur, sans mari et sans enfant. Il existe aussi des hommes qui préfèrent s'occuper des enfants à la maison, sans travailler à l'extérieur.

Selon moi, la question n'est donc pas liée au « genre » mais plutôt au goût personnel et individuel. Du cas par cas, qui n'a rien à voir avec le sexe, ni même avec la société en général.

Voilà tout, chacun peut choisir selon ses envies et affinités, « garçon ou fille » est hors de propos.

Hussain a quand même dit que les hommes étaient plus intelligents que les femmes. Mais qu'elles avaient d'autres qualités que les gars ne possédaient pas ou peu.

Oui, les femmes sembleront plus bêtes que les hommes tant qu'on leur réserve uniquement l'apprentissage des tâches ménagères et qu'on leur interdit l'accès aux études supérieures.

Hussain voulait savoir si on avait lu le Coran (on en avait reçu en Iran, à Oman et en Arabie). Mais non, bien sûr.

Nous n'avons absolument pas le temps, même pour d'autres lectures. Nous regardons à peine un film par mois maximum et nous nous couchons vers minuit tous les soirs, y compris les enfants.

Hussain était très gentil mais on s'est senti face à du prosélytisme. Il voulait nous prouver que l'Islam est la seule vérité.

Souvent, les musulmans disent que leur religion englobe leur spiritualité, leurs habitudes au quotidien et leur hygiène de vie. Mais cette religion, comme tant d'autres, est une religion de « ruche » selon moi. C'est à dire qu'elle efface l'individu au seul profit de la sacro-sainte communauté. Comme si le bonheur de chaque individu ne pouvait pas être compatible avec l'harmonie et la paix d'une société humaine.

Lundi 22 mai 2023. PASCALE :

Les restaurants ! En Arabie Saoudite, les restaurants indiens et pakistanais sont excellents pour nous ! Surtout, ils répondent presque tous à nos critères d'exigence, à savoir : végétarien, « not spicy » et bon marché.

Il y a du riz, souvent plusieurs sortes (blanc, jaune, parfumé), accompagné de dhal aux lentilles jaunes, oranges ou aux gros pois. Et des légumes tels que les combos et autres légumes variés en sauce. Avec cela, ils proposent des galettes de pain sortant du four. Et des concombres, des tomates et des oignons rouges. Un délice qui nous revient moins cher que d'aller acheter des légumes, du riz, de les conserver, les préparer, laver et ranger les assiettes et casseroles…

On en profite car on gagne un temps précieux pour les visites et les découvertes, au lieu de le perdre en préparation culinaire qui finissent souvent dans la nature si j'en ai trop cuisiné car le frigo n'est pas vraiment fonctionnel (surtout avec les températures extérieures actuelles).

Dans les restaurants en Arabie, à Oman et au Qatar, il n'y avait jamais de toilettes ! En revanche, il y a toujours un lavabo pour se laver les mains avant de manger.

On y trouve quelquefois des tables et des chaises, mais la plupart du temps, il y a toujours un coin tapis et coussins pour manger assis. Bien sûr, nos enfants finissent toujours par s'allonger ou faire du catch sur les tapis. Bref, c'est l'heure de partir quand ils s'y mettent…

On mange donc à l'oriental. Depuis l'Iran, on déroule des rouleaux de nappes en plastique et on y dépose les plats et les assiettes.

Hussain à Djeddha, nous avait conseillé un boulanger qui faisait des croissants aussi bons qu'en France. Nous y sommes allés après la visite chez lui (sans lui). En effet, les croissants et pains au chocolat étaient délicieux mais hors de prix ! (3,5 euros la pièce)

On en a mangé un par personne car on voulait goûter pour comparer. De plus, les bons croissants nous manquent.

On a ensuite roulé jusqu'à un restaurant soudanais où nous avons mangé le repas du midi : pain-galette et crêpes cuites à la vapeur, accompagnés de lentilles et de légumes. Au moment de l'addition, nous avons rigolé du contraste en une journée (du croissant à 3,5 € au restaurant à 9 € pour 5). Nous sommes passés de la pâtisserie de luxe hyper chère dans un lieu stylé au bouiboui des travailleurs immigrés africains avec des tables en métal, des murs en carrelage pas très propres et de grosses marmites en alu.

Les deux étaient aussi bons que différents l'un de l'autre.

Nous n'allons plus dans des Malls maintenant, car nous avons une carte SIM pour ce pays, donc nous n'avons plus besoin du Wi-Fi gratuit des centres commerciaux.

En plus, les Malls sont tellement chers qu'on ne peut rien y acheter, excepté si on va dans le supermarché.

Donc on se rend dans les cantines des travailleurs. Eux-mêmes n'y vont pas pour fêter quelque chose de manière exceptionnelle, non. Ils y vont tous les jours pour leur repas du soir ou du midi : un bon plat équilibré.

Bien sûr, je suis toujours la seule femme du restaurant… Il n'y a pas non plus d'enfants. En général, il n'y a pas de « Family room » où nous pourrions aller pour me « cacher du regard des hommes ».

Quand nous étions à Djeddha, un flic dans sa voiture privée est venu nous parler par curiosité, juste avant qu'on ne rentre dans un restaurant. Il parlait un peu anglais. On lui a demandé où on pourrait laver notre linge au kilo à un prix décent. Car ici, les laveries ne lavent qu'à la pièce des djellabas blanches immaculées. Or nous avons deux gros sacs remplis de T-shirts, shorts, caleçons et chaussettes... À la pièce, ça ferait un total de 50 € alors qu'en général, on paie 15 € à la laverie automatique !

On est allé manger et le gentil flic nous attendait à l'extérieur. Quand j'ai voulu payer l'addition, le vendeur m'a dit que le flic avait déjà réglé pour nous ! On est sorti le remercier, puis il nous a guidé avec sa voiture jusqu'à la laverie. Ça restait cher quand même : 35 € pour les deux sacs. Je préférais chercher encore.

Mais le flic a dit :

– Non, c'est bon, ne vous inquiétez pas pour le prix, c'est moi qui offre.

On a refusé mais il a insisté.

On aurait voulu aller discuter avec lui autour d'un thé, toutefois il avait beaucoup de travail les trois jours qui venaient. Donc nous nous sommes dit au revoir.

En effet, il s'agissait des trois jours où tous les flics étaient déployés pour protéger le parcours des 23 rois et présidents !

Le soir même, on se promenait dans le vieux quartier en parlant, quand quelqu'un se met à nous répondre dans un français parfait... C'était un yéménite qui a quitté son pays depuis 20 ans. Il a appris le français au Congo où il vit avec sa femme et son fils.

Là-bas, en Afrique, il est employé de sécurité pour les gens importants de l'ONU. Il s'appelle Amen et on a discuté dans la rue. Comme il était pressé, on s'est échangé nos numéros de téléphone et on s'est dit au revoir.

Le lendemain, il nous a invité à le rejoindre dans un restaurant yéménite de Djeddha, en compagnie de sa femme et de leur fils âgé d'un an.

Ils revenaient tous les trois de la Mecque. Il y va 4 fois par an : tous les trois mois ! Malgré le fait qu'ils habitent au Congo.

Il y a été pour la première fois à 27 ans. Aujourd'hui, il en a 37... Donc il a été 40 fois à la Mecque ! Pour autant, il n'est jamais parvenu à toucher la « Black stone » de la boîte noire, malgré ses différentes tentatives car seuls les mecs ultra baraqués y parviennent en se bousculant.

Il a pu nous expliquer plein de choses. Notamment qu'il est interdit d'aller là-bas avec des habits cousus. C'est pourquoi il y a des kits de tissus éponges (style serviette de plage) blancs, découpés et sans aucune couture.

Les hommes en enroulent une autour de la taille et une autre autour des épaules, attachées par une épingle à nourrice.

Et aussi, soit les mecs se rasent complètement la tête et donnent leurs cheveux, soit ils doivent couper juste une mèche qu'ils offrent à Allah (c'était le cas d'Amen), pareil pour les femmes.

C'était la première fois que leur fils s'y rendait.

Les hommes et les femmes vont dans le même endroit et tourne autour de la boîte noire.

Nos trois enfants lui posaient des questions et participaient à la discussion car Amen parlait français (avec un accent congolais, ce qui était interpellant et sympa !).

Mardi 23 mai 2023. PASCALE :

En ayant quitté Djeddha, nous avons roulé jusqu'à une plage, cela faisait longtemps que nous n'y avions plus été. Il y avait une très jolie côte en bordure de la mer Rouge.
C'était notre premier contact avec cette fameuse mer Rouge ! Bien entendu, son nom n'a rien à voir avec sa couleur, l'eau est bleu turquoise et bleu marine dans les profondeurs.
Des lagons protégés par une barrière de corail font qu'il n'y a pas de vague. La température de l'eau était idéale ! À tel point que Lullaby et moi nous sommes baignés sans la moindre difficulté, la température était vraiment chaude.
Nous avons mis des baskets dans l'eau afin d'aller au-delà de la barrière piquante des boules de corail. Nous devions marcher 15 minutes dans l'eau à bas niveau, jusqu'aux cuisses, avec du sable blanc et plusieurs patates de corail çà et là.
Puis le corail se fit de plus en plus présent, piquant et blessant (d'où les chaussures), jusqu'à devenir un mur qui descendait à pic vers les profondeurs.
Et dans ce mur vertical, une abondante population marine vaquait à ses occupations... C'était incroyable ! Des rascasses noires et blanches, une raie manta, des poissons aux couleurs fluorescentes, des bénitiers ouverts sur leurs lèvres bleues ! Que de beautés !!
Le tout, dans cette eau translucide et bleutée.
Avec cette faible profondeur, c'était très facile de s'y baigner et d'admirer les poissons, même sans tuba.
Nous nagions vraiment parmi ces animaux. Il y avait aussi

la pouponnière à alevins dans les patates de corail du lagon. On se serait cru dans le merveilleux océan d'Avatar 2…

Nous ne passerons pas par Medinah, car il y a trop d'échos négatifs à propos de cette ville et de l'accueil qu'elle réserve aux « non Muslims ».

Plusieurs locaux pensaient même qu'elle était encore fermée, comme l'est la Mecque. Or l'intérêt majeur de cette ville est la Grande Mosquée du prophète Mahomet qui est encore très fortement déconseillée aux non musulmans. Certains voyageurs ont essayé et aucun d'eux n'est parvenu à y entrer.

Donc, vu que notre temps de visite en Arabie est limité, nous préférons aller tout de suite à Al Ula.

Vendredi 26 mai 2023. PASCALE :

La magie d'Al Ula ! Quel lieu enchanteur ! Al Ula : la Perle d'Arabie.

Après 2 jours de route (5 heures par jour), nous sommes arrivés dans ce lieu mythique, semblable au Colorado par ses hautes montagnes rouges en strates que l'eau et le vent ont érodées durant des millénaires.

L'endroit est calme, en paix, peu peuplé. Il y a un peu plus de touristes que lors de nos autres visites en Arabie. D'emblée, nous nous y sentons bien. Du sol de sable émergent de gros blocs oranges, jaunes ou rouges, tels des rochers aux parois verticales.

Marty, qui n'avait plus dessiné depuis un moment, en raison des soucis mécaniques à Riyad et à Djeddha, ainsi que des longues heures de route pour traverser l'immense étendue de ce pays, il s'est enfin remis au travail. Son dernier carnet de croquis se remplit à vitesse grand V. Je compte sur mes parents qu'on retrouve en Jordanie dans 2 semaines, pour lui ramener des cahiers vierges car il reste encore 3 mois de voyage merveilleux à retranscrire en dessin.

Dès notre arrivée à Al Ula, nous avons foncé au Visitor Center du « Winter Park » pour réserver et organiser les trois jours que nous passerons ici.

Les employés étaient adorables et le centre était ouvert jusqu'à 23 heures ! Malheureusement, il faut tout payer en réservant sur des applis en ligne, puis réceptionner nos billets par mail ou WhatsApp… Nous détestons cela, Marty et moi ! Surtout quand on est sur place, face au guichet ! Bref, la modernité du tout numérique n'est pas pratique car nous préférons payer en cash contre un reçu et des tickets en papier.

Hier, nous avons mangé à midi dans un restaurant avec les travailleurs locaux, un régal ! Du riz biriani, deux sortes de lentilles en sauce, des épinards avec des pommes de terre fondantes et des pains galettes chaudement sorties du four, accompagnés de thé au lait crémeux à 50 centimes le gobelet. Total : 12 euros pour 5 personnes.

À un moment, tous les cuisiniers et serveurs se sont retirés dans une pièce où on ne les voyait plus et il ne restait que huit clients dont nous...

En fait, ils s'étaient éclipsés pour la prière et ils avaient fermé la porte du restaurant à clé (avec nous dedans !) afin d'empêcher que les gens ne sortent sans payer ou que d'autres clients ne rentrent. Cet intermède a duré une quinzaine de minutes.

À un moment, nous nous sommes carrément retrouvés seuls car les trois clients bloqués avec nous sont allés prier eux aussi dans la pièce.

Il n'y a pas de toilettes dans ces restos locaux, juste un lavabo. Heureusement que nous n'étions pas pressés par un rendez-vous, ni qu'un des enfants ne devait aller au WC.

Sinon nous aurions été bien embêtés...

La veille, après plus d'une heure au Visitor Center pour confirmer toutes les réservations de nos futures activités, Marty et moi sommes sortis du magasin et nous nous sommes assis sur les marches pour capter le Wi-Fi qu'ils nous avaient passé.

Là, j'entends « Alla Wak Bah » chanté d'une douce façon : il s'agissait des deux vendeurs qui chantaient en priant à genoux, sur leur tapis. Ils avaient attendu qu'on s'en aille pour faire leur prière qui a duré dix minutes.

Après le repas pakistanais à midi, nous avons roulé dix minutes pour trouver un coin calme, sous un palmier, dans l'herbe face aux fabuleuses montagnes que nous apercevons à de multiples endroits dans la ville.

Marty en a fait un dessin, Miel et moi avons fini un devoir d'histoire. Simple et agréable, Miel connaissait déjà beaucoup de choses sur le sujet du cours grâce aux bandes dessinées d'Astérix ! Celles-ci parlent de Jules César, des légionnaires, du pilum, de la Gaule et de Vercingétorix. Cette série est un trésor pour apprendre et se cultiver, tout en s'amusant ! Entre l'intérêt de Miel pour Astérix et sa passion pour la mythologie grecque, il en connaissait un rayon dans ces matières-là.

Après, nous sommes allés au rendez-vous au pied d'une montagne pour que Marty, Lullaby et Miel puissent faire une randonnée en « Via ferrata ».

Ils en avaient déjà fait une à Montpellier et ils avaient adoré !

Le concept de la Via ferrata est simple : chacun possède un baudrier qui est constamment attaché à un câble de fer, lui-même accroché tout au long du parcours dans la roche. Il peut y avoir des passages très compliqués en à-pic, en surplomb ou en pente…

Taïmoon, qui a 8 ans, est trop petit pour ce genre

d'excursion et moi, je n'aime pas les randonnées car cela m'épuise trop par rapport au bonheur que j'en retire. Nous allions donc rester dans le camping-car pendant leur excursion. En outre, c'était cher (50 € par personne).

Toutefois, Taïmoon et moi les avons accompagnés jusqu'au moment du départ.

Les gars de l'accueil et les guides présents s'étonnèrent en nous voyant :

– Pourquoi votre troisième enfant et votre femme ne viennent-ils pas aussi ?

– Car il a 8 ans, c'est trop difficile pour lui.

– Mais non ! dirent-ils en chœur. On l'a fait récemment avec un enfant du même âge et du même gabarit que lui. Il n'y a aucun problème, il peut le faire.

– Mais aussi car le prix est trop élevé pour nous quatre.

– On vous l'offre gratuitement ! Que votre femme et votre fils nous accompagnent !

Là, je n'ai pas réfléchi (ou plutôt, je n'ai pas écouté ma peur) et j'ai accepté avec joie !

Taïmoon aussi avait un peu d'appréhension pour lui-même autant que pour moi...

Alors, j'ai décidé de foncer quand la vie me proposait de dépasser une peur de manière aussi fluide et naturelle.

J'ai donc vite été me préparer dans le véhicule (enlever ma robe et mettre une tenue de sport et des chaussures adéquates). Puis, c'est parti !

Ils nous ont harnachés, mis un casque et briefés sur la marche à suivre.

On a commencé la randonnée pour atteindre le premier point du câble métallique. Nous étions juste tous les cinq et il y avait trois guides pour nous accompagner. Tous très gentils. La vue à 360 degrés était sublime avec le ciel bleu vif. En outre, nous étions toujours dans l'ombre du rocher donc il ne faisait pas trop chaud.

Et vous savez quoi ? C'était beaucoup plus facile que je ne l'aurais cru. Beaucoup plus aisé qu'une longue randonnée qui grimpe jusqu'au sommet. Je m'en rappellerai tellement la vue était incroyable.

Pour Taïmoon aussi, ce fut un jeu d'enfant. Il a tout de suite compris le principe, il était agile et dégourdi. La balade a duré une heure puis nous sommes redescendus en marchant dans la descente, sans les câbles.

Après, nous avons roulé un peu plus loin pour chercher quelques anciens pétroglyphes de dromadaires et d'hommes guerriers qui étaient gravés sur la roche des montagnes.

Nous avons croisé un chamelier sur la route, avec son troupeau de « Kamels ».

On a fait un bout de chemin avec eux, jusqu'au coucher du soleil. Ensuite, nous étions fatigués et affamés. Alors, nous avons mangé dans un excellent restaurant yéménite. Pas de riz, mais du pain-galette dont le diamètre était d'un demi mètre ! Avec des lentilles en sauce parfumées au paprika fumé.

Bon, en revanche, je vérifie toujours l'addition et je calcule le montant avant d'aller à la caisse car souvent il y a des erreurs en leur faveur. Quand on va deux fois au restaurant par jour, à 10 € le repas, avoir entre 1 à 5 € de marge d'erreur, ça fait presque la moitié de la somme du repas que je paye en trop...

Vendredi 26 mai 2023. MARTY :

Enfant au volant.

Dans les bleds de campagne, ou plutôt au milieu du désert, il y a plein d'enfants qui conduisent ! Des enfants garçons, ça va de soi.

En Arabie Saoudite, les femmes ont le droit de conduire

depuis peu. Pour autant, beaucoup de femmes n'ont pas passé le permis.

Il y a donc des garçons de douze ans au volant de voitures avec des femmes assises à côté et derrière. Parfois, ce sont même deux jeunes enfants qui conduisent et personne d'autre dans la voiture ! J'ignore comment ils y arrivent, mais ils y arrivent.

Peut-être que dans quelques années, ce « spectacle » ne sera plus possible dans les rues d'Arabie Saoudite ??

Al Ula.

Al Ula la magnifique ! Merveille parmi les merveilles ! On vient d'y passer trois jours. C'est beau, c'est grand. C'est toute une région.

Un mélange des Météores grecques, de la Cappadoce turque, du Grand Canyon américain, c'est dire si c'est beau ! Des formations rocheuses, des rochers isolés, des canyons et des vallées sur un sol de sable et de dune.

Al Ula est une oasis, des palmeraies un peu partout au milieu des falaises. Et il n'y a pas que la nature qui est belle, il y a aussi un patrimoine historique incroyable : des tombeaux Nabatéens taillés dans les falaises (la « Petra » d'Arabie). Nous irons voir Petra en Jordanie juste après.

Le nouveau prince a promis entre 50 et 100 milliards de dollars pour développer cette région et en faire le site touristique numéro Un ! Un budget quasi-illimité.

Ici, se développe un tourisme de luxe avec de beaux hôtels chics et des excursions chères...

Dans la vieille ville, on ne pouvait même pas se payer une boisson ou un goûter, tout était hors de prix. C'est dommage car c'est très excluant si même la classe moyenne ne peut pas s'offrir de séjours à Al Ula. Quant à nous, nous sommes une anomalie car nous dormons en camping-car, sinon les hôtels sont trop chers pour nous.

Maraya est un bâtiment cubique entièrement recouvert de miroirs. Il s'agit du plus grand bâtiment en miroir du monde ! Cela donne un aperçu de ce à quoi peut ressembler « The Line », la future ville en miroir dans le désert.

Maraya abrite un restaurant 3 étoiles, une salle de concert et d'exposition. Superbe initiative culturelle... Pour les riches.

Ici, il y a de l'art un peu partout dont des sculptures dans de merveilleux paysages.

« Elephant Rock » est un très grand rocher isolé, en forme d'éléphant, avec un trou. Très beau. Pour profiter de sa vue, il y a un café chill et design creusé dans le sol, au pied du rocher.

Je suis sous le charme d'Al Ula ! Ma destination saoudienne préférée. J'aimerais y retourner et y passer plus de temps, me perdre un peu dans ses vallées, dans ce désert et découvrir les belles formations rocheuses.

On s'est fait plaisir ! On a beaucoup dépensé en activités. On le méritait car on s'est tapé beaucoup de route sous la chaleur. Les enfants sont bien courageux, l'Arabie Saoudite, en ce moment, n'est pas facile pour la « van life ». Il n'y a pas grand-chose d'intéressant et beaucoup de route. Ce n'est pas un pays dense. Sauf à Al Ula où il y a une grande proposition de choses à faire :

Via ferrata, Mada'in Saleh (site nabatéen), Egrah, Maraya, des restaurants yéménites et pakistanais, des restos gastronomiques, des cafés chics, Elephant Rock…

Tout ça, en trois jours, ça nous a crevés.

Samedi 27 mai 2023, MARTY :

Tout le monde connaît Petra en Jordanie. Popularisé par Indiana Jones, le site est aujourd'hui envahi par un tourisme de masse.

Peu de gens savent (moi non plus, je vous rassure) qu'il y a des milliers d'années, les mêmes Nabatéens taillaient aussi la roche en Arabie Saoudite (enfin, je veux dire dans un territoire qui s'apparente à l'actuelle Arabie Saoudite, on se comprend). Leur royaume était vaste.

Ici, le tourisme international n'a pas encore dénaturé les lieux. Ce sont quelques moyen-orientaux qui viennent visiter cette région. L'intérêt pour l'histoire pré-islamique est grandissant. Les fouilles sont en cours dans toute la région.

Cet endroit est absolument sublime. L'Arabie Saoudite possède bien des joyaux.

Il y a encore peu de temps, ce pays était fermé au tourisme. Je me sens chanceux de pouvoir le parcourir à ma guise avec mon propre véhicule et découvrir ses trésors (à commencer par ses habitants). J'aimerais pouvoir y trainer davantage mais notre temps est compté. Et les températures montent.

Lundi 29 mai 2023. LULLABY : Le tracteur.

On a fait deux jours de route dans le désert et aujourd'hui, on est rentré dans la zone « Neom », grande comme la Belgique. C'est la zone où il y a « The Line », le port flottant hexagonal et le lac en surplomb.

On a vu le chantier du port de Néom et de The Line. En fait, il n'y a que des camions, des tracteurs et des grues. On a dormi sur une petite plage entourée de travaux. C'est sensé devenir une zone paradisiaque dans dix ans... J'ai du mal à le croire !

Et en cherchant un bon spot pour dormir, on s'est ensablé.

Il y avait moins de la moitié de la roue ensablée. À côté de nous, il y avait des pêcheurs, une Hyundai futuriste et un pick-up Mazda. On est devenus amis, le pick-up nous a tractés et on a un peu réussi à sortir, sauf que le pick-up s'est aussi ensablé !

Il y avait une Toyota FJ Cruiser (4x4) qui passait par là. Ils ont demandé s'ils pouvaient nous tracter. On n'y est pas arrivé et, comme les roues du Béluga tournaient dans le sable sans avancer, on s'est encore plus ensablé… La moitié du pneu sous le sable.

Les amis pêcheurs ont appelé leurs amis car ils étaient tous des travailleurs du chantier.

Là, on voit arriver un super gros tracteur, avec une large pelle derrière. À côté, un bulldozer normal paraissait minuscule...

Ses roues arrivaient en haut de la capucine ! Le conducteur était deux mètres plus haut que ses roues ! Normalement, les pots d'échappement des voitures ne font jamais de fumée, ceux des camions en font un peu quand ils accélèrent alors que le sien était super large (je pourrais rentrer ma tête à l'intérieur) et il y avait toujours un nuage de fumée, même quand il ne faisait rien.

Il avait deux côtés, l'avant avec le moteur grand comme une voiture, et l'arrière, avec une grosse benne pour racler le sol. On a attaché notre câble de traction à l'avant avec le moteur... Ça n'a pas marché et maintenant, on avait trois-quarts de la roue dans le sable !

On a changé de côté et mis l'arrière avec la benne. À peine a-t-il reculé qu'on s'est directement désensablé. C'est tellement puissant ce machin, j'ai quand même flippé que le tracteur ne déchire le camping-car en deux..

Aujourd'hui, la pompe à eau ne fonctionne plus. Elle apportait l'eau aux deux robinets et à la chasse des WC. J'espère qu'on va vite régler ce problème.

Mercredi 31 mai 2023. PASCALE :

C'est le dernier jour de mai et probablement, le dernier jour en Arabie Saoudite car nous sommes à deux heures de route de la frontière jordanienne.

Nous sommes parfaitement à temps sur notre programme pour retrouver mes parents le 6 juin à Amman (Jordanie).

Hier soir, le remplissage de diesel à la pompe était épique !

Déjà, seulement une station sur dix propose du diesel, sinon ils n'ont que de l'essence. L'essence coûte 2,5 SAR (Égal à 0,70 € le litre). Et le diesel coûte 0,80 SAR, donc 0,20 € le litre !

La seule pompe à diesel du village où nous étions hier était surchargée de voitures 4x4 qui en prenaient aussi. Mais surtout, il n'y avait aucun pompiste car c'était l'heure de « Salah » (la prière). Donc on a tous attendu vingt minutes que la prière soit finie. Puis enfin, ils ont commencé à servir le diesel aux voitures. J'ai eu peur car dans le pick-up devant nous, le mec avait 4 bidons de 100 litres chacun à remplir aussi ! Ça aurait duré des plombes. Heureusement, le pompiste lui a dit d'aller dans la file des camions.

Bref, cela nous a pris une heure d'attente pour trois minutes de remplissage.

Alors qu'on était arrivé à 21 heures dans ce village, prêts pour aller manger, on a finalement atteint la cantine pakistanaise vers 22h15. Par contre, le resto était exquis !

Nous avons passé l'après-midi à la plage, face à une vieille épave d'avion échouée sur le sable !

Le « Catalina seeplane » est un hydravion privé datant de 1960, acheté et piloté par un industriel américain qui l'utilisait comme un yacht volant pour visiter le golfe Persique avec sa femme et leurs quatre enfants.

L'américain était amarré sur l'eau quand des militaires

saoudiens les ont pris pour des Israéliens et ont tiré sur eux pendant 40 minutes !

Il n'y a eu aucun mort mais l'avion a été perforé par les balles.

Du coup, il est abandonné par la famille qui fut interrogée par les autorités puis finalement relâchée, néanmoins leur avion était foutu.

Marty y a fait un dessin et quand il a eu fini, des saoudiens sont arrivés. Ils ont sympathisé et nous ont reconduits jusqu'à notre camping-car, à dix minutes en pick-up. La nuit tombait et nous étions venus à pied car la route non bétonnée n'était pas fiable avec ce sable.

Nous étions encore traumatisés par l'ensablement de la veille où il avait fallu plus d'une heure et l'intervention de trois véhicules successifs de plus en plus grands pour nous tirer d'affaire !

En plus, hier soir, le camping-car s'est arrêté d'un coup en pleine montée... Comme si Marty avait calé. Le moteur s'est éteint tout seul. Heureusement, il a redémarré juste après. Nous étions perdus au beau milieu du désert, la nuit.

Puis, sur la route à double sens et sans lampadaire, nous avons entendu un « clonk » en roulant ! C'était la barre transversale décorative de la jante droite qui venait de tomber…

Marty l'avait enlevé pendant l'ensablement et, sans doute, mal remise quand tout fut arrangé. Donc nous avons fait demi-tour pour retrouver la barre et, par chance, nous l'avons retrouvée, un peu cabossée.

Il y a des routes ultra compliquées comme celle-ci ou celle vers le Yémen où nous cumulons quantité d'ennuis.

Bref, on a roulé une heure jusqu'au village où nous allions manger et passer la nuit.

Les gars de l'hydravion qui nous avait ramenés au camping-car, nous ont offert de délicieuses dates moelleuses et du café à la cardamome bien chaud sorti d'un Thermos.

L'ingénieur et son collègue qui nous avaient aidés à sortir du sable, la veille, nous avaient ensuite conviés à leur repas du soir dès que tout fut remis en ordre.

Ils avaient pêché plein de poissons durant leur temps libre, en avaient fait cuire trois dans du riz et des oignons. Le tout, préparé sur une bonbonne de gaz à la plage. Nous avons partagé ce festin qui était le bienvenu après toutes ces émotions.

Étonnement, il y en avait assez pour dix personnes, alors qu'ils n'étaient que deux.

– Pourquoi ? leur a demandé Marty.

– Au cas où nous rencontrions des amis !

Car cette plage se trouve à côté de leur lieu de travail, le chantier « Neom ». Non pas « The Line », mais la construction de routes, bâtiments et lieux touristiques autour de cette eau turquoise.

Le chantier devrait être bien abouti pour 2030 : leur fameuse « Vision 2030 ».

Hier soir, nous avons eu un second problème de moteur éteint, d'un coup, juste en arrivant sur le parking où nous voulions dormir. Donc nous allons encore aller au sanayi pour vérifier ça.

Décidément, notre moteur nous en a fait voir de toutes les couleurs en Arabie Saoudite... Depuis Riyad, puis Jeddah et maintenant à Al Bad, nous sommes stressés et angoissés à l'idée que le moteur ait un souci ! Ça rend notre quotidien compliqué et source de stress. Ce n'est pas une vie ! En plus, la pompe à eau de notre cuve est aussi cassée ! Donc nous nous débrouillons avec un bidon d'eau à robinet manuel posé sur l'évier et avec une bouteille d'eau percée pour tirer la chasse des toilettes…

Jeudi 1 juin 2023. PASCALE :

Hier était une journée intéressante.

Nous avions dormi sur le parking d'un lieu touristique où il y a les mêmes tombes sculptées dans la roche qu'à Hegra (en Arabie Saoudite) ou à Petra (Jordanie). Le site était gratuit, ouvert au public et plus petit que celui d'Hegra qui était gigantesque.

Ici, nous avons pu entrer dans les tombes et grimper sur la petite montagne où elles étaient sculptées.

Ensuite nous sommes partis au Sanay, à la recherche d'un réparateur pour le problème du moteur qui s'éteignait à l'improviste. Nous avons vu trois garages qui, chaque fois, nous en indiquaient un autre un peu plus loin. Finalement, nous avons trouvé le bon !

Un super garagiste avec toute une équipe occupée à réparer des camions. Il y avait deux adultes jumeaux qui se tapaient dessus en jouant, puis ils grimpaient sur le toit d'une bâtisse et se jetaient des cailloux en riant ! Après, ils essayaient le Klaxon bruyant d'un camion.

Il y avait une ambiance de dingue ! Des « clong ! », des discussions... Un vrai petit univers en soi.

En fait, notre moteur était en parfait état, c'était juste un dysfonctionnement électronique qu'il fallait remettre à jour par un électricien qu'ils ont fait venir pour nous.

Quand tout fut en ordre, et la clim révisée, le fils du patron du garage est venu nous voir avec de l'eau, des jus de fruits et des petits pots de glace !

Ses cadeaux tombaient vraiment à point car il était 17 heures et on n'avait mangé qu'un petit déjeuner léger.

Il était super sympa et n'a rien voulu comme paiement ! On a seulement donné 35 € à l'électricien venu pour nous.

Le fils du boss, qui a 25 ans, a 5 mère et belle-mères ! Son père s'est marié 5 fois.

Sur les cinq, l'une d'entre elles est décédée, les deux autres ont divorcé et il est en couple avec les deux dernières actuellement.

Ses épouses lui ont donné 19 enfants dont les âges vont de 10 à 28 ans.

Il nous a dit :

– C'est ainsi en Arabie. Mais je n'aime pas trop, je trouve que c'est vraiment compliqué et que cela engendre beaucoup de tensions… « Big family mean big problem » !

Ils logent tous dans une immense maison avec deux ou trois enfants par chambre.

Lui, il travaille avec son père dans ce garage.

À ce moment, il a reçu un coup de fil d'un ami à qui il avait prêté sa voiture. Ce dernier venait d'avoir un accident. Son ami n'a rien mais la voiture est détruite !

Après cette après-midi passée au Sanay, nous avons enfin pu aller manger. Nous sommes retourné au même restaurant pakistanais que la veille au soir. Avec un bon thé lacté en dessert.

Comme il faisait nuit et qu'il y avait deux heures de route jusqu'à la frontière, nous avons décidé de rester dormir dans ce petit village.

En se garant, on salue un homme qui est dehors avec son jeune fils.

Nous sommes garés devant chez lui et il nous souhaite la bienvenue. Lui et Marty échangent quelques mots. Un autre de ses fils aînés parle parfaitement anglais et nous sert d'intermédiaire.

L'homme nous invite à boire le thé chez lui, suivi d'un repas !

On l'a remercié mais nous sortions du restaurant que nous n'avions même pas pu finir car nous avions pris des jus de fruits frais juste avant...

Mais l'homme n'en démordit pas :

– Vous ne pouvez pas refuser une invitation arabe. Venez !

Nous acceptons avec joie. Nous prenons le thé sur la terrasse devant sa maison. Sa femme est à l'intérieur.

Je suis invitée à manger avec elle et les enfants de moins de dix ans pendant que les hommes mangent avec les enfants plus âgés.

Après le thé apéritif accompagné de dattes partagé sur la terrasse, nous nous séparons. Marty et nos trois enfants vont manger avec lui dans leur grand salon.

Car Abdullah, le fils qui parle anglais, est allé acheter un énorme plat de riz et de chèvre rôtie pour notre venue !

Nous ne savions pas, donc nous ne l'avons pas prévenu du fait que nous étions végétariens. Toutefois, Miel s'est régalé avec la viande et Marty a goûté quelques morceaux pour rendre hommage au plat.

Pendant qu'ils mangeaient au salon, l'épouse, les petits enfants et moi, nous attendions dans le second salon à l'arrière. Quand ils ont eu fini leur repas, on a récupéré le plat. L'ordre était ainsi orchestré : d'abord les hommes adultes, puis le père se lève pour aller chercher les enfants de plus de dix ans. Et quand tout ce petit monde a mangé à sa faim, on apporte ce qui reste pour les femmes et les enfants de moins de dix ans.

Le plat étant énorme, il y en avait encore bien assez mais c'est quand même déconcertant comme façon de faire.

D'autant plus que, d'habitude, c'est précisément la femme qui prépare le repas dont on lui laissera les restes...

Les enfants de plus de dix ans sont calmes et sages, ils savent se tenir à table.

C'est vrai qu'il y avait deux salles, deux ambiances. Le calme et la prestance des hommes assis sur le tapis dans le beau salon. Puis les jeunes enfants qui criaient, pleuraient et roulaient en tricycle avec une sirène de police dans le salon du fond.

Abdullah est venu parler cinq minutes avec nous, pour traduire ce que je souhaitais dire à mon hôte féminin.

Directement, il m'a demandé ma religion. J'ai répondu chrétienne.

Bien que je ne le sois plus, j'ai reçu cette éducation et je ne veux pas trop les offenser en révélant ne croire en aucun Dieu.

Ensuite il m'a demandé ce qu'un chrétien devait faire au quotidien pour honorer son Dieu.

J'ai expliqué qu'il fallait aller à l'église tous les dimanches pour écouter le prêtre durant une heure.

– C'est tout ?!

Il était choqué d'avoir si peu de choses à faire pour satisfaire notre Dieu...

J'ai rajouté que nous pouvions prier avant de manger et avant de dormir, mais sans aucune position obligatoire. Pas de tapis sur le sol dirigé vers un endroit précis, ni de gestes.

Néanmoins, j'ai conclu en disant qu'en réalité, l'essentiel à respecter en tant que chrétien était : « Aime ton prochain. Et fais aux autres ce que tu voudrais qu'on te fasse. »

Abdullah était émerveillé par la simplicité et la clarté du message.

– En fait…, a-t-il conclu, les chrétiens sont donc comme les juifs et les musulmans. L'amour est au centre de leur croyance.

L'épouse n'était pas voilée car les invités masculins n'allaient pas jusqu'à la pièce du fond.

Elle a regretté de n'avoir pas eu le temps de nous préparer un repas traditionnel ce soir-là. Alors, elle nous a réinvités pour le petit déjeuner du lendemain vers dix heures !

Ce matin-là, elle portait le voile car nous devions traverser le salon du fond pour atteindre la terrasse intérieure où le petit déjeuner était installé.

Comme j'allais manger après les hommes et que l'épouse,

bien qu'adorable ne parlait pas un seul mot d'anglais, je n'étais pas pressée de la rejoindre.

La veille, j'avais même eu le temps de prendre une douche dans leur salle de bain, boire un café et montrer quelques photos de l'intérieur du béluga avant de commencer le repas.

Ainsi, je me préparais dans le camping-car quand Miel est venu me chercher pour me dire que j'étais invitée à la terrasse avec les hommes ! C'est à n'y rien comprendre...

Bref, j'y suis allée, j'ai remercié l'épouse en la voyant et j'ai mangé en leur compagnie. Toutefois elle est restée à l'intérieur avec les enfants.

Le fils de huit ans nous a montré deux superbes maquettes qu'il a réalisées à l'école. Une tente de bédouins en tissage de laine, avec matelas, pierres pour le feu de camp, le tout sur une planche d'un mètre carré ! Puis une maisonnette de briques empilées, exactement comme les maisons traditionnelles aux briques apparentes. C'était du beau travail !

Hier soir, entre hommes, Abdullah parlait très bien anglais, néanmoins ce matin, il était épuisé car il avait passé une nuit blanche à discuter sur la terrasse avec un ami.

Aujourd'hui et demain, les enfants n'ont pas école donc ils sont tous là à jouer avec les nôtres. Lullaby a joué aux voitures avec un petit garçon. Chacun d'eux faisait rouler son petit pick-up, soudain le garçonnet a dit en anglais :

– Mosquée !

Il a mis un coussin rouge pour la représenter. Ensuite il disait régulièrement « Sala ». Ce qui signifie « prière ». Alors, ils garaient leurs deux voitures devant la mosquée, attendaient quelques minutes puis poursuivaient leur route !

C'était interpellant de découvrir à quel point leur religion est intégrée jusqu'aux jeux des enfants.

JORDANIE

Vendredi 2 juin 2023. PASCALE :

C'est l'anniversaire de Miel aujourd'hui ! Et c'est aussi notre première journée en Jordanie !

Nous avons passé la frontière de 18h30 à 20 heures. Une heure trente est un excellent timing. Les douaniers jordaniens étaient vraiment gentils et sympas.

Le hasard a fait que nous passions la frontière le jour du « The wedding day » !

Exactement le jour du mariage du prince de Jordanie avec la princesse d'Arabie Saoudite. Nous l'avons su car, à la douane, nous avons reçu des chocolats et de l'eau en cet honneur. Il y avait des affiches avec les fiancés et leur date de mariage : le premier juin 2023. Pile le bon jour !

Il y avait des reportages en direct à la télévision. Nous avons dépensé 200 € à la frontière. Ils ne prennent que du cash : des dinars jordaniens. Un dinar est égal à 1,30 €.

Nous avons donc payé l'assurance auto pour un mois (150 €), la carte SIM pour un mois avec 40 Gigas et 50 € pour le droit de passage du véhicule.

Nous avons ensuite roulé vingt minutes le long du port industriel, avec des cheminées qui crachaient des flammes, des bateaux-usines, des usines et des villes électriques.

Puis nous nous sommes installés dans le parking de la plage pour dormir. Là, il y avait trois jordaniens d'origine turque qui ont discuté avec nous et nous ont offert du thé. J'ai préparé des nouilles chinoises, cela faisait longtemps qu'on en avait pas mangé.

Hier, avant de passer la frontière, nous sommes restés toute la journée avec la famille d'Abdullah. Nous nous sentions bien avec eux, nos enfants jouaient avec les leurs. Nous étions encore avec eux vers 14 heures, nous allions partir mais ils nous ont proposé de rester pour le repas du midi aussi. Nous avons donc accepté.

Le matin, le petit déjeuner traditionnel consiste en un pain-galette et du pain-crêpe. Très bon ! Nous les trempions dans du labneh ou de la feta à l'huile d'olive. Il y avait aussi une grande casserole avec ce pain-crêpe déchiré en petits morceaux et cuit dans une sauce de crème fraîche. C'était délicieux. Le tout, avec du thé et des feuilles de menthe.

Pour le repas du midi, ils ont été acheter des plats pakistanais, exactement ceux que nous prenions d'habitude (deux riz différents et des légumes : petits pois, carottes, pommes de terre, combos sauce tomate, combos mixés en une purée gélatineuse et des galettes de pain).

Cette fois, nous mangions dans le salon des hommes, par terre sur une nappe en plastique.

J'étais embêtée car, comme j'avais mangé la veille avec l'épouse et ce matin, avec les hommes, je devais maintenant choisir avec qui partager ce repas…

J'aimais beaucoup la dame mais la communication sans anglais était impossible or chez les hommes, Abdullah était en pleine forme à présent, il nous traduisait tout. C'était intéressant car il est très ouvert et curieux des mœurs de l'Occident et au mouvement LGBT. Donc, j'ai finalement mangé dans le salon masculin et sans voile.

J'ai demandé à Abdullah si ses parents lui mettaient la pression pour qu'il se marie, vu qu'il a 21 ans.

En effet, ils lui en ont parlé un jour et il leur a répondu d'un ton catégorique :

– Si vous me parlez encore une fois de mariage, je me suicide.

Depuis, ils n'ont plus jamais abordé ce sujet…

Abdullah refuse de se marier.

Sa mère est divorcée de son père, elle habite une grande maison avec ces quatre enfants. Elle ne veut pas se remarier. Elle aime son indépendance ! Elle est directrice de quatre écoles.

J'ai demandé si elle avait une femme de ménage ou quelqu'un pour faire les repas. Il m'a répondu :

– Elle n'a pas besoin d'un mari car elle nous a, mes sœurs et moi. Et elle n'a pas besoin d'aide ménagère puisque c'est moi, son fils, qui gère tous les repas.

D'ailleurs, il a perdu cinq kilos depuis qu'il a pris en main l'alimentation de la famille (plus saine et associée à plus de sport).

Il est fan de chats, il en a quatorze chez sa mère ! Ses chats vivent dehors, dans le jardin. La chatte vient d'ailleurs d'avoir 5 chatons et ils vont tous les garder !

Il y a quelques années, Abdullah avait aussi eu un dindon puis un python qui mordait tout le monde (sans venin), sauf lui. Néanmoins, comme son serpent devenait trop gros, il a dû le revendre.

Nous avions tous bien mangé et nous discutions tranquillement. Soudain, je me suis rappelée l'épouse qui attendait son repas dans le salon du fond...

J'ai dit que j'allais lui apporter moi-même le repas sur un grand plateau.

– Ah oui ! C'est vrai.

Ils avaient tous oublié qu'elle attendait. De plus, il ne restait pas grand-chose... Le riz était terminé et il n'y avait que les combos mixés qui n'avaient eu aucun succès.

Heureusement, il restait des pains-galettes. Je lui ai apporté le plateau.

Elle était seule, elle avait mis une belle robe et patientait.

Comme elle savait que j'avais déjà mangé, elle a directement rangé le plateau dans la cuisine, pour manger plus tard. Mais j'ai insisté, j'ai remis le plateau sur la table basse où nous avions mangé la veille toutes les deux, et je me suis assise avec elle pour lui tenir compagnie pendant qu'elle se restaurait.

Tous les enfants sont venus dans ce salon et c'était sympa. Elle a fait un appel vidéo à sa mère qui était avec sa plus jeune sœur, afin de me présenter.

Je lui ai montré notre parcours depuis la France sur la carte du monde. Ensuite les enfants ont allumé la boule à facettes et le gros baffle de musique dans la petite pièce adjacente. Ils ont dansé. C'était joyeux, nous improvisions une fête !

Ce fut notre dernier jour en Arabie Saoudite et nous l'avons passé avec cette famille adorable.

Il n'y a eu aucune tension ni dispute entre les enfants, or il y en avait huit ! Les leurs et les nôtres. Pourtant les parents n'étaient pas disponibles pour eux car nous bavardions entre adultes.

Leur maison comporte 4 ou 5 vastes pièces néanmoins elle semble assez vide, il y a peu de meubles, peu d'armoires ou d'étagères. Juste un grand écran de télé dans l'un des salons, pour la PlayStation, puis un vélo d'enfant et quelques rares jouets.

Les enfants, qui entreront à l'école à six ans, sont très autonomes. Ils vont voir leur papa et leurs frères aînés dans le salon avec la télévision puis ils reviennent voir leur maman dans l'autre salon puis vont sur la terrasse.

Bref, nous sommes partis vers seize heures. On s'est dit au revoir. D'abord aux hommes et au père, puis j'ai été seule au fond pour dire au revoir à la mère. Elle m'a offert un cadeau d'adieu : un t-shirt et une bouteille de parfum.

Après deux jours passés ensemble, Marty n'a jamais vu la femme qui habite cette maison. C'est interpelant. Comme si elle représentait un trésor secret ou un problème qui doit demeurer caché.

Vraiment, cette tradition séculaire est étrange pour moi.

Mardi 6 juin 2023. PASCALE :

Ce soir, nous retrouvons mes parents. Nous allons les chercher à l'aéroport d'Amman. Pour l'heure, nous sommes encore à Petra où nous sommes arrivés il y a deux jours.

Notre « Jordan Pass » nous offrait l'entrée gratuite (comprise dans le prix d'achat du visa) au site de Petra durant deux jours. Nous l'avons donc découvert à cinq, quant à mes parents, ils prendront un car et un tour opérateur à la journée.

Cet endroit est incroyable de beauté ! Dans une vaste vallée parsemée de montagnes, les Nabatéens ont sculpté des tombes immenses de 40 mètres de haut ! Leurs façades sont monolithiques et sculptées de colonnes, de portes et de coupoles... Elles ressemblent aux immeubles anciens construits en briques, sauf qu'elles sont sculptées directement dans la paroi rocheuse !

Les tombes sont vieilles d'environ 2 400 ans. Elles sont excellemment bien conservées.

La promenade dans ce paysage extraordinaire est longue. Il y a tellement à voir en-bas ou dans les hauteurs. De près ou de loin, c'est grandiose !

La roche en elle-même est déjà exceptionnelle... Aussi belle et colorée que sur l'île d'Hormuz, en Iran.

Les montagnes sont ocres, jaunes ou roses. Vue de près, la pierre est striée de lignes multicolores.

On dirait des tranches de saumon fossilisé. Il y a des cavernes où nous pouvons entrer, peu profondes, elles offrent tout de même une température fraîche.

Le premier jour, nous avons pris un guide en Toyota 4x4. Il nous a amenés en haut de la montagne. Ainsi, il restait 1h30 de marche en pente douce pour atteindre le « Monastery » au sommet. Ce fut magnifique !

Nous avons mangé là-haut et Marty a réalisé un dessin. Nous nous y sentions bien. Ensuite, nous avons entamé la descente durant quatre heures, jusqu'à l'entrée du site. Durant cette descente, nous avons pris un thé et un jus d'orange pressé. Il y avait quantité de monuments à découvrir tout le long du trajet, quelle richesse !

On craignait que ce ne soit le doublon des tombes d'Hégra, en Arabie Saoudite. Mais pas du tout. Déjà, la roche en elle-même est originale grâce aux variations de teintes. Et le site d'emplacement est différent aussi. Ainsi, visiter les deux sites est complémentaire.

Le lendemain, nous avons commencé au point de départ classique, et nous nous sommes promenés dans les lieux. Le ticket nous donnait droit à 800 mètres à dos de cheval. En donnant un pourboire en plus, bien entendu. C'était vraiment sympa de traverser ces paysages à cheval, comme dans un western.

Malheureusement, il y a un point négatif : le traitement réservé aux animaux... Ils avaient l'air maltraité. Les locaux, brusques entre eux autant qu'avec les animaux, n'étaient pas tendres avec les ânes.

Il y avait des dromadaires, des ânes, des chevaux, des meutes de chiens (gentils) et aussi des chats.

Manifestement, des enfants travaillaient aussi en tant que vendeurs auprès des touristes…

Nous avons vu le « Trésor », la plus connue des façades sculptées.

Nous avons bu un jus d'orange, installés dans un café creusé dans la roche. Le lieu était parsemé de matelas, pour s'y asseoir à l'oriental. Nous avons bien discuté pendant que Marty faisait un dessin de cette incroyable vue.

Nous sommes partis du site vers seize heures pour aller voir le musée de Petra (petit et gratuit). Puis nous sommes allés manger dans un restaurant yéménite, dont les prix étaient corrects et proposant des plats végétariens.

Nous avons roulé 45 minutes, histoire de quitter la ville nichée au creux de la vallée. Car les routes étaient vraiment raides, en descente à l'aller et en montée, pour repartir.

Lundi 12 juin 2023. PASCALE :

Nous sommes dans une pinède, garés sous les pins pour bénéficier de leur ombrage.

La route pour y arriver montait et descendait de manière vertigineuse…

La Jordanie possède des reliefs contrastés. Nous avons sorti la table, les chaises et le tapis de pique-nique. Bref, nous nous sommes installés pour l'après-midi.

Mes parents sont avec nous depuis cinq jours, tout se passe à merveille !

Ils se sont adaptés à notre mode de vie et à un rythme plutôt lent.

Nous les avons retrouvés le 7 et non le 6 au soir comme c'était prévu initialement...

Grosse déception pour nous tous lors de ce premier rendez-vous manqué !

Les enfants avaient enfilé leur djellaba et leur kéfié pour les accueillir à l'aéroport d'Amman. Leur avion devait atterrir à 21h20 mais nous avons attendu dans la salle des arrivées pendant deux heures sans qu'ils n'apparaissent. Alors même que nous étions arrivés en retard, vers 21h35.

Papa m'avait écrit par mail qu'ils avaient eu un problème avec le check-in en ligne, qu'ils n'avaient que 50 minutes entre leurs deux vols et qu'ils espéraient que tout irait bien.

Aussi, après une attente de deux heures, sans les voir venir, nous sommes remontés dans le camping-car pour aller dormir un peu plus loin, près de l'aéroport. Nous n'avions reçu aucun message ou appel de leur part.

À 23h50, les enfants couchés dans leur couchette respective, j'ai enfin reçu le mail que Papypoune m'avait envoyé 2 heures plus tôt ! Ils étaient bien arrivés à Amman mais il y avait des files d'attente énormes à la douane car trois avions avaient atterri en même temps.

En outre, leur visa belge possédait un chiffre en trop, ce qui faussait le scan du contrôleur. Ainsi, mes parents allaient d'un guichet à un autre avec, à chaque fois, 20 minutes de queue à refaire ! Une organisation chaotique encore ralentie par des contrôleurs dont l'esprit obtus ne permettait aucune coopération... Ah ! L'administration !

Nous avons finalement pu dormir après s'être fait dégager trois fois car l'aéroport se trouvait dans un domaine militaire. Mes parents, quant à eux, sont sortis de l'aéroport dix minutes après notre départ de la salle d'attente !!

Ils ont pris un taxi pour leur hôtel à Amman. Ils avaient déjà réservé la première nuit de leur séjour, mais pas les autres nuits.

Le lendemain matin, nous avons fait la route vers la capitale (Amman) pour les récupérer devant leur hôtel.

La seule grande route qui y passait était dense et étroite. Cette ville est trop compliquée pour un gros camping-car... Des embouteillages, des rues qui montent et qui descendent, une ville cernée de montagnes constellées d'immeubles et de vieilles maisons partout. Un sacré bordel !

J'ai juste eu le temps de changer des euros en dinars jordaniens (1 € égal 1,30 JD), puis nous sommes allés vers la banlieue de la ville car il y avait un café « Mikel ».

Leurs délicieuses boissons nous manquaient tellement ! Nous l'avons fait découvrir à mes parents. Nous nous sommes installés à la terrasse du Mikel où nous avons passé la première après-midi de retrouvailles.

Le parking était juste à côté, à 2 JD pour la journée.

Cerise sur le gâteau, il y avait justement une laverie proche du café ! Nous en avons profité pour laver notre linge qui fut propre et sec le soir même.

Pendant ce temps, nous avons préparé les visites et les quatre hôtels différents pour mes parents, dont deux où nous allions dormir aussi.

Le soir, ils nous ont invité au restaurant ; nous avons mangé des pâtes à la crème, puis nous les avons déposés pour une nuit dans un autre hôtel, plus accessible pour notre véhicule.

En y allant, nous avons vu que le parking de l'hôtel était parfait pour nous garer et y passer la nuit ! Ce que nous avons fait.

Nous étions donc fin prêts pour les retrouver le lendemain, à midi, au moment de leur check-out.

En route pour découvrir la mer Morte ! Quelle expérience ! Incroyable sensation de se sentir léger comme un bouchon de liège et soutenu par la simple force de l'eau salée !

Mettre ses pieds en contact avec le sol devenait même difficile après s'être s'allongé pour faire la planche...

Nous avons payé le gars qui proposait une paillote avec une table et des chaises sur la plage, ainsi que de l'argile noire issue de cette mer (à étaler sur la peau) et une bonne douche chaude après la baignade (une cuve noire chauffée par le soleil).

Le temps était plutôt couvert quand nous sommes arrivés. Ce n'était pas mal d'avoir une température clémente et un soleil voilé par les nuages. Cela donnait une ambiance étrange à ce lieu déjà très insolite...

La température de l'eau était parfaite. J'y suis entrée sans la moindre difficulté. Quel régal de flotter ainsi ! Il fallait juste éviter tout contact de l'eau avec notre visage, notre bouche et nos yeux, sinon nous aurions dû nous rendre à l'hôpital. Une seule gorgée d'eau de la mer Morte se révélerait mortelle…

Le sol sur lequel nous marchions dans l'eau était recouvert d'une épaisse croûte de sel, d'environ huit centimètres !

On en prenait des morceaux pour les sculpter avec les doigts. Sa texture solide puis fondante était vraiment intéressante. Nous nous sommes ensuite enduits de boue noire que nous avons laissé sécher dix minutes, puis nous sommes retournés dans l'eau salée pour l'enlever.

Nous nous sentions vraiment bien après ces bains et ces soins de la peau ! J'ai adoré !

Les enfants aussi, sauf Lullaby qui avait quelques petites égratignures sur le corps. L'eau salée était piquante à ces endroits-là.

Nous y sommes restés jusqu'au coucher du soleil puis nous avons rejoint l'hôtel où nous dormions tous les sept. Le repas du soir et le petit déjeuner étaient compris dans le prix.

Nous avons mangé au bord de la piscine, les enfants s'y sont baignés le soir.

Il y avait une salle avec un billard et une table avec un palet glissant sur des micro-trous par lesquels passait de l'air. Un super hôtel !

Le lendemain, nous avons roulé environ deux heures pour aller à Jerash où se trouvent de belles ruines romaines incroyablement bien conservées !

J'en ai vues pas mal durant ce voyage de deux ans or ce site est magnifique et très complet : un temple, deux théâtres, des chaussées romaines encadrées de colonnes, de petits arcs de Triomphe et un lieu pour les courses épiques avec des gradins.

Notre deuxième hôtel commun était juste à côté. Nous avons pu nous y rendre à pied en vingt minutes. Heureusement, car le camping-car avait à nouveau du mal à grimper le long des routes obliques !

Le soir, nous avons commandé un repas végétarien à la

cuisinière de l'hôtel. Ce fut un régal (riz jaune, chou-fleur et aubergines grillées parsemées d'amandes grillées). Le tout, accompagné de soupe de lentilles oranges, des concombres, de tomates, de yaourt nature à manger avec le plat et de pastèque en dessert.

Il y avait aussi un billard et le jeu du palet.

Le lendemain fut une journée plus paisible : petit déjeuner (houmous, galettes, omelettes) au restaurant de l'hôtel. Puis, temps-libre jusqu'à seize heures où nous sommes partis à pied dans le village qui côtoyait les ruines romaines. Nous avons bu un jus de fruits dans un petit magasin où le vendeur était trop gentil et d'excellente humeur !

Nous nous sommes un peu baladés dans les ruelles de ce quartier rustique et un peu à l'abandon, bien que dense en population.

Je trouve que le gouvernement de Jordanie, tout comme celui d'Arabie Saoudite, ne s'occupe pas beaucoup de certains quartiers populaires. Excepté les coins huppés et touristiques qui sont flambant neufs, le reste du pays semble délabré (les habitations autant que l'état des routes ou des trottoirs). Mais où vont leurs impôts ?!

Nous avons tranquillement cherché un restaurant où aller le soir car nous avions cinq personnes à fêter ce jour-là ! Tout d'abord, mon père et Marty, car nous étions le dimanche de la fête des pères en Belgique. Puis Miel qui venait de fêter son anniversaire de 12 ans, le 2 juin, et Lullaby qui allait fêter le sien le 22 juin. Puis finalement Taïmoon car il avait fini le jour même toutes ses évaluations du CNED.

Le voici donc officiellement en vacances !

Nous avons trouvé un très beau restaurant en plein air, où une petite rivière coulait de haut en bas du mur du jardin. Elle descendait en cascade joliment décorée, et des oies pataugeaient dans l'eau. Il y avait même une roue à eau et d'autres éléments de décors.

Nous avons pris une table pour sept personnes sous une pergola abritée d'un rideau translucide. Ce fut vraiment un très joli cadre !

Après ce bon repas, nous sommes rentrés à l'hôtel en trente minutes de marche. C'était notre troisième et dernière nuit dans cet hôtel nommé « Full Panorama Jerash ».

Le lendemain, nous avons pris la route pour rejoindre le dernier hôtel de mes parents, près de l'aéroport d'Amman. Ils y passeraient deux nuits avant leur départ.

Il y avait des terrains vagues à côté pour garer notre camping-car. Sur la route pour rejoindre leur hôtel, nous nous sommes arrêtés dans une pinède légèrement en pente pour y passer l'après-midi.

Nous avons mangé des fraises, des figues fraîches et des pêches pendant que je préparais le repas du soir.

Là-bas, c'était tranquille et calme, malgré les sacs en plastique un peu partout sur le sol...

Les trois enfants ont pu lire à leurs grand-parents leur BD récemment commencée.

Taïmoon avait plusieurs tomes à leur faire découvrir ! Marty a installé le hamac, le tapis de pique-nique et la table extérieure.

Une parenthèse de verdure et de repos pour mes parents, avant leur grosse journée de visite à Petra qui avait lieu le lendemain.

Nous ne les reverrons donc qu'après leur retour de Petra.

Ils ont trouvé un guide pour les conduire en personne au site de Petra. Celui-ci passera la journée avec eux jusqu'au soir.

Et demain, ils reprennent déjà leur avion pour Bruxelles.

Leur venue, une fois par an, durant notre périple de deux années a été vraiment appréciée par nous tous ! Les enfants s'entendent à merveille avec eux et aiment passer du temps en leur compagnie.

Notre découverte de la Jordanie touche à sa fin et nous

préparons le pays suivant. Nous avions prévu l'Irak depuis longtemps toutefois, depuis que nous avons eu des problèmes de moteur en Arabie, nous avons envie de privilégier la sécurité... Or l'Irak est le second pays « galère » du voyage, après l'Iran.

Le passage de sa frontière nécessite une journée complète, tellement elle est compliquée. Ensuite, une escorte de véhicules militaires nous sera imposée durant plusieurs jours, dont l'attente entre deux blindés peut durer jusqu'à cinq heures !

En Irak, ils n'acceptent que le cash et que les dollars (même pas les euros, à priori). Impossible de faire des paiements ou des retraits avec une carte visa.

L'ambiance est tendue là-bas. En outre, malheureusement, beaucoup de merveilles architecturales ont été détruites ces derniers temps.

Bref, c'est galère et il y a peu de contreparties positives, au contraire de l'Iran.

Nous devons rejoindre Istanbul pour prendre l'avion vers la Belgique, prévu le premier août. Or nous sommes le treize juillet, il ne faut donc pas trop traîner.

Actuellement, la Syrie est interdite aux touristes, en raison de la guerre qui s'y déroule.

Il reste cependant une troisième option : Israël, ensuite envoyer notre camping-car par bateau à Mersin (Turquie). En parallèle, nous devrions prendre l'avion pour Antalya et rejoindre le port d'arrivée (Mersin) par bus. Galère et cher : 4000 € en tout ?

Mais c'est plus sûr et rapide que l'Irak.

Nous sommes donc en questionnement à ce sujet. De toute manière, j'aimerais visiter Jérusalem, il parait que c'est incroyable ! En plus, cela serait idéal car mon prochain roman (le tome 2 de « La Licorne de Nazareth ») se déroule en Israël. Or ce serait un véritable atout de pouvoir ressentir

l'ambiance et l'atmosphère si particulière de ce lieu mythique...
À suivre donc.

Mercredi 14 juin 2023. MIEL : Petra !

Petra, c'était trop beau !
Nous avons eu deux jours sur place.
Le premier, on a pris un 4x4 jusqu'à l'arrière de la balade (en gros, on a économisé l'aller de quatre heures). Du coup, on a marché jusqu'au plus grand temple.
Le second jour, la marche a duré quatre heures.

Jeudi 15 juin 2023. PASCALE :

Nous avons changé d'avis. Encore une fois. En fait, passer par Israël ou par l'Irak est de toute façon très galère ! Un passage en douane compliqué et long dans les deux cas. Or, faire prendre le ferry au camping-car pendant que nous prenons l'avion jusqu'à Antalya, puis le car jusqu'à Mesrin est vraiment cher et plus complexe que de traverser l'Irak en changeant de convois militaires toutes les cinq heures. Au moins, en choisissant l'Irak, ce sera trois fois moins cher au total !
Donc nous reprenons notre première idée : celle de rentrer par l'Irak après la Jordanie.
Hafsa et Serge que nous avions rencontrés en Iran, à Tabriz, et revus quelquefois par la suite, sont passés par là, il y a un mois. Donc, Hafsa nous a gentiment donné toutes les infos et bons tuyaux pour l'Irak. En nous conseillant même d'aller à Bagdad !
C'est vrai que si nous n'allons pas en Irak maintenant, nous

n'irons jamais. Tandis qu'Israël est accessible, et même plus facile en avion qu'avec un camping-car, ce sera donc pour un prochain voyage.

Nous finissons de changer des euros en dollars mais aussi des dinars jordaniens en dollars et en iraqis (monnaie irakienne). Nous allons aussi récupérer la bouteille de gaz, pleine, que nous avions laissé, vide, dans un magasin.

Mauvaise nouvelle : mon téléphone portable ne fonctionne plus donc il est en réparation dans un magasin de portables. Dans une heure, je saurai s'il est réparé et, si non, j'en achèterai un nouveau.

Heureusement que cela m'arrive en Jordanie plutôt qu'en Irak !

Hafsa et Serge, justement, sont en Turquie, à l'hôtel, car leur super van neuf a eu une panne de moteur... Or, malgré le fait qu'ils soient en Turquie, aucun garagiste ne parvient à le réparer car ce moteur est trop moderne, trop complexe. Ce n'est plus de la mécanique, c'est de l'électronique !

En conclusion, ils vont se faire rapatrier vers la France ce week-end. Ils étaient sur le chemin du retour, ainsi ils auront juste un mois d'avance sur leur programme. Ils vont bosser un an pour épargner et racheter un nouveau camion.

Nous avons aussi eu des nouvelles de Mika et Mélissa qui étaient rentrés en France pour préparer leur nouveau voyage. Ça y est : ils sont repartis en Amérique du Sud depuis quelques mois. Ils se régalent de cette traversée du Mexique !

Ils découvrent les pyramides Maya, les bains d'eau de soufre... Bref, après un hiver de pause en France, ils sont repartis plein d'énergie !

Deux heures plus tard :

Voilà, le vendeur n'a pas réussi à réparer mon téléphone âgé de cinq ans.

Donc j'en ai racheté un à 120 DJ (150 €). Ainsi, je suis prête pour la suite du voyage.

J'ai eu de la chance car demain, les magasins sont fermés puisque c'est vendredi, leur week-end.

Nous sommes à cinq heures GPS de la frontière irakienne. Nous ferons la route demain après-midi.

Jeudi 15 juin 2023, MARTY :

Les parents de Pascale nous ont rejoints une semaine en Jordanie. Pendant toute la semaine, j'ai eu la gastro... C'est somatique, docteur ?

Pourtant, j'étais content qu'ils viennent, je n'avais pas de souci avec ça. Mais peut-être est-ce dû au stress ? Ça faisait des semaines qu'on pense à ce rendez-vous, il a défini notre programme.

Et j'avais aussi un peu la pression d'organiser le programme de la semaine. Ce que je n'ai pas dû faire au final.

En tout cas, le jour de leur départ, par magie, mes intestins allaient mieux !

Irak, préparatifs :

Voilà trois jours que nous sommes à Amman, après avoir quitté les grands-parents des enfants. Trois jours que nous préparons notre prochain passage en Irak. Merci Hafsa, tu assures !

Notre amie Hafsa a traversé l'Irak le mois passé. Par message WhatsApp, elle nous a donné plein de conseils pour le passage de la frontière. Elle nous a aussi donné plein de lieux intéressants à aller voir dans ce drôle de pays. Elle a adoré l'Irak et nous a bien motivés à le visiter. Ainsi que le Kurdistan. Elle est aussi tombée amoureuse de la capitale, Bagdad.

Nos amis Richad et Enora (rencontrés à Oman) sont en ce moment en Irak et eux aussi l'adorent.

À Amman, nous avons fait du change, des lessives de linge, acheté un nouveau téléphone pour Pascale, essayé de faire remplir notre bouteille de gaz, fait le plein d'eau...

Nous sommes parés ! En avant moussaillon, nous levons l'ancre !

Samedi 17 juin 2023. LULLABY : L'Irak.

C'est faux, nous ne levons pas l'ancre ! Nous avons retardé d'un jour notre départ d'Amman. On a regardé « La Petite Sirène » en film 3D au cinéma. Oui, c'était très cool.

On est parti à dix-huit heures aujourd'hui, pour rouler deux heures et on s'est garé dans le parking d'un « Visitor Center » avec un ancien hammam décoré de peintures qui ressemblent à des peintures chrétiennes orthodoxes.

Demain, on fera une grosse journée de route pour dormir devant la frontière pour traverser la première partie de l'Irak dans un convoi militaire (Humvee et véhicules blindés…).

Le trajet n'est pas très long mais on doit changer de convoi chaque dix kilomètres. Je sais que le temps d'attente chez les militaires étrangers, ça peut être très long et difficile.

L'Irak, ce n'est pas n'importe quel pays, c'est le dernier pays que nous allons découvrir durant notre voyage.

Quand je pense que le voyage touche à sa fin et que, dans deux mois, je serai assis toute la journée à écouter un prof nous expliquer des trucs...

Je suis partagé entre l'excitation, l'impatience, la peur et le regret !

Je fêterai mon anniversaire de quinze ans en Irak, ce sera bizarre comme anniversaire... Le premier était à Santorin (Grèce) et le deuxième, en Irak !

J'adore les véhicules militaires car j'adore leur style brut et solide. J'adore qu'ils soient 4x4, gros et puissants.

Je me réjouis d'en voir nous convoyer en Irak. Mais en fait, à quoi servent-ils ? À faire régner l'ordre ? À protéger ?... À tuer ?

Je suis troublé devant une machine de guerre qui a tué, tue et tueras plein de personnes : cela a un aspect angoissant. De tous les pays, l'Irak est celui où j'ai le plus peur... Peur de la guerre et de la mort. Pour me rassurer, tous nos amis voyageurs qui y sont allés ou y sont en ce moment, ont adoré. Je sais que, comme l'Iran, ça va être super intéressant et me laissera plein de souvenirs.

Après l'Irak, on retourne en Turquie.

Quand on me dit ça, la Turquie est pour moi un endroit familier, amical.

D'ailleurs, quand on était à Oman, on hésitait à retourner aux Émirats ou à aller en Arabie Saoudite.

Pour moi, les Émirats étaient réconfortants, comme si je connaissais déjà tout et que c'était ma maison. Ce n'est pas certains pays qui me font cet effet-là, mais tous. Tous ceux qu'on a déjà visités !

Quand j'étais en France, l'Italie me semblait le bout du monde et quand j'étais enfin en Italie, je me disais jusqu'ici tout va bien mais après, on s'éloignera vraiment... Je ne connaissais pas le futur trajet.

En Albanie, j'avais peur de la Turquie, qui était la sortie de l'Europe et la porte vers le nouveau monde. À chaque fois, les pays déjà traversés me semblaient faciles et familiers mais les prochains pays étaient angoissants et dangereux.

Dimanche 18 juin 2023, MARTY :

Nous dormons ce soir proche de la frontière irakienne. Comme d'habitude nous avons traîné aujourd'hui. Nous avons levé l'ancre à quinze heures puis mangé dans le premier patelin : al'Azraq. Nous avons trouvé un super restaurant yéménite, comme il y en avait plein en Arabie Saoudite, et aussi un très bon à Amman. Ça nous rappelle notre ami yéménite Amen.

Le patelin de cette nuit est un peu glauque, il nous fait penser à la bande dessinée de « L'arabe du futur » de Riad Sattouf. Lullaby en a fait un dessin : un vieux camion déglingué et des maisons pétées.

Lullaby était devant, avec moi, dans le Béluga et s'étonnait d'être encore dépaysé après presque deux ans de voyage !

Eh oui, le fin fond de la Jordanie, c'est bien dépaysant... Petit bout de territoire de désert coincé entre la Syrie, l'Irak et l'Arabie Saoudite.

Demain, nous entrons en Irak, ça nous fait quelque chose.

On avait beaucoup hésité, on en a beaucoup parlé, pesé le pour et le contre. Mais maintenant notre décision est prise. Hafsa nous a donné beaucoup de conseils, je me sens prêt !

Après le passage frontière, nous roulerons avec une escorte militaire jusqu'à Bagdad. L'armée est là pour nous protéger, contrairement à l'Iran où nous ne pouvions pas faire confiance aux flics.

Ce soir, dans le dernier bled jordanien, nous avons demandé la protection de deux gros véhicules blindés. Ils veilleront à notre sécurité car un type sympa, rencontré à la pompe à essence, nous a mis en garde contre les gars du coin… Ils sont « not good », en faisant « toc toc » sur sa tête.

Nous avons donc ces anges gardiens (les deux véhicules blindés) qui veillent 24 heures sur 24. Nous pouvons nous endormir, demain va être une longue journée.

Ce qui est bizarre aussi pour nous, c'est que l'Irak est le dernier grand pays inconnu. Après l'Irak et le Kurdistan, ça sera retour en Turquie où on se sent à la maison. La boucle du Moyen-Orient se termine bientôt. Un dernier pays et c'est bouclé !

Alors oui, cela donne un petit pincement au cœur.

Heureusement que l'Irak est un beau gros morceau, très dépaysant.

Mes parents savent depuis longtemps que nous passerons en Irak, ce n'est pas un souci pour eux. Mon père a même vu la vidéo des « Marioles Trotters » sur leur traversée de l'Irak.

Par contre, les parents de Pascale sont plus inquiets. Ils préféreraient nous voir passer par Israël et prendre le bateau.

« Zone de guerre. »

Demain, nous entrerons dans une des parties les plus "délicates" de notre parcours : l'Irak.

La première route, de la frontière Jordanienne jusqu'à Bagdad se fera sous escorte militaire car la zone du désert de Syrie (qui n'est pas qu'en Syrie) est considérée comme dangereuse.

Rassurez-vous, nous serons en sécurité, accompagnés par des véhicules blindés.

Cette route était fermée il y a quelques temps mais l'armée irakienne a fait reculer Daesh et la route a pu réouvrir, et avec elle, le commerce avec la Jordanie et la mer Rouge.

Doucement, l'Irak se remet sur pied après des années de conflits. C'est donc cette Irak renaissante que nous allons découvrir. Nous avons longuement réfléchi à la situation et la faisabilité de la traversée de l'Irak et du Kurdistan. Depuis des mois, nous avons écouté les avis d'amis voyageurs, avec et sans enfant, qui ont pratiqué cette route avant nous. Nous nous sommes bien renseignés, notre décision est prise et elle est bien réfléchie : l'Irak et le Kurdistan feront partie de notre parcours, de notre aventure familiale.

Contrairement à l'Iran (où on ne pouvait pas faire confiance aux flics), ici, nous pourrons communiquer sans risque, l'état irakien est de notre côté et souhaite la sécurité des rares touristes de passage.

Les flics veulent notre bien et rien que ça, c'est un énorme soulagement. Dès que nous serons passés en zone pacifiée et que nous pourrons acheter une carte SIM locale, je donnerai des nouvelles par internet. D'ici deux ou trois jours.

J'ai hâte de vous partager des images de ce pays méconnu !

IRAK

Lundi 19 juin 2023, PASCALE :

Nous venons d'arriver à la frontière Jordanie-Irak, il est 9h30. Nous nous sommes levés vers 8 heures.

Hier, nous avions roulé toute la journée. Et nous nous étions arrêtés juste après le coucher du soleil à une station essence. La dernière avant la frontière.

Nous avons regardé le film « Poulet aux prunes » réalisé par l'iranienne Marjane Satrapi, joli film mais complètement dépressif. Il me semblait plus joyeux dans mon souvenir.

La veille, nous avions dormi près d'un vieux hammam où nous étions arrivés le soir, vers 21 heures. Il y avait uniquement le vendeur de souvenirs. Il est venu nous parler et nous proposer de boire un thé dans son magasin, gratuitement. Nous avons d'abord été voir l'extérieur du hammam, car à cette heure, il était fermé.

Puis, on est allé dans la grande tente du vendeur, pour déguster le thé dans son salon à l'oriental.

Nous lui avons demandé si l'intérieur du hammam serait ouvert le lendemain, en guise de réponse, il a brandi les clés ! Il nous invitait à voir l'intérieur même s'il faisait nuit !

Nous avons pris nos lampes frontales et nous sommes allés avec lui pour découvrir les peintures moyenâgeuses au plafond.

La nuit, il y avait une ambiance incroyable, juste entre nous, avec les lampes frontales dans un lieu sombre... Il y avait quatre pièces différentes avec des voûtes décorées. Ce n'était ni des mosaïques ni de l'art musulman. Il s'agissait de fresques murales en couleurs représentant des femmes et des hommes. Il y avait même quelques femmes nues et un ours qui jouait de la guitare. Très original !

Nous étions comme des archéologues qui découvraient un lieu inconnu !

Ce hammam était perdu dans le désert jordanien, sur la route vers l'Irak.

Le lendemain, la ronde des cars touristiques a commencé. Cela n'a pas arrêté : toute la matinée, des cars arrivaient et repartaient vingt minutes plus tard. J'étais heureuse de voir que ce lieu vivait grâce aux curieux qui se déplaçaient jusque là pour le découvrir.

… Neuf heures plus tard.

Il est treize heures et ça y est, nous sommes sortis de la douane irakienne !!

Nous voilà donc en Irak. Une heure pour quitter la Jordanie et 2h30 pour toutes les formalités de l'entrée en Irak (Assurance auto d'un mois à 105 dollars, 5 x 75 dollars de visa, 25 jordans dinars pour la sortie du véhicule et 10 jordans dinars par personne pour quitter la Jordanie.)

Bref, ces formalités sont aussi des prétextes pour nous soutirer de l'argent...

Au moins, c'était plus rapide que je ne l'aurais cru. Nous sommes maintenant arrêtés au premier checkpoint irakien, cinq minutes après la sortie de la frontière.

Nous attendons le convoi militaire qui fera une partie de la route avec nous. Nous sommes à huit heures de route GPS de Bagdad.

Même jour, MARTY :

Nous sommes en Irak !

Nous dormons au milieu du « désert de Syrie ». Quelle grande journée fatigante ! Mais quel succès aussi ! Le passage frontière s'est effectué sans souci, plus rapidement que ce que je craignais. Serge et Hafsa ont mis neuf heures pour passer cette frontière alors que nous, 3h30 au total (sortie Jordanie et entrée en Irak).

Donc nous avons pu prendre la route avec le convoi militaire dès quatorze heures.

À vingt heures, nous nous arrêtons au bord de la route, avec convoi, et nous dormons à un checkpoint, accompagnés d'autres camionneurs. La route s'est très bien passée.

Nous avons maintenant une grande collection de « selfies » avec les militaires !

Onze véhicules différents nous ont assistés, les uns après les autres... Et tous les militaires irakiens sont adorables. Nous avons eu de l'eau et des canettes. Je ressens qu'ils sont là pour nous, à notre service et pour assurer notre sécurité. Ils sont vraiment de notre côté, en amis.

Ce sont des héros de guerre. Ils se sont battus contre Daesh et les ont faits reculer, puis sortir de l'Irak. Les véhicules portent des traces de combat : impacts de balles dans les vitres et les carrosseries. Ça a bardé dans le coin ! Toute la région porte les stigmates de la guerre, c'est dingue le nombre de véhicules calcinés au bord de la route, carcasses de camions et de bus. Pour l'instant, ce qu'on voit de l'Irak, niveau paysage, c'est un désert avec des ruines. Bâtiments éventrés, ponts écroulés, camions brûlés... C'est un pays en cendre que nous découvrons.

Je ne nous sens pas en danger, il y a une grande présence militaire déployée le long de cette route. Il y a toujours dans notre champ de vision un véhicule blindé ou un camp fortifié.

Ça n'arrête pas tout le long du chemin, sur des centaines de kilomètres. Nous sommes dans une zone de guerre, pacifiée mais au prix d'une forte présence armée.

Suite du récit, PASCALE :

Six heures plus tard.

Voilà une bonne étape de faite !

Marty a roulé toute l'après-midi en suivant les onze voitures militaires qui nous servaient de convoi.

Les enfants étaient aux anges car ils adorent les voitures :

En Italie, ce furent les « Fiat 500 » et les Vespa. Au Kosovo, les Ferrari et Porsche Cayenne.

En Iran, c'étaient les « 405 » et les Blue Nissan. En Turquie, les gros camions décorés et leurs enjoliveurs aux roues.

À Dubaï, les enfants adoraient les Ferrari, les Lamborghini, les Rolls Royce.

Ensuite au Qatar, c'étaient les Landes Cruiser. En Arabie Saoudite, les pick-up Hilux et FG Cruiser.

En Jordanie, les vans, les Tesla et les Toyota. Et en Irak, ce sont les Humvee et les véhicules militaires. Alors, suivre ce genre de véhicules de près pendant des heures, cela enchante les enfants.

À chaque changement de véhicule, c'était au tour d'un des trois enfants de s'asseoir devant, côté passager.

En venant par l'Irak, on a vraiment bien choisi ! La frontière était à peine plus longue que d'ordinaire, nous avons super bien roulé aujourd'hui car l'enchaînement du convoi était très bien rodé. Nous avons attendu minimum dix minutes entre deux véhicules. En plus, nous venons d'économiser 4000 € en ne prenant pas le shipping, ni les cinq places d'avion pour retrouver le camping-car au port d'arrivée en

Turquie, ni le car qui devait nous y conduire ni les hôtels…

Nous sommes partis avec un jour de retard sur notre planning prévu en Jordanie, car nous avons craqué pour une séance de cinéma 3D au « City Mall ».

Nous avons vu « La Petite Sirène » en film. Encore une thématique aquatique, après deux fois « Avatar 2 », nous replongeons dans deux heures d'eau turquoise paradisiaque.

Nous voilà prêts pour dormir à côté d'un pont, en compagnie de camions et de militaires qui monteront la garde toute la nuit. Demain, réveil à 8h15, car à 9 heures, nous avons rendez-vous avec la seconde partie du convoi pour atteindre Bagdad.

Mardi 20 juin 2023, PASCALE :

Eh non ! Finalement, ils nous ont réveillés à sept heures du matin pour nous demander de les suivre en camping-car...

On a roulé dix minutes derrière la voiture de flics, puis ils nous ont dit de continuer sans eux jusqu'au prochain checkpoint. Nous avons roulé une heure seuls, puis avons pris de l'essence (0,25 € le litre, donc 20 € le plein de 80 litres !).

Ici 1 € = 1 500 iraqis.

Puis nous avons attendu le treizième convoi pendant une heure, sous un pont.

Il n'y a qu'une unique route depuis la frontière, une ligne droite à suivre sans GPS.

Au-dessus d'elle, régulièrement, un pont devenu inutile car plus aucune route ne le traverse... Ces ponts sont changés en checkpoints : en mirador !

Ils sont bloqués à l'entrée et à la sortie par des murs de sacs empilés, avec quelques militaires qui font le guet.

Jeudi 22 juin 2023, PASCALE :

Aujourd'hui est l'anniversaire de Lullaby ! Il a quinze ans et nous l'avons fêté dans notre « famille » irakienne. Le sens de l'accueil des gens de la péninsule arabique est incroyable ! Nous nous sommes rencontrés à la pompe à essence d'une autoroute, nous avons échangé nos numéros WhatsApp et il nous a invités à passer chez eux. Ce que nous avons fait à Ramadi, dans la famille d'Azam et Bilal.

Nous nous y sentons tellement bien que nous y sommes restés deux jours.

Comme pour la famille juste avant la frontière d'Arabie Saoudite, les femmes vont avec les femmes et les hommes restent entre eux. Mais cette fois-ci, ce n'était pas la même ambiance côté femmes, car elles étaient nombreuses.

Je ne peux m'empêcher d'imaginer que si j'habitais ce pays, je serais toujours toute seule car mes trois fils iraient avec leur père, côté hommes…

Le patriarche de la famille est mort il y a six mois. Il était marié à trois femmes avec qui il a eu 17 enfants (12 garçons et 5 filles, dont Azam et Bilal).

J'étais avec les deux épouses du père et leurs six enfants. Elles étaient très contentes de voir une étrangère même si aucune d'entre elles ne parlait anglais.

Marty et les garçons étaient avec les hommes dans un autre salon. Leur maison était immense et belle ! Alors que la guerre en a détruit le deuxième étage, il reste encore six grandes pièces au rez-de-chaussée. Dont une, qui est exclusivement réservée aux hommes : je n'y ai donc jamais été.

À nouveau, tout le monde était bien d'accord pour que j'aille manger avec les hommes. Vu qu'il était impossible de communiquer avec les femmes. D'ailleurs, même avec les garçons, ce fut presque impossible. Car un seul d'entre eux parlait anglais : Azam. Il a vingt-deux ans et il est étudiant pour devenir dentiste.

Vendredi 23 juin 2023, PASCALE :

Ayant été interrompue à maintes reprises dans la rédaction du journal, je continue aujourd'hui.

En effet, chaque fois qu'on s'arrêtait pour la relève des voitures de flics, j'en profitais pour écrire quelques lignes. Nous sommes partis à 18 heures, avec Azam et Bilal, jusqu'au poste de police pour poursuivre la route de Ramadi à Bagdad. Ils nous ont dit au revoir quand la première voiture était prête à prendre le convoi.

Ce jour-là, c'était très énervant car on roulait trois à cinq minutes puis on s'arrêtait et d'autres flics ou militaires prenaient le relais. L'attente, de 10 à 15 minutes, était donc plus longue que le chemin parcouru à chaque fois…

Au final, ce fut éprouvant mais pratique car nous n'avions qu'à les suivre sans se soucier du chemin à prendre.

Il n'y avait pas d'éclairage sur la route, elle était plutôt cabossée et en travaux. Donc des contre-allées et des déviations. Bref, ce fut compliqué.

Quand nous avons enfin rejoint la grande autoroute, vers 20 heures, les policiers nous ont dit que nous étions libres à présent, plus besoin de convoi.

Nous avons roulé quarante minutes jusqu'au parking « The Palms » à Bagdad. Là, nous avons éteint le moteur et nous ne le rallumerons plus avant longtemps !

Quel enfer, cette circulation ! Quel bordel, personne ne mettait son clignotant, aucune bande blanche tracée par terre et des bouchons comme aux heures de pointe…

Marty était stressé de conduire là-dedans, mais il y est bien parvenu.

Nous nous déplaçons donc en taxi dans la capitale (environ 5 € la course).

Azam m'a appris que chez les musulmans, en général, ils n'empruntent jamais rien aux banquiers ! Leur immense baraque fut construite au fur et à mesure que l'épargne et le salaire du père le permettaient...

Ils n'ont pas besoin d'un énorme apport en une seule fois. C'est le cas pour tous les musulmans car le Coran interdit de se faire de l'argent en prêtant de l'argent.

Voilà une grande différence avec les occidentaux !

La famille d'Azam n'a pas assez d'argent pour le moment, pour réparer l'étage du haut ni pour acheter une nouvelle voiture.

L'État irakien a dit qu'il apporterait une contribution aux propriétaires pour réparer les dégâts de leur habitation. Toutefois la priorité va pour les logements de la capitale et des grandes villes irakiennes. Or, à Ramadi, ils craignent de n'en jamais voir la couleur.

J'aime demander aux gens des pays que nous traversons comment ils ont vécu la crise sanitaire dans leur région. Tous ont le même discours, Italie, Émirats ou Irak, tous ont subi la même gestion gouvernementale de la pandémie : confinement de 3 à 6 mois au total, sorties possibles grâce au masque, puis vaccin obligatoire de 2 doses, en général.

Les anniversaires : chez les musulmans, le Coran qui est le mode d'emploi de leur quotidien, ne mentionne rien à ce sujet. Ainsi, chacun est libre de le fêter ou non.

Dans la famille d'Azam, ils ne le fêtent pas au-delà de l'âge de douze ans. Je ne l'ai su qu'après avoir proposé d'acheter un gâteau pour célébrer l'anniversaire de Lullaby avec eux.

Ce fut sympa de le fêter en leur compagnie. Même si les femmes n'ont pas pu se joindre à nous. Nous leur avons laissé du gâteau qu'elles mangeront plus tard.

Les adieux entre femmes étaient de nouveau très émouvants ! On s'est serrées dans les bras, elles m'ont dit l'unique phrase qu'elles connaissaient en anglais : « I love you ».

Elles m'ont offert la cape-manteau noire (couvrante des poignets aux pieds), pour que je puisse me balader « dignement » à Bagdad.

Quelle ne fut pas ma surprise quand, le soir même, je découvrais la population de cette capitale... Les femmes, tout autant que les hommes, sont tirées à quatre épingles ! Cheveux au vent pour la grande majorité, talon haut, robe ou tailleur cintré et maquillées jusqu'au bout des ongles...

Un vrai défilé de mode le jeudi soir ! Ainsi, les hommes sont bien obligés de se mettre à leur niveau. Barbes et cheveux rasés de frais, t-shirt moulant et jeans, biceps bien apparents. Vraiment, du beau monde qui prend soin de son apparence. Cela m'a d'ailleurs valu quelques reproches de la part de mes hommes... Selon eux, je devrais mieux me coiffer, faire attention à ma ligne, mettre des hauts plus féminins au lieu de mes éternels t-shirts noirs...

Par rapport aux gâteaux et pâtisseries, j'ai maigri depuis le début du voyage puisque les exquises pâtisseries sont rares hors de la France et de le Belgique. Mais Marty et les kids anticipent le retour en France où je reprendrai mes vieilles habitudes.

Depuis notre arrivée en Irak, on est traité comme des stars ! Des Klaxons de bienvenue sur la route quand ils voient notre camping-car, des discussions courtes quand ils osent nous aborder dans la rue.

Ici, même les vendeurs nous offrent ce qu'on est venu acheter : l'essence chez un pompiste qui parlait français, du thé et de l'eau, hier soir, sur la terrasse de « The Palms », des boissons et de l'ayran chez les vendeurs de falafel aujourd'hui ! Leur gentillesse est incroyable !

Lundi 26 juin 2023, PASCALE :

Quand nous étions chez Azam, toutes les heures, les plombs sautaient dans la maison. D'un coup, il faisait noir car les rideaux sont fermés de jour comme de nuit pour préserver la fraîcheur à l'intérieur. L'obscurité restait quelques minutes puis l'électricité revenait automatiquement.

– L'électricité est faible, ici, m'avait dit Azam.

Quand nous sommes arrivés à Bagdad, nous étions dans un restaurant et, pareil, l'électricité sauta plusieurs fois par heure.

Ce n'était pas l'électricité de la maison d'Azam qui avait un problème, mais celle de son pays entier ! Quel enfer pour les machines à laver ou les ordinateurs, d'être ainsi interrompus brusquement...

Nous avons pris le taxi pour visiter Bagdad. À cinq, c'était parfait.

Le premier chauffeur qui nous a pris était un vieux monsieur d'environ soixante-dix ans ! Ses mains tremblaient, il ne connaissait pas un seul mot d'anglais et sa vieille Peugeot devait avoir débuté sa carrière en même temps que lui... L'auto n'avait pas de clim et elle était rafistolée de partout !

Nous voulions acheter une carte SIM pour avoir internet en Irak. Cependant le Mall où le taxi nous a déposé était fermé : nous étions vendredi, c'était donc le week-end.

À onze heures du matin, la chaleur était déjà écrasante ! Nous ne tenions pas cinq minutes dehors et dans le camping-car, c'était encore plus insoutenable...

Nous avons vite cherché un café pour y boire des smoothies. Par miracle, nous en avons trouvé un qui était ouvert. Il était situé près du Mall fermé, il n'y avait que nous dedans. Nous avons pris du jus frais à 2 € le verre, puis un milkshake au café et des pancakes garnis.

Nous y sommes restés plusieurs heures, avec le Wi-Fi. Après, nous sommes sortis pour chercher un restaurant pour manger au frais. Nous allions de clim en clim.

Nous avons choisi un vendeur de pains farcis aux falafels. L'homme était trop content, il voulait nous offrir nos cinq pains (5 € au total). Nous avons refusé et il nous a donné cinq sodas et trois ayrans frais !

L'ayran est une boisson à base de lait, d'eau, de sel et d'un zeste de citron ou de menthe.

Cette boutique fut folklorique ! Dans tous les pains, il mettait des frites, des falafels, des aubergines grillées et des crudités. Ensuite, c'était à nous de rajouter la garniture proposée sur un buffet : houmous, chou rouge et blanc râpé, cornichons, légumes ou macaronis sauce tomate !! Lullaby, qui avait très faim, a rajouté des pâtes dans son sandwich...

Le sol était sous deux centimètres d'eau ! Car ils étaient en plein nettoyage. Ce carrelage en marbre se lavait au tuyau et à grandes eaux... Nous sommes allés nous asseoir avec précaution pour ne pas glisser. Puis « Wouf ! », une coupure de courant nous plonge dans le noir absolu pendant douze longues secondes. La lumière revient et cela, six fois durant les quarante-cinq minutes où nous étions présents !

Les rues et les routes étaient défoncées. Excepté la rue principale qui desservait les magasins à sa gauche et à sa droite, la plupart des rues n'avaient même plus de pavés ! C'était des chantiers en cours de construction, des terrains de pleine terre.

Les fils électriques étaient si bas qu'on pouvait les toucher en levant le bras... Des fils rustiques noués autour des poteaux électriques, des fils tendus de toutes parts, comme des toiles d'araignée ! Nous avons marché jusqu'à un autre Mall ouvert, et acheté notre carte SIM (10 giga pour 13 €).

Nous avons fini l'après-midi et le début de soirée là-bas. Il y avait un étage consacré aux jeux pour enfants et d'un « Food court », c'est-à-dire des stands de restauration.

Des manèges, des parcours pour enfants. Taïmoon et Miel l'ont fait 30 minutes, ils se sont bien défoulés. Mais l'atmosphère était infernale ! Tellement bruyante... Sono à fond à tous les étages. Encore une fois, la chanson « Alors on danse » de Stromae est passée !

Des jeux vidéos, des pinces à peluches, des manettes qui font tourner une roue et permettent de gagner des tickets à échanger contre un cadeau…

Bref, le temple de la tentation et de la consommation.

J'étais assise en attendant qu'ils aient fini leur demi-heure d'amusement et je m'imaginais dans une vaste forêt calme et verdoyante avec un silence bienfaisant autour de moi, ponctué de chants d'oiseaux. Je me ressourcerais dans un tel endroit, qui plus est gratuit et sans sollicitation autre que celle de s'y balader ou de s'asseoir pour un moment de simple contemplation. Mais non. Ici, clim excessivement froide et brouhaha incessant. La nuit venue, nous sommes partis en quête d'un taxi pour rentrer au parking « The Palms ». J'ai laissé Marty et deux enfants assis sur les marches du Mall pendant que Miel et moi allions échanger 200 dollars en dinars iraqi.

Nous sommes rentrés bredouille, les deux boutiques que j'avais prises pour des « Exchanges » ne changeaient pas d'argent.

Quand j'ai retrouvé Marty, il discutait avec deux jeunes iraniens (la trentaine), qui venaient de lui proposer de nous raccompagner avec leur voiture.

C'était tellement gentil : nous avons accepté. Pendant la route, ils ont mis « Rien de rien » d'Édith Piaf ! Pour nous faire plaisir et car ils adoraient la voix de cette chanteuse française.

Une fois déposés au parking, il m'a même proposé d'échanger mes 200 dollars en dinars avec un bon taux. J'ai accepté. Adorables amis !

Le lendemain, nous avons pris le taxi pour aller dans une autre partie de la ville. On voulait visiter le « Muséum of Bagdad » qui regroupe des scènettes avec de faux mannequins en costumes d'époque. Nous sommes descendus du taxi et nous nous sommes retrouvés dans des ruelles animées avec des stands, comme un énorme marché. J'ai acheté un kilo de cerises. On en a donné à un petit singe qui était en cage, dans un stand de poules, de canards, de poussins et de multiples oiseaux.

Nous avons acheté des jus d'orange fraîchement pressés. Ce stand avait un succès fou, une foule de gens s'y arrêtait pour boire leur shot de vitamine à 0,70 €, le verre.

Nous cherchions à nous rendre au musée et à acheter un cordon noir pour le kéfié de Taïmoon.

Il faisait moins chaud que la veille car nous étions dans des ruelles ombragées et denses en population. Nous nous sommes ensuite arrêtés dans un stand qui proposait du café et du thé. Nous avons pris cinq thés à 0,15 € le petit verre. Nous nous sommes assis, nous avons commandé deux fois de cet excellent thé. À ce prix-là, on n'a pas hésité !

Marty a eu envie d'y faire un grand dessin d'une heure.

C'était parfait, on était confortablement installé à l'ombre, les gens nous parlaient, nous prenaient quelques fois en photo et fumaient la « Hooka » (chicha) dans ce même bar posé à même le trottoir. Martin leur a demandé s'il pouvait goûter leur chicha. C'était très bon : parfumé à la grenade. Alors on a aussi pris une chicha pour nous, à 2 €.

Nous avons sympathisé avec plusieurs gars qui étaient aussi installés là. Abdallah s'est proposé de nous guider jusqu'au musée. Il nous a offert des jus d'orange frais, le troisième de la journée ! Car on s'en était aussi préparé dans le camping-car, avant de prendre le taxi.

La suite fut folle... Comme dans un rêve où tout s'enchaînait avec une fluidité déconcertante. Nous suivions Abdallah, donc nous n'avions plus besoin de réfléchir à la direction. Nous nous faufilions entre les échoppes, il y avait du monde et des haut-parleurs automatiques qui hurlaient les mêmes phrases (incompréhensibles pour nous), en boucle. Nous sommes allés aux toilettes payantes.

À présent, à Bagdad, nous cherchions un bon carnet de dessin pour Marty dans les boutiques de matériel artistique.

Nous avons pris un touk-touk à sept. Nous rentrons dedans : le chauffeur en moto recouverte d'un toit, Abdallah à sa gauche, Lullaby à sa droite et nous quatre derrière… Nous pouvions toucher des doigts les voitures qui nous frôlaient. Il y avait des pousseurs à côté de nous, des bus dans tous les sens (en face et sur les côtés), des voiturettes à cheval ! Un méli-mélo incroyablement varié ! Nous descendons du touk-touk, Abdallah l'a déjà réglé sans qu'on le sache. Nous nous asseyons enfin dans un restaurant pour notre repas du midi, notre ami a compris que nous sommes végétariens. Il commande un festin : des bouteilles d'eau, d'ayran, de la soupe, des salades, des mezzés d'houmous, des olives, du riz, du pain et cinq assiettes de légumes cuits différents !

Nous nous régalons. Malheureusement, nous avons beaucoup trop sur la table, même si Abdallah mange avec nous. Je reçois un ticket 100 % en arabe et manuscrit, je n'y comprends rien. Je lui montre et il me demande 25000 iraqis (ce qui fait 20 €) que je donne au vendeur.

Et nous voilà repartis dans un second touk-touk. Nous sommes repassés par le marché, nous avons redonné des cerises au petit singe, nous avons roulé jusqu'au musée et là...

Stop ! Tout s'arrête. Le musée est fermé ! Fermé pour les cinq prochains jours.

Notre adrénaline redescend soudainement. Il est 15h30, nous sommes en plein cagnard, nous avons l'après-midi à tuer et le musée climatisé est indéniablement fermé.

Marty a une idée de génie : il se rappelle du conseil donné par le vendeur rencontré la veille. Nous allons visiter le Mansour Park. Un très grand lieu arboré, au cœur de Bagdad, qui propose des activités pour toute la famille. Oui, excellente idée : nous voulons nous ressourcer dans la nature après l'agitation et la chaleur de la capitale.

C'est là qu'Abdallah nous quitte, après nous avoir déposé dans un taxi.

Nous y allons, nous payons 0,70 € par personne pour l'entrée. Et nous nous posons dans l'herbe. Il n'y a presque personne.

Nous découvrons qu'il y a un zoo et une fête foraine dans ce parc.

Après un temps calme, nous décidons d'aller au zoo : à nouveau 0,70 € par personne. Voilà enfin de super prix irakiens ! Nous sommes loin des Malls où un smoothie coûte 7 € !

Ce zoo, qui n'avait l'air de rien, est incroyable...

Il y a des lions, de superbes tigres, des hyènes, un ours brun et des loups.

Malheureusement, ils ne semblaient pas épanouis dans leur enclos plus ou moins bien réussi. Nous étions tristes pour la plupart d'entre eux, je l'avoue.

Nous avons fini la soirée dans les manèges : nous avons fait deux trains et la grande roue pour admirer Bagdad pendant les douze minutes de la durée d'un tour, « By night », à 2 € par personne.

Nous avons mangé des nouilles chinoises dans un stand, toujours 0,70 € les nouilles. Nous sommes enfin sortis du parc, nous avons marché cinq minutes jusqu'au monument représentant « la force de l'Irak pour se reconstruire après la guerre ». Il s'agit d'une colonne brisée incrustée d'écritures cunéiformes. Elle est soulevée par un homme à cinq bras qui représente plusieurs régions d'Irak unies pour tout reconstruire.

Nous avons trouvé un taxi pour rentrer au parking « The Palms of Bagdad ».

Et nous étions enfin dans nos couchettes à minuit.

Sacrée journée !

Suite écrite par MARTY :

Et ce n'est pas fini, la journée suivante fut du même acabit…

Irak, première semaine.

Irak avec un « k » en français et Iraq avec un « q » en anglais.

J'imaginais une accélération du temps sur les derniers mois et semaines de voyage. Mais là, en Irak, ça dépasse ce à quoi je m'attendais. On ressent une accélération de dingue, une contraction qui densifie nos journées et l'impression d'en vivre dix par jour. Un peu comme dans un rêve, les évènements s'enchaînent les uns aux autres avec fluidité.

On a à peine rencontré quelqu'un, qu'on est déjà assis dans un touk-touk, puis on est dans un autre quartier, on fait un autre truc et ainsi de suite... Aucun répit, on se laisse complètement guider en mode « Yes man ».

L'Irak est très dense comparée à l'Arabie Saoudite. Ce pays n'est pas très grand et il est très riche en histoire (invention de l'écriture, Mésopotamie, guerres, Saddam Hussein…)

Donc on découvre plein de choses palpitantes, sans compter juste la vie trépidante qu'il y a ici. Ça ressemble à l'Inde, il y a toujours un truc qui se passe, ça ne s'arrête jamais !

Et les Irakiens aussi sont intenses, très vivants, extrêmement chaleureux, accueillants, sympathiques, extravertis, bruyants... Latins, quoi !

Bref, on ne s'emmerde jamais avec eux.

Mercredi 27 juin 2023, PASCALE :

Nous sommes garés devant la porte bleue de Babylone ! Ce sera la seconde nuit ici. À côté de nous, il y a une femme allemande nommée Petra. Elle est arrivée hier, au volant de son camion noir, long de 11 mètres et pesant 21 tonnes ! C'est un camion de l'armée, un 8X8, c'est-à-dire avec 8 roues motrices.

Elle voyage seule depuis 3 ans. Elle a aménagé son camion avec un ami pendant un an et demi. Puis elle est partie. Elle n'a plus d'autre maison que son camion.

Pour venir en Irak, elle est passée par le Koweït car elle attend toujours le visa pour l'Iran où elle aimerait aller après.

Elle m'a épatée car elle voyage seule en tant que femme. Ça mérite déjà le respect. De plus, elle conduit cet énorme 21 tonnes ! Elle est à la retraite et est âgée de plus de 60 ans ! Je trouve cela fort courageux.

Ce matin, vers dix heures, nous étions en train de nous éveiller car la veille, on s'était encore couché vers minuit... Je vous raconterai notre journée de « Yes man » un peu plus tard.

Quand nous avons entendu une femme crié : « Scheisse ! » en allemand, juste après un grand bruit de fracas.

Nous avons regardé par la fenêtre et Petra venait de chuter de son escabeau... Elle était au sol, en plein soleil.

Les camions sont si élevés qu'il faut un escalier de 3 à 4 marches pour y entrer et pour atteindre les coffres de rangements.

Nous sommes allés l'aider, ainsi que plusieurs gardiens du lieu. Elle s'est relevée et avait mal à l'épaule droite. Elle avait surtout réveillé une ancienne blessure au tendon de l'épaule. Vingt minutes plus tard, l'ambulance était là.

Un irakien (un guide, sans doute) l'a accompagnée dans l'ambulance pour traduire et pour l'assister.

On lui a dit au revoir à ce moment-là car nous repartions vers Bagdad.

Je reprends maintenant le récit de notre départ de Bagdad.

Nous avons roulé en début d'après-midi vers le sud de Bagdad pour rejoindre la ville de Babylone. Nous sommes arrivés dans la petite rue commerçante vers 16 heures. Il y avait un très beau restaurant yéménite. On y a mangé et on est resté au frais jusqu'à 18 heures.

Puis nous sommes allés à la porte bleue de Babylone. La température était idéale toutefois, il ne fallait pas traîner car le soleil se coucherait dans une bonne heure environ.

Nous avons payé deux entrées (deux adultes à 30 € au total car pour les enfants, c'était gratuit).

Puis, Meki s'est présenté pour nous faire une visite guidée en anglais. Meki est guide à Babylone depuis 25 ans !

Il adore cet endroit. On a discuté avec lui pendant la visite, il a un fils et 5 filles.

Pendant la guerre Iran-Irak, les Américains sont venus ici. Ils voulaient « ramener » dans leur pays, une trentaine de tablettes d'argile comprenant des textes en cunéiforme. Les voler, quoi ! Meki s'est interposé pour les en empêcher, alors les Américains l'ont mis en prison sans que Meki ne puisse prévenir quiconque de son entourage.

Pendant un mois, il est resté seul, dans une mini-pièce noire, sur une grille car il n'y avait pas de toilettes. Les geôliers voulaient qu'il les renseigne sur la planque de Saddam Hussein. Les soldats américains étaient paumés dans ce pays dont ils ignoraient tout.

Ils devaient interroger les habitants et mener l'enquête pour retrouver le leader d'Irak.

Meki est donc resté ainsi durant un mois. Pendant ce temps, sa famille le croyait mort…

Son père s'est beaucoup affaibli et il est décédé peu de temps après sa libération.

Quand Meki a enfin été libéré, il est resté cloîtré chez lui, traumatisé, pendant deux années ! À pleurer, à déprimer, à se replier sur lui-même.

Puis, lentement, il a retrouvé sa joie de vivre, il a repris son travail de guide. Et c'est là qu'il a rencontré son épouse… À Babylone.

Ainsi, ce lieu l'aura marqué deux fois dans sa vie : par l'horreur, avec son emprisonnement et par l'amour, en rencontrant sa femme.

Aujourd'hui, il est heureux avec son épouse et leurs six enfants. Meki reste très proche de sa mère. Il va régulièrement la voir, s'occupe d'elle avec ses enfants ou ses frères et sœurs.

Il s'est débrouillé pour que son fils de 16 ans soit engagé sur le chantier de rénovation de Babylone. Car Meky sait que les jeunes ici, en Irak, tombent facilement dans le piège de la drogue.

Aussi, il préserve son fils de cette déchéance en mettant un sens et un but dans sa vie de jeune adulte : un bon travail et des collègues soudés.

Meki nous répétait souvent qu'il fallait bien prendre soin de nos parents. Et que dans dix ans, Lullaby serait marié et qu'il devra bien s'occuper de nous aussi.

La résilience de Meki est un beau témoignage qui nous a rappelé celui d'un autre guide en Iran : dans la prison à Téhéran, une prison pour rebelles et libres penseurs.

À la fin de cette exposition-là, notre guide avait montré une galerie de portraits. Tous les prisonniers qui étaient passés dans cet endroit avaient leurs photos avec un point noir s'ils étaient morts pendant leur incarcération, un point rouge s'ils étaient morts par la suite et un point bleu s'ils étaient encore en vie aujourd'hui.

Le guide nous a révélé qu'il se trouvait aussi exposé dans cette galerie avec un point bleu car toujours vivant. Alors qu'il y avait passé les heures les plus sombres de sa vie, il continuait à revenir en ces lieux pour témoigner du passé.

Babylone ! La porte bleue est peinte en bleu, alors qu'à l'époque, c'était des briques en céramique bleue.

Il reste un pan de mur en céramique exposé dans le musée à côté. Magnifique !

La porte bleue et une autre arche de pierres ont été remplacées par des copies, car les originaux sont exposés à Berlin…

Les murailles de ce domaine sont en bon état.

Ce qui est incroyable, c'était la modernité architecturale alors qu'il s'agit d'une des cités les plus anciennes du monde !

Il y avait des égouts et des canalisations, mais surtout des rues sur quatre niveaux de hauteur !

Inversons le cours des choses, ainsi les « cités-puits », telles qu'on en voit dans les films de science-fiction, existaient déjà il y a plusieurs millénaires !

Quatre niveaux superposés et le souvenir des « Jardins suspendus de Babylone »… C'était ici et c'était il y a très très longtemps.

Ce que nous voyons des ruines d'aujourd'hui est encore d'une grande intelligence et d'une réelle complexité.

La forteresse de Babylone était infranchissable. Les seules portes d'entrée étaient bien gardées néanmoins, si une armée en venait à bout, elle devait immanquablement passer par un ensemble de ruelles labyrinthiques. Et même lorsque les ennemis parvenaient, enfin, à trouver l'unique sortie du labyrinthe, à cet endroit-là, le passage était si étroit que l'assaillant ne pouvait y avancer qu'un seul à la fois. Or, à l'issue de cette ruelle, des gardes leur décochaient des flèches et les tuaient les uns après les autres.

Alors, qu'est-ce qui a causé la destruction de ce château fort ?

La redoutable intelligence de leur dernier ennemi : ils ont détourné le cours d'eau qui servait à alimenter Babylone.

Sans eau, pas de vie possible pour les babyloniens !

Cela me rappelle une tactique similaire qui a causé la perte des peuples riches et puissants de Petra en Jordanie. Leur ennemi, les Romains, avaient bien pris soin de ne construire aucune de leurs fameuses voies romaines menant à Petra...

Naturellement, plus personne n'est venu alimenter ou visiter ce lieu incroyable qu'est Petra.

Ainsi, cet endroit est progressivement tombé dans l'oubli durant des siècles, jusqu'à ce que des aventuriers occidentaux le redécouvrent par hasard. Ils ont alors rapporté les dessins de ces splendeurs abandonnées.

Il ne suffit donc pas toujours d'être le plus fort pour gagner la bataille. Non. L'intelligence et la perfidie viennent à bout de toutes les armées...

C'est déjà la fin de ce quatrième carnet !

Heureusement, j'en ai un autre en stock.

Lundi 27 juin 2023, PASCALE :

Babylone : le fait d'être sur ces lieux mythiques, nous sentions une atmosphère spéciale et une histoire puissante imprégner cet endroit.

Le lendemain, nous avons marché sur le sentier qui mène aux fondations de la fameuse « Tour de Babel », cela ressemblait plutôt à des traces creusées dans la terre.

L'idée répandue de cette tour est cylindrique et en colimaçon, pourtant, ici, les maquettes et le schéma qui la représentent ont une base carrée. Une sorte de cube qui se déboîte et rapetisse à chacun des sept étages, pour offrir en son sommet un temple bleu, décoré comme la porte d'entrée de la ville babylonienne quelques mètres plus loin.

En cet endroit, haut en énergies et en légendes, il y a les ruines de la Tour de Babel, puis de Babylone (la ville fortifiée) et plus récemment, le palais de Saddam Hussein.

Ce dernier, implanté à quelques kilomètres de là, surplombe cette vallée incroyablement belle et fertile.

L'Euphrate y coule encadrée de palmiers et d'herbes sauvages. Il y a de nombreux arbres et points d'eau : un véritable oasis.

Nous avons fait ensuite de « l'urbex » dans le palais abandonné de Saddam. Il est ouvert aux curieux qui souhaitent le découvrir. Un gardien surveille constamment cet endroit et y dort. Il nous a fait la visite. Incroyable...

En outre, cet homme ressemblait beaucoup à Saddam ! Comme si sa présence imprégnait encore tellement les lieux qu'on finissait par arborer ses traits si on y restait trop longtemps.

Il n'y avait ni porte ni vitre dans les fenêtres. Mais le rez-de-chaussée était bien éclairé avec ses vastes fenêtres donnant sur la vallée en contrebas.

C'est un bâtiment à trois étages néanmoins, seul le rez-de-chaussée était accessible aux visiteurs. Des meubles cassés et des barbelés encombraient l'accès aux escaliers.

Cette demeure était jolie et raffinée : des sols en marbre, des plafonds en marqueterie orientale, le tout dans un style Art Nouveau à la « Gatbsy le Magnifique ». Puis la vue... Splendide ! Au loin, on y voyait l'Euphrate, la verdure omniprésente, les contreforts de Babylone, la porte bleue.

Dans le palais de Saddam, pourtant sans électricité, il faisait bien frais. Il n'y avait aucune climatisation mais un système d'aération naturelle avec des conduits d'air et des espaces vides entre les murs tels qu'on en avait vu avec la tour des vents en Iran.

Au terme de cette visite, on est redescendu dans la vallée et, guidés par des gardiens très sympas, nous avons été au sanayi le plus proche pour notre problème d'injecteur encrassé dont le voyant lumineux s'était rallumé. Malheureusement, il était 18 heures donc on est retourné au parking de la porte bleue pour y passer une deuxième nuit afin d'être près du sanayi pour le lendemain.

Marty a eu envie de prendre un thé dans la terrasse au pied de la colline du palais de Saddam. On y a retrouvé Mohamed qui s'occupe de la sécurité du lieu. Il y avait des bars, des cafés et des manèges. C'est un lieu très fréquenté par les Irakiens qui viennent s'y divertir en famille.

On a pris un thé et de l'eau fraîche que Mohamed nous a offerts. La carte SIM de Marty ne marchait plus depuis la veille... Donc Mohamed nous partageait sa connexion pour qu'on puisse échanger nos coordonnées réciproques. Pendant ce temps, un cheval gris marchant au trot est passé devant nous. L'animal tirait un magnifique carrosse royal conduit par un écuyer ! Ce carrosse en bois laqué de noir et d'or possédait des fauteuils rouges molletonnés et des angelots qui portaient une couronne sur le toit. On y est allé pour faire un tour : il était identique à ceux des contes de fées quand l'histoire finit bien.

Ouf... Quelle journée ! C'était aussi ce jour-là que nous avions fait la connaissance de Petra, l'Allemande.

On est retourné au parking de la porte bleue pour la dernière nuit. J'ai préparé un repas à 21 heures. Quand on s'est installé dehors, sur notre tapis de sol pour manger nos assiettes, un mec en voiture blanche avec son jeune fils à côté de lui (12 ans) s'arrête pour nous souhaiter la bienvenue. Il se présente : Ahmed, propriétaire du centre d'équitation juste à côté. Il nous invite à essayer ses chevaux si on le souhaite. Là, maintenant, tout de suite...

J'avoue que Marty et moi, à 21h30, on pensait avoir terminé notre journée déjà bien remplie... Mais bon... Ne sommes-nous pas la « Yes Family » ?

On a donc dit « oui » pour le plus grand bonheur des enfants qui n'ont jamais sommeil quand l'heure de dormir arrive. On range notre tapis de sol et la vaisselle puis on grimpe à cinq dans sa voiture : trois devant et quatre derrière. La route dure dix minutes.

On retourne au manège situé au pied de la colline de Saddam. Il y a plein de gens, mais on va à son centre équestre. On y retrouve le sublime carrosse de Cendrillon ! C'était l'un des siens !

Il est 22 heures. Il y a un seul cheval sur la piste en terre. On enfile une bombe sur la tête et, un par un, on fait cinq minutes à cheval.

Excepté Marty, ce fut la première fois pour nous, d'être au commande de cet animal.

Les rares fois où nous l'avions fait, nous étions accompagnés d'un guide qui dirigeait notre monture. La hauteur d'un cheval est impressionnante quand on est sur son dos. Je parvenais à peine à le diriger, je ne voulais pas trop le forcer ni lui faire mal avec les étrilles ou le harnais. Bref, ce n'est pas trop mon truc mais j'ai adoré l'expérience.

Après, Ahmed nous a offert un thé bien noir et bien sucré : à l'iraquienne. Puis il nous a proposé de conclure cette soirée avec une séance de tir à la carabine ! Car le cheval et le tir sont ses deux passions. Ces deux activités-là sont ouvertes au public dans son ranch.

C'est donc parti pour une séance de tir. Là encore, ce n'est pas trop ma came, mais quand l'expérience vient à toi de manière aussi fluide, il faut tenter le coup.

On a chacun tiré deux balles de plomb sur la cible placée à quelques mètres : une feuille avec une silhouette noire. Ahmed était étonné que je veuille aussi tirer, d'autant plus que j'ai plutôt bien visé. En fait, il adore la chasse. Il est un peu le patron des chasseurs du coin : il chasse surtout des lapins. Il était tellement sympa avec nous qu'il a balayé tous mes préjugés sur les chasseurs.

À la fin, il nous a raccompagnés chez nous, au camping-car, où nous avons pu nous coucher, enfin.

Quelle vie trépidante ! C'est passionnant bien que fatigant. D'autant plus quand il n'y a jamais de répit.

Voilà, je suis à jour dans le récit de nos dernières aventures. Il est quinze heures, Petra est revenue dans son camion moins d'une heure après être partie en ambulance.

Le docteur a vu qu'elle n'avait rien de cassé, par contre pour son tendon sans doute détaché, le docteur lui a fortement conseillé d'aller en Turquie. Là-bas, ils sont au point pour la chirurgie complexe dont elle aurait besoin. Elle va donc essayer d'engager un conducteur de camion qu'elle va faire venir d'Allemagne pour rentrer en deux jours en Turquie.

En tout cas, elle va bien. Elle est juste incapable de conduire son camion tant que son tendon lui fait trop mal.

On lui a dit au revoir et on a roulé jusqu'au même sanayi qu'hier soir. Quelques mètres avant d'y arriver, notre moteur s'est de nouveau coupé en pleine route. Le voyant « injecteur » s'était rallumé juste avant. On a attendu une minute puis on a redémarré. Heureusement, ça fonctionnait.

On a roulé vingt mètres jusqu'au garage. Ils parlaient anglais et ils étaient, pour pas changer, super sympas ! Ils nous ont offert de l'eau fraîche et du thé.

Mardi 28 juin 2023. PASCALE :

Le garagiste nous a conseillé d'aller à Bagdad car là-bas, ils ont du matériel pour réparer les véhicules « diesel ». Avant de s'y rendre, Marty a eu envie de tester un autre sanayi à quelques kilomètres du premier. On y a été et ils étaient bien plus au point.

Ils ont changé l'huile et fait encore un autre truc. Ils nous ont invités chez eux car le garage était attenant à leur maison. Il y avait un beau jardin avec de grands palmiers, des poules, des poussins, des perruches dans une grande cage et un mouton qui broutait l'herbe. On a trouvé une famille joyeuse et soudée. Le père et la mère ont quatre filles et trois garçons. Les garçons aident au garage et les filles sont enseignantes ou mères au foyer. Ici, les femmes et les hommes mangeaient ensemble.

Oui, c'était les femmes qui géraient les repas et la maison. Oui, les hommes travaillaient au garage. Mais au final, elles semblaient l'égales des hommes.

Marty était autorisé à voir les femmes du lieu où nous étions invités. Cela fait longtemps qu'il n'avait aucune idée des visages des femmes qui l'invitaient et le nourrissaient si gentiment

Vendredi 30 juin 2023. PASCALE :

Dernier jour de juin. Dans un mois exactement, nous serons dans l'avion qui signera la fin de ce long voyage de deux ans. C'est absolument parfait !

Les conditions de vie ici, en Irak (extrême chaleur et checkpoints omniprésents), rendent notre quotidien difficile. Nous n'avons jamais pu ranger nos passeports dans notre coffre-fort alors que c'était le cas pour tous les pays avant celui-ci.

Nous serons ravis de retrouver une habitation fixe, grande et confortable. Nous avons prévu le mois d'août chez mes parents à Bruxelles, puis dès le 4 septembre, nous serons de retour à Montpellier. De plus, j'ai une totale confiance en nos locataires. Je suis certaine, selon les retours de l'agence et les contacts que j'ai eus avec eux, qu'ils prennent soin de la maison. Notre cocon est entre de bonnes mains.

En revanche, quelle joie d'être enfin libérés du travail scolaire ! Le 18 juin était le dernier jour de remise des devoirs pour les enfants. On a terminé les évaluations de Miel au tout dernier moment. L'année passée pourtant, c'était lui qui avait eu fini en premier. Il a fait trois évaluations d'histoire-géo et trois de français en deux jours.

D'ailleurs, Lullaby vient d'obtenir du rectorat de Montpellier l'autorisation de revenir dans un établissement scolaire classique : en seconde, au lycée Joffre.

On est d'autant plus content car s'il n'avait pas fait le CNED, il serait d'office affecté à un autre lycée, plus petit et moins réputé que celui-là, en raison du secteur où est placé notre maison.

Sur la liste de souhaits, Lullaby avait mis en priorité le lycée Joffre, et en seconde place, le lycée auquel il devait être affecté par défaut.

C'est incroyable car, dès notre arrivée à Montpellier, il y a neuf ans, Lullaby avait eu le coup de cœur pour le lycée Joffre, à côté duquel on passait souvent quand on se baladait au centre-ville. Lullaby l'avait même dessiné en couleurs, et il avait mis ce dessin sur le mur de sa chambre. Aussi, nous étions déçus en réalisant que c'était un autre lycée qui nous était attribué par rapport à notre adresse. Toutefois, c'était sans compter sur la loi de l'attraction...

Bref, revenons-en au voyage.

Depuis dix jours que nous sommes en Irak, les contrôles

aux checkpoints sont réguliers. Certes, depuis Bagdad, nous n'en sommes plus à un contrôle toutes les trente minutes de route néanmoins, au détour d'un rond-point ou d'un carrefour, nous tombons souvent sur un ou deux flics qui nous font signe de nous arrêter pour contrôler nos cinq passeports et l'assurance irakienne du véhicule.

C'est ridicule : comment aurions-nous pu arriver jusqu'ici sans passeport ou assurance en règle avec les innombrables contrôles qui nous ont fait perdre des heures souvent précieuses car la clarté du jour est recherchée, vu les routes défoncées et sans éclairage. Hier, pour la première fois, nous avons même eu un contrôle à deux heures du matin alors que nous dormions chez des irakiens et que notre camping-car était garé dans leur jardin !

Le flicaillon du coin a fait du zèle : un être toxique à n'en pas douter. Il a sonné chez les hôtes qui nous hébergeaient pour la nuit, il a fait sortir le patriarche du lit ainsi que plusieurs de ses fils qui sont venus toquer à notre chambre pour que Marty vienne avec les passeports. Ce dernier était furieux et il s'est excusé auprès de nos gentils hôtes pour ce dérangement nocturne. Serait-ce un voisin effrayé ou jaloux de n'avoir pas pu inviter les voyageurs étrangers et exotiques que nous sommes, qui aurait prévenu la police pour venir faire un contrôle inopiné ?

Je ne vois pas d'autres explications car nous étions arrivés quelques heures plus tôt dans ce village et nous avions fait la bêtise de nous garer près d'un groupe d'enfants. Il était pourtant 23 heures. Malheureusement, il n'y avait pas d'autres endroits où le soleil du lendemain matin nous offrirait de l'ombre sur un terrain plat et assez grand pour nous garer la nuit. Ainsi, les enfants sont tous venus autour du camping-car garé, pour faire des "hello, hello, what's your name ?" en boucle et de la trompette en plastique...

Ça partait certainement d'une bonne intention, mais nous

étions épuisés et nous ne nous sommes pas sentis en sécurité.

Vendredi 30 juin 2023. MARTY :

Dernier jour de juin. Aujourd'hui, c'est relâche. Journée entière au parc aquatique "Island of Bagdad", plein de piscines et de toboggans. On s'est bien amusés. Les enfants le méritent vraiment car, en ce moment, les conditions de voyage sont difficiles : chaleur et garages automobiles.

On a fait de l'anthropologie à la piscine. Très populaire, bourré de monde, c'est vendredi (week-end en Arabie) et aussi le petit Aïd. Alors, bien que gentils et très amicaux, les Irakiens m'ont fatigué. Brusques et sans gêne, le culture-choc est à son maximum !

Ils se bousculent, dépassent dans les files d'attente, gueulent, se chamaillent dans l'eau : c'est très inconfortable de se baigner avec eux. Constamment sur le qui-vive pour ne pas se prendre un plongeur ou un coup de jambe de baigneur. Les maîtres-nageurs sont de vrais gardiens de prison avec des matraques américaines et de gros muscles ! Il faut bien ça pour contenir une foule surexcitée et insubordonnée.

Bien entendu, femmes et hommes séparés. Les mecs s'éclatent dans de super toboggans quand les nanas barbotent dans des pataugeoires pour bébés à 50 cm de profondeur...

Pascale s'est un peu ennuyée pendant que nous étions dans les grands bains. Ça m'embêtait pour elle et j'essayais de passer un peu de temps en sa compagnie mais, en même temps, les garçons ne voulaient pas barboter or il me fallait aussi veiller sur eux au milieu des nageurs turbulents.

De plus, les Irakiens à la piscine étaient très collants, très intrusifs. Ils ne respectaient pas notre intimité. Avec cette désagréable impression d'avoir été jeté en pâture à de jeunes lions fous. C'est très inconfortable...

Je suis saoulé de l'Irak. Bien entendu, checkpoints et passeports sur le chemin du retour.

Par contre, ce parc aquatique est top ! De superbes attractions, mieux encore que celui qu'on avait fait en Grèce, à côté d'Athènes.

En même temps, c'est difficile de les critiquer alors qu'ils sont si gentils et accueillants... Je passe pour un sale con et je m'en veux.

Samedi 1 juillet 2023. PASCALE :

Suite du récit d'hier :

Au bout de vingt minutes, notre Béluga garé au milieu de cet attroupement d'enfants surexcités par notre présence, Marty qui était sorti, revient en disant qu'une famille nous accueille chez elle. Il est presque minuit. On se gare chez eux, dans leur cour.

Depuis trois jours, nous allons de garages en sanayi, à la recherche d'un génie qui pourrait résoudre notre problème d'arrêt total du moteur quinze minutes après le départ (pas toujours, mais souvent).

La nuit d'avant, nous avions été dans un garage de Babylone et le patriarche nous avait invités à prendre le thé, puis à passer la nuit chez eux car ils ne pourraient faire les réparations que le lendemain. Marty avait accepté car notre camping-car devient un four la journée...

À présent, nous ne nous réveillons plus avec l'heure mais en fonction de la température de notre thermomètre :

– Debout tout le monde, il fait 40 degrés !

Nous dormons chacun avec un petit ventilateur à batterie rechargeable qui permet de rester au frais. Cependant, quand on nous invite à dormir à l'intérieur avec une climatisation, on ne dit jamais non. Marty et les enfants adorent cela.

Quant à moi, j'avoue qu'en raison de mon caractère introverti, j'ai besoin de me ressourcer dans la solitude. Aussi, je reste dormir seule dans le camping-car quand ils sont tous au frais chez nos hôtes. Je préfère ça.

La famille du sanayi nous a aussi proposé de faire quelques lessives, avec leur machine semi-automatique à laquelle je ne comprends rien…

Ce soir-là, la famille a acheté des "ice cream" pour le dessert : il y avait des cônes "Kit kit" et "Foreo", avec exactement la même typographie que les marques « Kit Kat » et « Oreo ». Et un esquimau "Facebook" ayant la forme du "F" de ce réseau social.

Bien sympa, malgré la difficulté de communiquer, vu que seul le père parlait un peu anglais. C'est très fatiguant pour moi d'être avec des gens qui ne parlent pas anglais mais avec qui il faut quand même discuter.

Trois nuits sont passées depuis notre départ de Babylone, dont deux chez des irakiens qui nous ont invités à dormir chez eux.

Après avoir visité le palais de Saddam sur les hauteurs de Babylone, nous avons aussi visité son fort militaire, exactement en face de la vieille arche construite en Irak.

C'est grandiose ! Cette construction historique trouve un pendant moderne au bout de la route. Saddam était cultivé et, visiblement, il adorait les lieux et bâtiments antiques. Ce fort, telle une pyramide Incas plus massive, à plusieurs étages, possédait un grand ascenseur circulaire en son centre, entouré d'escaliers de marbre.

Malheureusement, le lieu a été pillé : il manque les plaques de marbre qui recouvraient le sol, les murs et les plafonds, mais aussi les luminaires, les lustres, les peintures et les sculptures. Il ne reste que des débris noirs de poussière et du béton. En revanche, quand on monte jusqu'au toit, la vue est splendide. On se retrouve en face de l'ancienne grande arche.

C'était chouette car la famille de Mustapha a pris leurs deux pick-ups et on a tous été voir le fort puis une mosquée très connue dont Marty a fait le dessin.

Quand on s'est fait contrôler le lendemain de la nuit où Marty s'était fait réveiller à deux heures du matin par un flic, on était vraiment sur les nerfs !

L'attente sans aucune explication était longue, elle n'en finissait plus, et les enfants s'impatientaient aussi. Le policier ne parlait pas un mot d'anglais.

Ils ont téléphoné à un supérieur pour qu'il les rejoigne. On attendait. Le jour déclinait. Les autres voitures passaient. Le supérieur arrive enfin, il ne connaît que quelques mots d'anglais. On lui redonne nos passeports. On ne sait pas ce qu'ils veulent, ni pourquoi on attend. On donne les papiers d'assurance irakienne. Ils n'en veulent pas. On attend. On attend quoi, au juste ?!

Un passant s'arrête et se propose de servir d'intermédiaire en anglais.

On a fini par obtenir leur "autorisation " pour poursuivre notre route. Un checkpoint de plus, parfaitement inutile.

Nous sommes, à présent, de retour à Bagdad. Non pour des visites, mais pour les garages. Bien sûr... Nous y sommes arrivés un vendredi ! Qui plus est, pendant les quatre jours fériés de l'Aïd. On voyait d'ailleurs des troupeaux de moutons le long des routes, avec leur vendeur.

Lullaby :
– On a vu aussi un genre de Land Cruiser mais de la marque Lexus, blanc, s'arrêter pour en choisir un. Il en a tâté deux puis a fait son choix et l'a mis dans son coffre.

Lundi 3 juillet 2023, MARTY :

Les drapeaux des pays qu'on a traversés sont enfin collés à l'arrière du véhicule (Cadeau de Tristan et Zrinka, à Oman). Ce visuel aide beaucoup pour le contact avec les locaux et pour raconter notre voyage.

On nous klaxonne sur la route pour nous saluer.

Depuis l'Iran, les gens sont très contents de nous voir visiter leur pays. Ils sont surtout impressionnés : « From France ? With your camper ? »

Il y a tellement peu de touristes dans ces pays qu'on ne passe pas inaperçu.

Mardi 4 juillet 2023. PASCALE :

Nous avons enfin quitté Bagdad où nous sommes restés plusieurs jours en vue de réparer notre problème du moteur. C'était les jours fériés du petit Aïd, mais nous sommes tout de même allés voir les garages. La majorité était fermé, toutefois, quelques garagistes se trouvaient là. Ils étaient adorables et prêts à nous aider. Nous nous étions arrêtés devant un garage fermé quand un mec est descendu d'un taxi (en tant que passager). Il s'est dirigé vers Marty pour demander s'il avait besoin d'aide. Ce gars est resté presque deux heures à farfouiller dans le moteur pour trouver la cause de notre problème ! Il a enlevé le filtre à air qui était encrassé, nous pouvons rouler sans, en attendant d'en trouver un neuf. On l'a quand même gardé avec nous, au cas où.

En fin de journée, nous sommes retournés dormir au parking « The Palms ». Nous nous sommes à nouveau promenés au parc avec les restaurants et les concerts en plein air. Nous y avons revu Mohamed (qui parle français). Marty était rentré en contact avec lui, par mail, car il devait nous donner l'autorisation pour dormir dans ce parking.

Cette fois, il nous a fait rentrer gratuitement au concert. Ce fut une jolie musique traditionnelle avec une cithare et un darbouka. Ensuite, on est allé boire un thé à une terrasse. Le patron et son collègue étaient à nouveau présents. La dernière fois, ils avaient refusé qu'on paie l'eau et le thé. Ils ont récidivé en nous offrant du thé, de l'eau, une coupe de glace et trois milk-shakes ! Ils étaient tellement gentils et accueillants !

Fatigués, on est allé se coucher dans la rue d'à côté car il y avait trop de monde garé sur le parking, en raison de l'Aïd.

Marty s'est alors fait inviter par des locaux qui habitaient dans la rue.

Ainsi, les quatre garçons ont passé la nuit au frais. Quant à moi, j'ai préféré dormir dans le Béluga : à une heure du matin, je n'avais plus d'énergie pour sociabiliser ni pour déménager mes affaires. J'ai bien fait car les hommes de la maison ont dormi dans le salon avec Marty et les enfants. Il n'y avait d'ailleurs aucune femme là-bas. C'était une petite maison citadine.

Mercredi 5 juillet 2023. PASCALE :

On compte les jours qui nous séparent de notre vol retour, l'impatience de rentrer est grandissante.

Notre deuxième jour à Bagdad était, enfin, sous le signe de

la détente. Nous nous sommes offerts une séance de natation dans un parc aquatique, le « Bagdad Island ». Nous en avions vraiment besoin... Surtout les enfants qui sont sages et autonomes pendant tous nos tracas mécaniques. Heureusement que les cours étaient finis, sinon nous n'aurions pas pu les réaliser, en plus du reste.

Un peu plus tôt dans ce carnet de bord, Marty a écrit son ressenti par rapport à cette baignade avec les Irakiens. Pour ma part, j'étais en collant noir, pieds nus, T-shirt solaire et long T-shirt noir par-dessus tout ça. J'aime être habillée pour me baigner : je suis à l'aise (nul besoin d'épilation ni de crème solaire et mes petits kilos en trop sont camouflés. C'est pratique).

Il n'y avait qu'un seul endroit exclusivement réservé aux femmes. Néanmoins, leur mari ou leur fils pouvaient s'y rendre aussi. Pour y aller, il fallait passer l'une des deux portes étroitement surveillées par des gardiens aussi peu sympathiques et compréhensifs que des vigiles à l'entrée d'une boîte de nuit ! Ils faisaient même des tours dans la piscine des femmes pour virer les gars qui se seraient faufilés en douce...

En entrant dans ce parc, une fois en maillot, nous marchions tous les cinq, moi en tête, pour découvrir le lieu et comprendre son fonctionnement. Il y avait un petit pont qui enjambait une piscine-rivière. Je l'empreinte, les enfants et Marty à ma suite. Soudain, je vois un gardien courir vers nous à la hâte, en brandissant sa matraque pour me barrer le chemin !

Il était tellement pris de court par mon arrivée impromptue qu'il a failli tomber :

– No woman, no !!

En effet, j'ai alors vu que je me dirigeais vers une piscine où il n'y avait que des mecs.

J'ai fait demi-tour et nous sommes allés dans la pataugeoire réservée aux femmes. La hauteur maximale de l'eau était de 80 centimètres… Nous nous baignions avec les enfants. Malgré cela, beaucoup d'enfants et de femmes portaient quand même une bouée.

Là-bas, ce n'était pas le culte du corps. Au contraire, les femmes se baignaient habillées. La plupart, comme moi, en collant ou en short et T-shirt à manches longues. On voyait qu'elles n'étaient pas encore « calibrées » pour la baignade car, outre les habits encombrants, elles étaient hyper maquillées (fond de teint et fard à paupière, leur tête toujours hors de l'eau…). Elles portaient même d'énormes chouchous en tissu ou des barrettes décorées de grosses fleurs absolument peu pratique pour nager.

Nous sommes d'abord restés à cinq pour observer ce nouvel univers.

Quelques enfants sont venus près de nous en criant « Hello, what's your name ? Hello ! » à moins d'un mètre de nous. Autant dans la rue, ce genre d'interpellation passe encore, mais là, je me sentais vulnérable et mal à l'aise avec cette intrusion dans ma bulle d'introvertie.

On essayait d'abord d'ignorer leurs appels ou on répondait un rapide « Hello, goodbye » avant de s'éloigner.

Bref, ce n'était pas l'endroit pour sociabiliser. Je me suis baignée une ou deux heures, comme s'il s'agissait d'un bain tiède peu profond. Puis je suis sortie de l'eau car j'avais froid. Impossible de nager dans une si faible profondeur et avec une si grande densité de nageurs. J'ai trouvé un transat, j'ai enfoncé ma casquette jusqu'à mes yeux et je me suis assoupie vingt minutes pendant que les quatre garçons s'amusaient dans les piscines aux multiples toboggans.

On est resté jusqu'à la nuit tombée puis on est rentré se coucher en ville.

Le lendemain, rebelote, on va au sanayi. Toujours personne car toujours l'Aïd.

Quelques garagistes sont quand même là. Dont un monsieur, un grand-père adorable qui nous offre de l'eau puis du thé suivi d'un repas acheté pour l'occasion dans une cantine du coin.

On s'est mis au poulet depuis quelques jours, car nous n'avons plus le courage ni la patience ou l'impolitesse de dire que nous ne mangeons pas de viande. Surtout quand il pose gentiment un plat devant nous sans même nous avoir avertis qu'il allait acheter à manger pour nous.

Donc ce monsieur nous a invités à rester toute l'après-midi dans la pièce climatisée de son garage pendant que Marty faisait des allers-retours dans le garage d'à côté ou Omar avait pris en main la réparation de notre moteur.

Omar s'est penché avec passion (car la mécanique est son passe-temps préféré !) sur le moteur du camping-car. Il y a consacré deux jours. Le premier soir, il nous a invités à manger dans sa famille, puis à dormir dans l'appartement qu'il partage avec Moctabar, son frère aîné. Nous avons mangé le repas du soir chez sa sœur où il y avait son beau-frère et ses neveux. Ils ont acheté du riz et du poulet pour tout le monde, accompagnés d'houmous et de crudités. Et bien sûr, nous avons clôturé cette soirée avec un petit thé sucré. Il était vingt-deux heures quand on a pris un taxi avec lui pour rejoindre son appartement où nous attendait Moctabar.

Mercredi 5 juillet 2023, MARTY :

Irak, le contrôle de trop !

L'Irak, on le sait, c'est tendu. Ils sortent à peine de décennies de guerre (Iran, Koweit, USA puis Daesh). Mais l'Irak est ouverte, on peut la traverser du sud vers le nord (et non l'inverse… Étrange).

D'autres voyageurs, d'autres familles et d'autres amis ont pris cette route avant nous. Nous sommes donc au courant de la manière dont cela se passe. Les deux pays tendus de notre voyage sont l'Iran et l'Irak. Mais ils ne sont pas dangereux pour les mêmes raisons. L'Iran n'est pas en guerre mais son gouvernement est totalitaire. Nous avions donc à y craindre la police-voyou. Or ces flics, ces milices ont tout pouvoir, ils peuvent venir chercher des noises et surtout, ils peuvent faire des arrestations arbitraires en inventant n'importe quelle excuse. Les occidentaux peuvent faire l'objet de rançon et d'outil diplomatique.

En Irak, c'est plutôt l'opposé, le pays souhaite s'ouvrir au tourisme, le gouvernement n'y est pas trop dégueulasse et ils tiennent à la sécurité des Européens de passage.

Ici, les flics sont nos amis, ils sont de notre côté pour notre sécurité. Le danger vient d'attaques terroristes de Daesh.

De ce côté-là, ça va mieux, Daesh a été repoussé en dehors des frontières mais il n'est pas totalement mort et on ne sait jamais, un attentat peut toujours arriver.

La police irakienne était de notre côté jusqu'à ce soir-là. Nous étions dans la campagne mésopotamienne, dans un bled du Tigre. Il faisait nuit et j'avais repéré un spot où dormir près d'un site archéologique, de l'autre côté du fleuve. Mais le Béluga ne pouvait pas passer sur le pont flottant (installé par l'armée américaine). Du coup, on cherchait un plan B ce qui n'était pas simple. On s'est fait harceler par une bande de gamins sur le parking d'une mosquée. Nous étions trop remarqués et les enfants sont imprévisibles, de rire, ils peuvent très vite passer aux insultes. Pascale pétait un boulon. J'ai décidé qu'il fallait se casser d'ici. Là-dessus, trois adultes m'abordent gentiment pour nous proposer asile chez eux, ils sont frères. J'accepte avec plaisir leur proposition qui tombait à pic : le Béluga sera garé en sécurité dans un jardin fermé et nous pourrons dormir au frais chez eux dans une pièce climatisée.

On fait connaissance avec cette famille très traditionnelle et sympa. Ils nous offrent à manger puis nous nous couchons dans une pièce climatisée.

Au milieu de la nuit, l'un des gars de la famille vient me réveiller pour me dire qu'il y a un policier pour moi. Il veut contrôler nos passeports. À deux heures du matin. Alors qu'on est chez des gens. Encore, si nous étions dans l'espace public, je peux comprendre, mais là... Le sale flic à la mine patibulaire, prend tout son temps pour regarder chaque page de nos cinq passeports. Ça dure une plombe. Il prend un malin plaisir à jouer de son petit pouvoir de merde et quand c'est fini, je pense qu'il va me libérer, mais non, il demande les papiers du véhicule, ce con. J'essaye de me débiner en disant qu'ils sont dans le véhicule mais qu'il est fermé. Je suis en pyjama et je dois aller réveiller ma femme car c'est elle qui a les clés.

– C'est vraiment ça que tu veux ? lui dis-je.

– Oui.

Alors j'explique que j'ai passé cinquante checkpoints pour arriver jusqu'ici, que c'est absurde, qu'il est évident que j'ai des papiers en règle. Je ne suis pas tombé du ciel en camping-car au milieu de la nuit quand même !

Il insiste, alors je vais réveiller Pascale, je prends les clés et vais montrer les papiers au flicaillon. Il prend à nouveau tout son temps et photographie tout. Entre-temps, tous les hommes de la maison se sont réveillés et sont venus saluer le con et voir ce qui se passait.

Je me sentais mal pour eux, surtout quand le doyen de la famille, le grand-père, est venu aussi. Tout ce micmac a duré près d'une heure. Cette petite enflure se fout de ma gueule, il était surtout là pour mettre la pression à cette gentille famille qui nous héberge. Il vient leur rappeler qu'il est libre de pénétrer chez eux à n'importe quelle heure de la nuit.

Je suis choqué. Les autres jouent le jeu gentiment, lui tendant gentiment des mains et lui donnant des salamalecs.

Je ne les blâme pas, je ne connais pas leur vie. Moi, je ne fais que passer en coup de vent. Je ne connais rien de leur quotidien mésopotamien. Ce que je remarque, c'est que la vie de ce village est très hiérarchisée jusque dans la maison, le vieux tape les enfants qui passent devant lui ou qui s'asseyent trop près de lui. Et là, je vois que tout le monde courbe l'échine devant le flic du quartier. Cela ne m'inspire rien de bien : des habitants qui craignent le képi du coin, n'est jamais bon. Ça craint du boudin.

Je pense aux villageois terrifiés par le shérif de Nottingham dans « Robin des bois ». Je ne lui ai pas servi le moindre début de sourire, à cet empafé. Bien sûr, je ne critique pas ces villageois, sans doute qu'à leur place, je serais terrorisé par le « gens-d'arme » de la région et je serais mielleux avec lui pour sauver ma peau et celle de ma famille.

Je suis en colère contre ce sale type malintentionné.

Adorables, nos hôtes me disent qu'ils sont désolés de cette situation. Je leur réponds :

– C'est moi qui suis désolé. Vous nous accueillez gentiment chez vous et, à cause de notre présence, vous avez des problèmes et on vous réveille au beau milieu de la nuit.

Ce soir-là, ma confiance envers l'Irak est tombée.

Je sais que c'est con de se braquer à cause d'une personne mais si un flic peut rentrer chez des gens en pleine nuit pour les emmerder, et bien, moi, je ne me sens plus en sécurité. Je me retrouve comme en Iran avec des flics-voyous qui ne sont pas avec nous mais contre nous. Jusque-là, ça allait plutôt bien avec les policiers trop nombreux et fatigants, car la plupart sont très sympas et ils aident.

Le convoi, je l'ai respecté car je comprends que les militaires sont là pour notre sécurité. Ils ne veulent prendre aucun risque pour nous dans une région tendue (le désert de Syrie) où il y a eu de nombreux combats et où Daesh, qui n'est pas loin, peut revenir lancer une attaque. Le fameux « For your security ».

Mais là, qu'on ne me fasse pas croire que c'est pour ma sécurité que le type est venu réveiller tout le monde. En plus, il était suspicieux envers moi. Par exemple, il me demande quand je suis rentré en Irak.

– Je ne sais pas exactement, une semaine à peu près. La date est marquée sur le tampon du visa.

– Je sais. C'est pour vérifier.

Mais c'est un interrogatoire ou quoi ? Même les flics iraniens étaient plus cool. Lorsqu'ils nous ont réveillés en pleine nuit pour un contrôle, ça a été beaucoup plus rapide et simple. On est resté leur parler à la fenêtre, ils ont accepté les photocopies de nos passeports (qui étaient rangés dans notre coffre-fort). Et ils n'ont pas posé beaucoup de questions. En dix minutes, ils étaient repartis.

Comment me sentir bien en Irak après ça, quand les flics peuvent être pires que la police Iranienne ?

On se casse ! Ça craint du boudin ici. Je pensais être en sécurité chez des amis, dans une maison mais, même là, le Malin s'immisce. C'est con, car on revenait de Babylone qu'on a adoré. On en a pris plein les yeux là-bas, et on s'est fait des amis.

Après ce réveil nocturne, j'ai envie de me barrer vite de ce pays chelou. Restait le Béluga à faire réparer au garage. Et c'est là que nous avons rencontré notre Sauveur : Magique Omar, alias « Monsieur muscles ».

Voici la liste de nos difficultés en Irak : température écrasante et toujours montante en juillet, soucis mécaniques (panne de moteur, pompe à eau cassée et panne électrique), sentiment d'insécurité, perte du lien de confiance avec la police, routes difficiles, routes chargées, chaussées pourries, très nombreux contrôles de police, jours fériés, quatre jours de vacances pour le petit Aïd où tout est fermé, dont les garages. Heureusement qu'Omar et son frère Moctabar y étaient quand même.

Hâte d'être en Turquie. La Turquie sera une libération.

Je veux retourner en Turquie « For my security ».

TURQUIE, KURDISTAN

Jeudi 6 juillet 2023. PASCALE :

Suite du récit d'hier, interrompu par le passage de la petite frontière du Kurdistan dans le nord de l'Irak. Facile. Quasiment comme un checkpoint irakien !

On s'est donc couché hyper tard chez Moctabar. Le lendemain, nous sommes retournés chez sa sœur pour le petit déjeuner. Nous y sommes restés toute la journée pendant que Omar et Marty étaient au garage pour finaliser la réparation du moteur et colmater le trou dans le pneu arrière gauche, dû à un clou enfoncé lors des essais de route dans les rues de Bagdad. En effet, les rues de la ville ne sont pas terminées... Elles ne sont pas recouvertes de bitume ni de pavés. Elles sont, pour la plupart, en terre sèche et poussiéreuse, elles sont encombrées de déchets sur les côtés.

J'ai passé la matinée sur mon ordinateur pour inscrire Lullaby au lycée Joffre.

Si je tiens absolument à parler de ces deux jours de réparation à Bagdad, c'est pour mettre Omar à l'honneur ! Il a donné de son temps, de son énergie et de son savoir pour trouver ce qui clochait dans le camping-car depuis Rhyad.

Et Omar a trouvé, car depuis, nous n'avons plus eu de problème. Il a remis le filtre à air sale qu'on avait enlevé. Il a refusé qu'on le paye car nous sommes ses amis !

L'ingénieur qu'ils ont vu le dernier jour et qui a vérifié cinq trucs sur son ordinateur, en vingt minutes, nous a demandé deux-cents dollars. Omar, rien. Quel ange ! Franchement, on l'a remercié mille fois.

Bagdad, Paris, même combat ! Les rues de Bagdad étaient jonchées de déchets car le gouvernement corrompu ne met pas assez d'éboueurs en service… Ils ne passent qu'une fois, de temps à autre. En attendant, les détritus ménagers s'amoncellent sur certaines parties du trottoir, pour le régal des chats errants et autres insectes rampants.

J'ai fait le parallèle avec Paris où la grève des éboueurs engendre le même effet : les poubelles débordent.

Pendant que nous mangions avec la famille d'Omar, nous regardions du coin de l'œil la télévision irakienne. On y voyait des images de militaires, de CRS armés de matraques ou de bombes lacrymogènes et d'un camion blindé avec deux tourelles et des mitraillettes…

Le tout, dans un nuage de fumée. Eh bien, devinez quoi ? Cette scène se passait sur les Champs-Élysées !!

Ainsi, j'étais peinarde en Irak et je découvrais avec effroi qu'une guerre civile débutait dans ma patrie de cœur, la France. Nous étions choqués.

Vendredi 7 juillet 2023. PASCALE :

Maintenant qu'il ne reste que trois semaines avant le terme de ce voyage, je pense au retour en Europe. D'ordinaire, pas mal de voyageurs ont la boule au ventre rien que de penser à la reprise de leur vie quotidienne. Pas nous. Nous avons été au bout de notre rêve, nous n'avons à présent aucun regret, aucun remords. Nous avons prolongé quand nous l'avons voulu, en rallongeant d'une année la durée initialement prévue. Nous avons été au terme de nos envies, nous avons consommé toute notre réserve d'énergie pour les difficultés nomades du quotidien.

Ce sept juillet 2023, maintenant que nous sommes arrivés en Turquie, la boucle est bouclée. En revanche, la tension monte dans l'Hexagone…

Comment vais-je retrouver la France au mois de septembre ? Il y a deux ans, en septembre 2021, nous l'avions quittée en fin de crise covid, écrasée sous les règles sanitaires, le pass, les masques et le traçage numérique.

La situation s'était allégée entre-temps.

Néanmoins, il semblerait que notre patrie rentre dans une nouvelle ère, une période très instable, des tensions internes initiées par l'inflation et les répercussions de la guerre en Ukraine.

C'est plutôt cela qui m'angoisse à l'idée de revenir à la maison.

Et en même temps, je suis sur cette terre pour vivre des expériences. Or ce genre de situation est aussi une expérience et comment mieux la vivre qu'en y prenant part ?

Ce n'est pas agréable, cela fait peur. Peut-être y aura-t-il des désastres, des tragédies ?

Mais ce sera ma vie à cette période-là. Pour ma part, je tenterai de rester dans la paix, en moi et autour de moi, j'essayerai de diffuser et de maintenir cette paix car tout est contagieux : nos pensées, nos paroles, nos actes, notre exemple.

Si le peuple, de faim et d'injustice cumulées depuis des siècles, se rebelle enfin. C'est son chemin. J'observerai, j'accepterai. Moi, j'agirai avec calme, dans un état pacifique inébranlable. Je ne me tiendrai pas à l'écart de cette révolte pour une société plus juste, non. Bien au contraire. J'y travaille depuis une dizaine d'années. Ce sujet m'a toujours paru vital, nécessaire.

Comment ? Au quotidien, à mon échelle, avec la plus douce mais la plus puissante des armes : mes choix de consommation. Je consomme bio, local, artisanal. Je paie avec du liquide, tenant les banques et leurs frais loin de moi. Du moins, autant que mes finances me le permettent.

Je vais pouvoir m'y replonger à fond, dès mon retour, alors que j'ai complètement dû lâcher prise sur ce combat-là pendant mon voyage. Car on prenait surtout ce qu'on trouvait, quand et comment cela venait. En privilégiant toutefois les légumes et fruits frais des marchés ou des petites épiceries.

Dès septembre 2023, je vais pouvoir me concentrer sur mes actions pour un monde qui ne se voit pas obligé de voter tous les cinq ans pour élire un président qu'ils exècrent, en continuant de nommer cela de la démocratie... Car la politique, dois-je le rappeler, est à la base de toutes les décisions de notre société. Depuis l'éducation nationale jusqu'au nombre de lits ouverts dans les hôpitaux publics, ou la revente des biens publics tels que les autoroutes, la SNCF ou EDF. Tout est politique et tout est d'abord financier, donc si tu veux agir sur ce monde, attaque-toi à la politique et à l'argent.

Je romps le lien entre le votant et son dirigeant. Non, ils n'auront pas « ma » voix, mon accord, mon aval. Non, ils n'auront pas mon argent. J'en donnerai le moins possible aux banques qui font payer des frais d'agios aux plus pauvres, tout en facilitant l'évasion fiscale ou « l'optimisation fiscale », au choix, pour les ultra riches. Non, les multinationales de toutes sortes n'auront pas mon argent, j'achèterai chez mes voisins les agriculteurs et producteurs locaux.

Pour en revenir à Bagdad, en Irak, et à Omar, qui a réussi à réparer notre moteur, nous comptions partir le jour même de la réparation mais, heureusement que nous ne l'avons pas fait et avons passé une troisième nuit chez Moctabar, car le lendemain matin, l'autre roue arrière était plate ! Deux roues crevées dans la même ville alors que cela ne nous est jamais arrivé pendant deux ans...

Donc, direction sanayi. Le garagiste est adorable, comme toujours. Roue droite arrière réparée en cinq minutes, trou rebouché, coût du travail cinq euros. Mais ils ont refusé notre argent et nous ont offert du Pepsi et de l'eau fraîche !
Puis bye bye Bagdad ! Et en route pour Samarra.

En quelques heures, nous sommes arrivés sur le pont qui précède l'entrée de la ville de Samarra où la ziggourat (une tour hélicoïdale) se dressait de toute sa splendeur.

Le checkpoint du pont nous demande nos documents d'identité, comme d'habitude, puis nous rend les trois passeports des enfants et une feuille en disant :

– Nous gardons vos deux passeports pendant que vous allez voir la tour. On vous les rendra quand vous revenez ici, en échange de ce papier.

Là, je me suis énervée. J'ai dit non. Nous ne bougeons pas d'ici sans nos passeports, surtout dans un pays où il y a des checkpoints à tous les coins de rue !

Non et non. Tant pis pour la tour en spirale. On ne la verra pas mais on garde nos précieux documents. Point barre.

D'autant plus qu'à l'arrière, les enfants chahutaient et se disputaient jusqu'aux cris et aux larmes : l'enfer ! Tout cela juste devant les militaires…

Je suis sortie du Béluga pendant dix minutes, je devais prendre l'air. Je n'en pouvais plus.

Les militaires semblaient aussi désemparés que nous. Néanmoins, ils ne changèrent pas d'avis. Les ordres sont les ordres.

Je suis remontée dans le camping-car et on a roulé en silence pendant cinq minutes, dégoûtés. Marty respectait mon choix, mon refus. Il était lui-même perplexe face à la bonne décision à prendre.

Finalement, je compris que ne pas voir ce vestige magnifique de près était bien dommage, que ma colère mêlée de peur et d'épuisement, n'était peut-être pas la meilleure des conseillères.

J'ai dit à Marty :

– Bon… Ben, si tu veux vraiment la voir, alors allons la visiter.

Il a tout de suite dit « Oui ».

On a fait demi-tour : direction le pont où il y avait eu toutes les tensions.

Je suis passée à l'arrière, j'ai tiré les rideaux pour ne pas revoir ces « satanés » militaires quand on passerait devant eux. Lullaby s'est installé devant, à côté de Marty.

Un peu penaud, Marty leur a dit :

– Nous avons réfléchi et nous sommes d'accord de vous donner les deux passeports pour voir la tour.

Marty a pris le temps de faire un dessin et moi, quelques photos.

La ziggourat de Samarra était magnifique ! Elle ressemble à l'idée qu'on se fait de la tour de Babel.

Comme elle était en rénovation, nous ne pouvions pas nous en approcher, la visite a duré trente minutes. Ainsi, nous l'avons admirée à une cinquantaine de mètres, derrière un large grillage. Son état était incroyablement bien conservé. Cette tour possède sept étages et un temple en son sommet. Nous voyions bien les escaliers en spirale qui serpentaient autour de la tour conique, avec une rampe en métal noir accolée au mur ocre.

À côté de la tour, il y avait la « grande mosquée ». L'une des premières mosquées du monde, à priori ! On remonte vraiment dans le temps, ici…

Un beau bâtiment a un seul étage, de la même matière que la tour, sans minaret, ni coupole. Nous n'avons rien pu voir de près ni de l'intérieur, en raison des travaux.

Au loin, dans la ville de Samara, nous apercevions aussi de très belles mosquées au dôme doré mais… Interdiction pour nous ou notre véhicule de s'en approcher car cette ville est exclusivement réservée pour ses habitants avec un checkpoint à l'entrée. D'où notre confiscation temporaire de passeports.

Bien entendu, suite à cela, nous sommes vite retournés au premier checkpoint pour récupérer nos deux passeports et quitter les lieux.

La tour était merveilleusement belle et impressionnante mais, j'avoue que tous ces interdits l'environnant nous ont un peu cassé notre enthousiasme. Quelle atmosphère pesante et tendue…

Marty ne se sentait pas en sécurité pour dormir quelque part or la nuit tombait.

On s'est garé à côté d'un palais abandonné mais, à peine avait-on éteint le moteur, que des militaires arrivaient pour nous dire qu'il était interdit de dormir ici.

On est donc reparti, on pensait alors rouler jusqu'à la dernière grande ville avant la frontière turque, mais Marty, fatigué, avait repéré une sorte de mosquée encerclée d'un muret. Nous y sommes allés pour demander l'autorisation de garer notre camping-car à l'intérieur de ce muret. Un jeune irakien en djellaba y habitait avec son père. Ce n'était pas une mosquée mais une sublime habitation avec une petite mosquée privée en plus.

Ils nous ont proposé de nous héberger dans les chambres d'amis et nous ont offert un repas (riz, légumes et fruits), qu'on a mangé sur la terrasse de leur toit car il y eut une coupure d'électricité qui a duré une heure. Ils ne sont pas venus papoter avec nous car ils avaient des invités ce soir-là.

On a pris une douche chaude et le lendemain, à midi, on les a remerciés et on a repris la route vers Mossoul. Merci pour leur accueil !

À Mossoul, nous nous sommes offerts une nuit d'hôtel pour cinq. On s'est garé juste devant l'hôtel (80 dollars la nuit, petit déjeuner compris).

Nous étions épatés par la modernité de cette ville. Les rues et les magasins semblaient en bien meilleur état qu'à Bagdad. Pourtant, la guerre avait fait des ravages jusque-là, plusieurs maisons le long de la route étaient détruites ou criblées d'impacts de balles.

On a demandé les prix et la carte dans les trois premiers restaurants et cafés devant lesquels on est passé en sortant de notre hôtel. Et on est allé manger dans chacun d'eux !

Cinq thés et une pizza à partager à nous cinq, dans le premier.

Des hamburgers falafels, frites et salade, dans le deuxième et pour clôturer cette soirée, on a bu un café machiato et un mojito passion (sans alcool) dans le troisième. On s'est fait plaisir car on avait besoin de réconfort après toutes les émotions des checkpoints, des interdictions par ci, des obligations par là et des problèmes mécaniques.

Nous avons très bien dormi à l'hôtel.

Le lendemain, à midi, l'heure de quitter la chambre était venue, l'hôtelier et un autre gars viennent toquer à la porte. Le mec se présente, il aimerait nous filmer et nous poser des questions sur notre avis à propos de Mossoul. On accepte volontiers toutefois, on lui avoue qu'on est arrivé la veille au soir et qu'on n'a encore rien visité.

Alors, il nous propose de faire le guide avec sa voiture, gratuitement. On accepte avec joie !

Il ramène une seconde voiture et des amis pour conduire. On voulait voir la plus ancienne librairie cunéiforme et la Grande Mosquée construite par Saddam Hussein (encore lui !). L'homme nous informe que les deux sont fermées pour rénovation.

En effet, la mosquée devant laquelle on est passé n'a plus ses belles mosaïques sur le toit, elle est en travaux. Mais le gars nous invite à découvrir autre chose : une maison traditionnelle comme il y en avait des centaines avant la dernière guerre.

Cette belle habitation est transformée en musée, avec même un coin plus moderne et des lunettes virtuelles pour voir comment c'était à l'époque.

Ensuite, ils nous conduisent dans un quartier fraîchement reconstruit. Il y a une photo de son état abîmé par la guerre, afin de faire la comparaison avec aujourd'hui. Maintenant, les murs sont peints en rose, avec des décorations, des pots de fleurs, des restaurants et des cafés sympas.

Nous sommes rentrés dans l'un d'eux, puis à la fin, on a fait l'interview filmée (en anglais). Avant de partir, ils nous ont déposés à un restaurant, juste à côté de notre hôtel.

On les a remerciés, ils ont été géniaux ! Sans eux, nous aurions marché longtemps sous le soleil, pour arriver devant deux portes closes (la librairie et la mosquée de Saddam)…

On a dégusté de bons plats végétariens dans un restaurant à mézés. Puis nous avons dit au revoir à Mossoul.

Nous avons roulé vers la frontière. Plus on roulait, plus on s'approchait de la Turquie, plus notre tension s'allégeait. L'Irak, c'est beau, mais c'est lourd énergétiquement, c'est stressant. Nous sommes arrivés à la nuit tombée dans la petite ville à 45 minutes de la frontière.

Marty était crevé. On a roulé jusqu'à un parking, juste après une route étroite très dense en circulation, en hauteur sur une montagne. D'autant plus que c'était la veille du week-end donc il y avait énormément de gens.

On est parti le lendemain vers onze heures, en quête d'un restaurant car il faisait trop chaud dans notre Béluga.

Mais en arrivant devant le restaurant, Marty se rend compte qu'il a oublié de revisser le bouchon de notre réservoir à essence et qu'il s'est envolé quelque part sur la route depuis notre parking…!

En effet, les militaires irakiens d'un checkpoint avaient

gentiment rempli notre jerrican de diesel car aucune station essence n'acceptait de le remplir si nous n'avions pas une autorisation écrite. C'est à peine si ils acceptaient de faire le plein du réservoir de notre véhicule car, dans Bagdad, il fallait une autorisation spéciale pour obtenir du diesel. Ainsi, les militaires nous avaient dépannés. Or ce jerrican avait une fuite et l'odeur de l'essence remplissait notre habitacle. De plus, il y avait un risque que ce bidon soit confisqué à la frontière. Donc Marty voulait le vider dans notre réservoir. Mais il a changé d'avis au dernier moment car le réservoir était encore plein.

Nous avions roulé trente minutes depuis le parking où le bouchon était tombé. Nous étions dégoûtés de devoir remonter cette montagne jusqu'au parking situé à son sommet. Nous l'avons quand même fait car c'était le bon moment, à cette heure, il n'y avait presque personne sur la route.

Devinez quoi ? Incroyable !! Nous sommes revenus au parking, en vérifiant la route tout au long du chemin et qu'avons-nous trouvé au parking ? Abandonné sur le gravier ensoleillé : le « Doudou jaune » de Taïmoon. Son second doudou préféré, le frère jumeau de « Doudou bleu » qu'il avait reçu à sa naissance de sa tante Jessica.

C'est la première fois qu'un doudou tombe du camping-car sans qu'on ne s'en aperçoive. Ainsi, on est revenu pour un bouchon perdu et on a récupéré le doudou fétiche de notre fils. Sa deuxième tong était aussi tombée par terre ! Le miracle.

Par contre, nous n'avons pas retrouvé le bouchon. Pas grave, nous en rachèterons un.

Vendredi 7 juillet 2023, MARTY :

SAUVÉS !!!

L'arrivée en Turquie me semble salvatrice. Comme un retour à la maison. Si loin de Montpellier mais presque déjà rentrés.

Ma Turquie, ma chère Turquie. Ô qu'elle est douce et belle ma Turquie. Immense, multiple, mystérieuse, riche, complexe. Terre d'accueil... Terre d'asile. Ma maison.

Après un an en famille autour du Moyen-Orient, nous voilà de retour au point de départ de notre immense et richissime boucle. Pas encore tout à fait bouclé, il faudra rejoindre Istanbul pour vraiment revenir au point de départ du tour du Moyen Orient.

Incroyable voyage aux pays de l'islam dont je ne connaissais rien (en sais-je davantage au bout d'un an ?). Mille-et-une nuits dans le désert, en Perse, en Mésopotamie, dans les dunes d'Arabie et au pays de l'encens.

L'Irak m'a mis un genou à terre ! Mais un seul genou heureusement. Il me reste une jambe solide pour me relever. Irak, si difficile pour les voyageurs. Un pays plein de tensions qui semble être toujours en guerre. Présence militaire partout, contrôles à toutes heures du jour et de la nuit. Écrasante chaleur de la Mésopotamie, checkpoints incessants, soucis mécaniques. Même le passage frontière est éreintant, cinq heures d'attente sur un pont. Je suis rincé, brisé… mais libéré !

Aujourd'hui, le Béluga et son équipage vont bien, parés pour la suite des aventures au Kurdistan Turc.

Il y a tellement à dire sur l'Irak, ce pays étrange. Nous avons eu d'énormes coups de cœur, des rencontres formidables, bien entendu, mais des galères aussi.

J'en parlerai plus longuement bientôt. Pour l'heure, nous

profitons d'être tous les cinq en vie, en terre amie.

Nous avons survécu à l'Irak, au Kurdistan, à l'Arabie Saoudite et à l'Iran ! C'est l'heure de la renaissance. J'ai l'impression comme Héraclès d'avoir fait un séjour chez les morts et de revenir à la lumière.

Je serai toujours reconnaissant des privilèges que nous avons de vivre en paix en Europe. Incroyable chance d'avoir la liberté de bouger, de marcher, de voyager ! Je resterai toujours alerte et critique... mais tellement heureux de ma vie.

Dimanche 9 juillet 2023. PASCALE :

Lorsque je rentrerai à Bruxelles, puis en France, je relirai les cinq carnets de route pour les retranscrire sur l'ordinateur en vue de les publier, accompagnés de dessins de Marty, des enfants et de photos. Je suis très emballée par ce projet de réécriture, cela me permettra de me replonger dans les différents moments de ce beau voyage, d'en éliminer les passages redondants ou superflus, bref, de le digérer d'une merveilleuse façon.

Il y a quelques mois, j'avais fait un brainstorming familial pour définir le titre de ce futur ouvrage. Marty a eu une idée géniale : « Mille et une nuits dans le Béluga ». En référence aux pays arabes que nous avons visités.

De son côté, à son retour en France, Marty s'attellera à peaufiner et mettre en couleur ses dessins. Il compte réaliser deux livres différents en raison des deux styles de dessin (l'un en couleur et l'autre, plus petit, format poche, avec les croquis en noir et blanc).

Au final, trois livres naîtront de ce long voyage. Ainsi que quelques albums photos destinés à notre cercle familial, grâce auxquels les enfants pourront revivre ce périple. Pas encore rentrés, ils ont déjà la nostalgie du voyage…

À la fin de la rédaction des « Mille et une nuits », j'écrirai un passage sur nos ressentis, plusieurs mois après notre retour à la maison. Cela clôturera ce récit et je pourrai ainsi tourner la page et passer à la suite de ma vie.

Taïmoon m'a fait part, il y a deux jours, de la tristesse qui le submergeait le soir dans son lit, en réalisant que ce voyage approchait de son terme. Il en pleurait presque… Il disait que maintenant que ce projet était terminé, nous allions retourner à une vie banale et ennuyante, que la vie n'avait plus de sens maintenant que ce mode de vie nomade s'achevait.

La Turquie, bien que libératrice de toutes les tensions accumulées dans les pays difficiles (Iran et Irak), mais aussi libératrice des chaleurs intenses, du stress dû au CPD, des visas et autres formalités compliquées, cette même Turquie nous fait aussi comprendre qu'il s'agit du dernier pays avant le retour au bercail. Ainsi, les mots se libèrent et les enfants parlent de leur appréhension à ce retour à la vie normale, de leur peur de découvrir leur nouveau lycée (pour Lullaby) ou collège (pour Miel), de leur angoisse de revoir des copains de classe qui auront peut-être évolué très différemment en deux ans…

On en a parlé hier soir, après le pique-nique sur les hauteurs de Mardin, en Turquie.

On s'était trouvé un terrain vague qui donnait sur la vallée et qui se trouve à dix minutes à pied du centre-ville. On s'est tous allongés sur le tapis du pique-nique débarrassé des restes du repas, et on a papoté autour de l'angoisse du retour. Même Lullaby qui avait affirmé avec véhémence depuis le début du voyage qu'il refuserait de faire une troisième année en nomade, car ses potes lui manquaient trop, même lui, a changé d'avis.

À présent, il souhaite rentrer à 50 % et poursuivre la route à

50 %, car la normalité pour lui, c'est être nomade. Or devoir se réveiller 5 jours par semaine à 7 heures pour rester 8 heures assis sur une chaise d'écolier, cette perspective lui semble bien ennuyante et limitée. Il a peur de ne connaître personne dans son nouveau lycée ou d'être trop timide pour rencontrer des gens sympas.

Miel et Taïmoon éprouvent à peu près les mêmes sensations quant à la rentrée scolaire. On leur a dit que cette année de retour était vitale pour tout le monde, à commencer par les parents ! Nous sommes éreintés (voyager, ça épuise, d'autant plus avec 3 enfants. D'autant plus avec trois CNED à assurer). Nous avons plusieurs projets professionnels en attente d'être réalisé et cela nécessite beaucoup de temps libre.

En revanche en juin 2024, on se rassemblera à cinq autour d'une table pour discuter de cette année à l'école. Est-ce que tout le monde a retrouvé des amis, une classe sympa, un quotidien épanouissant ? Et si ce n'est pas le cas, nous réfléchirons à la manière d'y remédier.

Tout est possible, soit les trois enfants se plaisent à l'école. Soit un seul veut refaire le CNED, et ce serait tout à fait envisageable. Soit deux et là, on réfléchira à la meilleure des solutions pour tous. Soit trois : alors on déscolarise à nouveau les enfants et nous voyageons six mois après avoir passé six mois à Montpellier (pendant l'hiver).

Bref, pas d'inquiétude à avoir car nous avons la liberté d'aménager notre existence comme nous le souhaitons. En tout cas, ni Marty ni moi ne voulons refaire une année complète en nomade, c'est trop épuisant…

On avait ce désir depuis longtemps (enfin surtout Marty), un vieux rêve d'enfance. Maintenant qu'il est réalisé, on a envie de voyager autrement : les petites vacances, les grandes vacances ou maximum quelques mois d'affilé, mais on aime avoir une maison confortable et spacieuse, on a besoin de planter nos racines quelque part.

Même si nous ne sommes pas attachés à Montpellier, nous pourrions vivre six mois à un an ailleurs en France, mais aussi, pourquoi pas, un an en Turquie, car nous adorons ce pays. Le foisonnement de merveilles naturelles et culturelles à y découvrir est incroyable !

Mardi 11 juillet 2023. PASCALE :

Nous avons passé la frontière Irak-Turquie le 6 juillet. La sortie d'Irak a duré une heure mais l'entrée en Turquie presque six ! Nous étions arrivés après 18 heures or c'est à deux heures du matin que nous avons pu nous coucher à dix minutes de route de la frontière. Pourquoi ? Car il y a un pont devant la frontière de Turquie avec une seule file d'attente pour les voitures. Cette file mène à une grille qui est fermée et ne s'ouvre qu'une fois par heure pour laisser entrer un nombre limité de véhicules, puis elle se referme pour une heure. On a donc dû attendre plusieurs tours avant de pouvoir entrer. Bon, pour nous, ça allait. Nous avions notre maison avec nous. Mais comment font les autres, avec des bébés, des enfants, pas de toilette, ni d'accès à l'eau ? Ils doivent endurer de 5 à 10 heures d'attente sur place, selon l'affluence. Quelle merde !

Quand nous sommes enfin entrés, vers une heure du matin, ça a été plutôt rapide, on a dû passer le camping-car au rayon X malgré notre bouffe, notre réserve d'eau et d'autres choses comestibles. Mais... "C'est la procédure".

Nous y avons eu droit seulement deux fois sur tout le voyage : à la sortie (Turquie-Iran) et à l'entrée de la Turquie (Irak-Turquie).

Et nous voilà en Turquie depuis cinq jours ! Nous nous sentons mieux, détendus et en sécurité. Marty a partagé une photo et ses impressions sur Facebook, expliquant combien il aimait la Turquie, il s'y sentait comme à la maison, comme si on revenait déjà chez soi, par rapport aux difficultés rencontrées en Irak.

Suite à ce post, qui a suscité pas mal de messages positifs et compréhensifs, Marty a reçu une remarque d'un copain qu'on avait croisé lors de notre voyage. Ce pote disait, en gros : "Quoi ?! Ça t'a paru difficile et tendu, l'Irak ? Tu te crois super balèze d'avoir traversé, survécu à ce pays ? Mais moi aussi je suis passé par là et il n'y avait rien des dangers ou des problèmes dont tu parles dans ce post."

Cela nous a fait réfléchir.

Bien sûr, nous sommes restés en Irak environ 18 jours en famille avec enfants or lui, juste une semaine, en couple. Ils ont toujours tracé leur chemin beaucoup plus vite que nous. Ensuite, ils sont deux adultes. Marty et moi avons trois enfants à gérer et à protéger en plus de nous deux. Cette charge mentale au quotidien, plus la responsabilité qui en découle sont lourdes. Ça, ce pote ne peut pas le comprendre.

Aussi, nous avons eu plein de tracas mécaniques en Irak : le moteur qui s'arrête tout seul, les deux pneus crevés à Bagdad, la température élevée qui nous empêche de dormir dans le véhicule.

En plus de toutes ces différences, nous sommes particulièrement sensibles (pour ne pas dire « hypersensibles ») aux énergies, aux tensions invisibles mais présentes, aux militaires et à la mort qui rôde autour d'eux, au contrôle excessif des militaires ou de l'État sur les citoyens... En tant qu'artistes, nous ressentons de vives émotions et avons nos sens plus aiguisés que pas mal de gens, cette sensibilité-fragilité est vitale pour être créatif. Nous remettons sans cesse le monde en question, en réflexion : notre place dans ce monde, dans cette société, la place des exploités du système, des laissés-pour-compte.

Nous avons réalisé que cette différence de vision avait déjà causé des incompréhensions quand Marty avait fait un autre partage sur Facebook. À notre arrivée en Jordanie, quand on revoyait enfin des femmes rire et se balader sur la plage, alors qu'on avait à peine croisé de noires silhouettes recouvertes de voile quand nous étions en Arabie Saoudite, une autre amie avait dit (plus délicatement et en message privé) à Marty qu'elle n'était pas d'accord avec notre vision des femmes au Moyen-Orient, qu'elle y était aussi à ce moment-là et qu'elle discutait de tout avec les hommes que, son mari et elle, rencontraient, qu'elle parvenait aisément à faire la part des choses, à être contente de leur voyage au Moyen-Orient, à profiter des lieux, des rencontres, des mets culinaires, sans être choquée par le statut des femmes par rapport à celui des hommes.

C'est vrai. Chacun sa sensibilité. Chacun ses vulnérabilités ou ses chevaux de bataille.

Nous avons vu et ressenti ce dont on a parlé dans ce carnet de bord, quand d'autres voyageurs, ayant une vision différente de la nôtre, peuvent voir une toute autre réalité au même moment et dans les mêmes lieux. Voilà pourquoi il est intéressant que j'écrive ce journal selon mon ressenti. Voilà aussi pourquoi il est important que les lecteurs gardent un discernement, une certaine distance avec nos propos car ce n'est au final qu'une réalité parmi des milliers d'autres.

Mercredi 12 juillet 2023. PASCALE :

Nous qui croyions avoir déjà découvert les merveilles de la Turquie, nous sommes bien loin du compte. Depuis la frontière d'Irak, nous en visitons le côté sud-est, coin que nous ne connaissions absolument pas et qui recèle de véritables trésors.

Nous avons d'abord visité Midyad, un petit village avec d'étroites ruelles en pentes raides. Nous avons garé le camping-car en bas et nous sommes partis à pied.

Il y avait là de sublimes bâtisses de style maure, en belles pierres blanches avec des escaliers et des terrasses qui donnaient sur la vallée et les champs lointains. Magnifique !

Nous avons roulé ensuite jusqu'à Mardin, une autre ville à flanc de montagne, avec des ruelles pavées d'antiques dalles, un grand château en ruine (fermé) planté au sommet de la montagne et des constructions maures partout dans la ville. Quelle beauté !

Face à tant de splendeurs, Marty et moi avons envie de revenir un an en Turquie, pour y vivre tout en la visitant en camping-car et aussi en logement fixe quand il fera froid. Avec, à nouveau, une année d'école à domicile. Le créneau idéal serait dans trois ans : après le Bac de Lullaby, après le Brevet de Miel et après la première année au collège de Taïmoon. Car la Turquie est immense. On pourrait y consacrer une année entière !

On va vite maintenant qu'on a un planning journalier. Le timing est serré : nous devons être à l'heure pour le dentiste et l'avion.

Hier, nous avons été à Gobeklit Tepe. Un lieu archéologique vieux de 12 000 ans ! On pensait être remonté aux origines de la civilisation avec Persépolis en Irak ou les vieilles zigourates de 7000 ans mais, en fait non.

Le site de Gobeklit Tepe a été découvert récemment et il remet en question pas mal de théories et croyances sur l'humanité car ce site est antérieur aux chasseurs-cueilleurs connus. Ce lieu montre des piliers en pierre, dressés, sculptés et décorés d'animaux variés. On y a d'ailleurs retrouvé des tonnes d'os d'animaux (pour les sacrifices ou la consommation des constructeurs et des artistes ou pour les deux ?).

Deux grosses stèles de plusieurs tonnes chacune sont abritées par des bâtisses en partie à l'air libre et en partie enterrées, faites de pierres empilées. Peut-être que les stèles étaient construites bien avant les temples qui les encerclent et les protègent.

Le site était joliment aménagé, avec un petit musée et un film artistique immersif.

Marty y a fait deux dessins, ce lieu l'a inspiré.

Sur le parking du musée, nous avons rencontré Pierre-Benoît (PB), Laurence et Gaëlle (8 ans). Ils voyagent dans un van aménagé qu'ils ont depuis onze ans. Ils ont mis toutes leurs affaires dans le garage d'un ami et ils sont partis en avril. Ils n'ont pas encore décidé quand ils rentreront en France. Maintenant qu'ils sont hors de France, il n'y a plus d'obligation scolaire pour Gaëlle. Ainsi, ils font l'école à la maison.

Nous avons passé l'après-midi et la soirée avec eux en retournant là où nous avions dormi la veille pour faire un campement à deux véhicules. Nous les avons quittés après le petit déjeuner et nous voilà de retour au garage Fiat car ce garage-ci est spécialisé pour les Fiat et les Ducato (c'est nous !).

Dimanche 16 juillet 2023. PASCALE :

Cela faisait trois jours que nous étions à Sanliurfa et nous n'en avions rien vu, excepté le sanayi, le Mall (pour le cinéma et pour recharger l'eau grâce aux lavabos des toilettes) et le parking pour les nuits.

Aussi, la dernière nuit, en sortant du garage, enfin réparé, nous avons été nous balader dans le cœur de cette ville.

Là où, selon le Coran, un miracle eut lieu pour sauver Abraham :

Le Prophète fut jeté par une catapulte depuis le château situé en haut de la colline qui surplombe la ville... L'homme devait tomber droit dans les flammes d'un bûcher.

Allah, pour sauver son prophète, a transformé les flammes en eau et les bûches en poissons. Depuis, cet endroit sacré est traversé de canaux où nagent des poissons gros comme des carpes japonaises.

La mosquée et les arcs qui encadrent le lieu sont d'architecture maure, c'est magnifique.

Il s'agit d'un lieu de pèlerinage où les Turcs viennent prier et se ressourcer en rapportant des flacons d'eau sacrée. Il y avait aussi des tenues maures en location (à 50 centimes le costume !!) pour faire des photos devant le plan d'eau et la mosquée.

Évidemment, nous l'avons fait. Il n'y avait pas la possibilité de faire les photos le soir où nous avions découvert ce lieu toutefois, j'avais tellement adoré la beauté et la quiétude de cet endroit, que j'ai voulu qu'on y retourne le lendemain afin de le voir en plein jour.

C'est là que nous avons fait la photo avec le photographe (2,50 € pour une photo imprimée).

Ce jour-là, nous étions le 14 juillet. Non, nous n'en avons rien à faire de la fête nationale française. En revanche, le 14, c'est l'anniversaire de Taïmoon ! Ainsi, nous lui avons offert son portrait encadré et déguisé ; il était trop content.

Cela a causé de la jalousie chez Miel qui aurait aussi voulu avoir son propre portrait encadré, car il n'en n'avait pas reçu lors de son anniversaire le mois passé. Au final, après des bouderies et des explications, j'ai convenu que je mettrai une belle photo de Miel dans un cadre, quand nous serons de retour à Montpellier.

Sanliurfa, on s'y est baladé le premier soir. On s'est installé à une terrasse avec une shorba, un chai et un ayran (boisson lactée salée) et le bien-être de ce lieu si apaisant, grâce à ses nombreux canaux enjambés de petits ponts, m'a submergée de joie.

Une musique de flûte envoûtante résonnait parmi les rires et les bavardages des gens présents. J'ai déclaré : « on dirait le paradis sur terre ».

Les terrasses protégées par du lierre et des toits recouverts de plantes, la fontaine encerclée de quelques barques, tout est parfait quand on est dans ce « Présent absolu ».

Marty m'a fait remarquer que ce lieu était connu pour être la première cité construite par Adam et Eve et leurs descendants. Ainsi que la première cité reconstruite après le déluge, il y a 12 000 ans.

L'eau détient un pouvoir calmant, elle est la vie et la paix. En tout cas, c'est mon ressenti. Le long de la route, nous avons aussi vu une paroi rocheuse creusée de grottes cubiques qui sont des tombeaux. Avec des statues, des décorations, une pierre plate et ronde pour sceller la tombe, comme celle du tombeau du Christ. Entrée gratuite, belles façades illuminées la nuit. Et, le jour, visite des tombeaux qui maintiennent une température fraîche.

L'un des soirs, après le sanayi, on est allé au Mall. Le cinéma passait encore « Spider-Man new generation. Across de multiverse ».

On déteste les comics, les Marvel et les super-héros mais tout le monde nous avait conseillé ce film-là car il est, graphiquement parlant, un chef-d'œuvre. Alors quand on a appris que la séance pour cinq personnes ne coûterait que 16 € au total, on n'a pas hésité et on a réservé nos places.

Le film durait 2h15 et c'était la toute dernière séance car, quand on est sorti de la salle, il venait de changer l'affiche pour y mettre celle d'un nouveau film.

Ce fut une claque visuelle ! Des décors à la peinture, des mélanges graphiques de personnages d'univers différents. Tous les Spider-Man créés depuis ses débuts, en BD, en comic, en film ou en dessin animé, avaient un rôle dans ce film.

Encore une séance d'entrainement linguistique, le film était en version originale anglaise sans sous-titre. Un grand moment de cinéma !

Nous étions encore à Sanliurfa quand nous avons décidé de louer une voiture le lendemain pour rouler (trois heures aller et trois heures retour) jusqu'à Nermud Dagi.

Un incontournable : d'immenses statues assises au sommet de la plus haute montagne des environs. Avec le temps, les deux séries de huit gardiens assis ont perdu leur tête et celle-ci a été déposée par terre devant eux. C'est impressionnant de beauté.

Ils surveillent l'entrée du tombeau du roi Antioche, enterré là. La porte y menant a été recouverte de plusieurs tonnes de gravier empilé qui forme la pointe de la montagne !

Une heure avant la fermeture des loueurs de voiture, on a cherché une voiture à louer pour le lendemain matin… C'était donc pour samedi : le premier jour du week-end.

Plus aucun véhicule n'était disponible ou alors tard, vers onze heures. Toutefois, pour faire plus de six heures de route, il valait mieux se lever tôt. On a fini par trouver une Volkswagen JETTA pour 80 € la journée.

Le matin même, Miel et Marty ont été chercher la voiture à dix heures. Ils ont payé, le vendeur a fait une copie du passeport du conducteur et c'était suffisant. Il n'a rien gardé, ni un document d'identité ni une caution !

On a fait du change, le plein et mangé un repas shorba. Il était treize heures quand on est enfin parti. On est arrivé au sommet de la montagne vers 18h 30 et on est resté jusqu'au coucher du soleil.

Il y avait pas mal de locaux venus admirer cet endroit extraordinaire. Puis on a repris la route juste après. Notre organisation était un peu mal gérée, je l'avoue…

On est rentré à deux heures du matin. Taïmoon et Lullaby dormaient derrière, tandis que Miel était devant pour tenir compagnie à Marty, ce qu'il a fait depuis le matin quand ils ont été en trottinette pour récupérer la voiture. Et qu'ils ont refait le lendemain à dix heures pour ramener la voiture et revenir à pied.

Le vendeur a repris la clé et leur a offert le petit déjeuner car il mangeait justement avec des amis.

Les enfants étaient ravis de notre location ; ils sont en plein dans leur passion « voiture » pour le moment. Ils ont aimé rouler dans une jolie bagnole toute la journée. Au retour, on s'est arrêté vers 22 heures dans un restaurant, on avait tellement faim.

Le premier étage du restau donnait sur la rue, sur un rond-point avec une fontaine. Il y avait plein de trucs à voir : un cortège de voitures de mariés qui klaxonnaient, ils sont passés deux fois, une belle Jeep est passée deux fois et un pick-up stylé est passé cinq fois sur le rond-point. Le samedi soir, les conducteurs font des tours dans la ville.

Comme à Dubaï où, près de la plage, des voitures se suivent lentement à la queue leu-leu, sur un circuit qui tourne en boucle.

On a aussi vu un sorcier, style Dumbledore : un vieux mec hyper classe avec une longue barbe blanche, une belle canne à pommeau d'argent, des lunettes de soleil alors que c'était la nuit et une cape noire. On a vu ensuite un gamin de douze ans se garer juste devant le restaurant où on mangeait, sortir avec la clé du véhicule, y laisser son grand frère, aller rejoindre un pote au café d'en face, faire un tour et revenir la clope au bec, tranquille !

Alors, je me pose la question : roule-t-il ainsi sans permis ?

Ou la Turquie donnerait-elle un permis dès douze ans ?

J'ai dit aux enfants que si un jour, ils s'ennuient chez eux, qu'ils ne savent pas quoi faire, que leur quotidien est devenu un peu vide de sens, ils n'ont qu'à s'asseoir à la terrasse d'un café animé, avec un thé ou une limonade, et regarder la vie. Pour observer les gens qui passent, les voitures, les animaux, les bribes de discussions qui traversent l'instant présent. Mine de rien, c'est passionnant.

Taïmoon a dessiné un superbe « Jeu de l'oie » sur un papier cartonné. Il a joué quelques parties avec Miel. Cela leur a donné envie d'en créer un autre autour de la thématique irakienne. Première case : le camping-car à la frontière d'Irak. Dernière case : la Turquie. Avec des checkpoints ou des pannes, qui font perdre un tour ou revenir en arrière. Mais aussi avec des thés offerts ou des cadeaux qui te font avancer de quelques cases. Je trouve l'idée drôle et intéressante.

Sur le chemin du retour vers Sanliurfa, nous sommes passés par Adyaman.

Nous avons vu les innombrables façades fissurées des immeubles en partie effondrés où, l'année passée, un violent tremblement de terre a dévasté cette région.

D'ailleurs, suite à ce désastre, la « livre turque » a perdu un tiers de sa valeur en un an…

Avant notre passage en Iran, un euro équivalait 19 LT, or maintenant le cours a bien changé : un euro vaut 28 LT !

Le tremblement cumulé à l'attentat à Istanbul (qui s'était déroulé juste avant) ont de lourdes répercussions sur l'économie du pays, alors qu'il subissait déjà une grosse inflation.

Le long de la route, il y avait des tentes qui servent à offrir la soupe populaire aux sinistrés. Vu l'heure tardive, il n'y avait personne.

Ce qui nous a aussi interpelé était l'étendue de ce séisme ! Je ne croyais pas cela possible… Marty a constaté sur la carte que les lieux touchés avaient la surface de la longueur de la France !

Lundi 17 juillet 2023, MARTY :

Kurdish Mezopotamya, toujours entre le Tigre et l'Euphrate. Nous sommes au bassin d'Abraham à Sanliurfa. Plusieurs légendes :

1- Le prophète Abraham aurait été jeté au feu, catapulté depuis un château sur la colline (sympa, les gars à l'époque). Mais miracle, les flammes se sont transformées en eau et les bûches en poissons. Aujourd'hui, le « bassin d'Abraham » est plein de poissons sacrés que l'on vient nourrir.

2- Première cité reconstruite après le déluge par Noé et sa descendance. D'ailleurs le mont Ararat en Turquie serait l'endroit où l'arche aurait touché terre au moment de la baisse des eaux.

3- Première ville fondée par Adam, Ève et leur descendance après le départ du paradis originel. La légende 3 ressemble à la 2, il y a de la confusion dans tout ça…

4- Du côté de l'islam, c'est aussi un lieu saint, je ne connais pas les détails mais il y a une mosquée sur fond d'eau (à l'intérieur de la mosquée, on marche sur des plaques en verre au-dessus de l'eau et des poissons) qui est aussi le mausolée d'une personne sainte.

Décidément toute la Mésopotamie, de l'Irak au Kurdistan est chargée en histoire et culture ! Ici, à Sanliurfa, l'eau est centrale. Ce que j'y ai trouvé, c'est un endroit magnifique, populaire, frais, calme où il fait bon vivre, avec canaux, bassins, grottes, salons de thé et parcs ombragés. Un air de paradis.

Sanliurfa a aussi un très bon garagiste qui m'a remis le véhicule en état après les soucis mécaniques qu'on a eus en Irak à cause de la très mauvaise qualité de carburant qu'on y trouve.

Dimanche 22 juillet 2023. PASCALE :

Demain, j'ai rendez-vous chez le dentiste à 14 heures, à Antalya.

Nous sommes à Konya, à quatre heures GPS de là. Nous allons donc rouler une grosse partie de la journée d'aujourd'hui.

Nous venons de passer trois jours avec Tristan et Zrinca (les Blue Georges).

Nos chemins se sont recroisés dans le camping gratuit. Ce lieu calme, entouré d'eau et de cascades, offrait aux voyageurs trois nuits dans ce camping, avec eau, toilette, douche et même une machine à laver par jour !

Le carré d'herbe où nous étions garés côtoyait un terrain de jeux pour les enfants. Il y avait une balancelle et un jeu d'échec géant avec tous les pions. Les enfants y ont beaucoup joué, d'abord avec les règles classiques puis en l'améliorant avec leurs idées. Ils étaient parfaitement autonomes. Ainsi les adultes ont pu papoter tranquillement.

Le soir même au restaurant, nous avons fêté quatre anniversaires : Zrinca, Miel, Lullaby et Taïmoon. On a même utilisé notre chicha (achetée en Irak) pour la première fois depuis l'Irak. C'est vraiment sympa, cette chicha, à refaire dès qu'on est un peu nombreux, car le tabac parfumé dure vraiment longtemps, environ une heure.

Le lendemain, au moment des adieux, Marty a étudié la carte et on a changé notre programme pour rester avec les Blue Georges.

On a bien fait car les deux jours qui ont suivi étaient vraiment très réussis !

Ils allaient en Cappadoce et nous devions tout de suite nous diriger vers Konya (où nous nous trouvons actuellement). Mais nous avions en réalité le temps de faire un petit détour de deux jours en Cappadoce. On s'est donc donné rendez-vous là-bas, sur les hauteurs de la « Love Valley ».

On ne s'habitue pas à la beauté de ce lieu incroyable... Cela nous a fait beaucoup de bien d'y déambuler à nouveau, de jour comme de nuit. C'est magique !

De plus, nous étions en excellente compagnie. D'autant que nous avions un petit regret depuis notre dernier passage en ces lieux : excepté notre propre tour en montgolfière, nous n'avions plus vu d'autres vols les jours suivant. Or, cette fois-ci, la première nuit sur place, Lullaby s'est levé vers cinq heures du matin pour aller aux toilettes et là, il a vu des dizaines de montgolfières s'élever dans les airs, juste en face de nous !

Il nous a donc réveillés et nous sommes tous allés admirer ce spectacle grandiose sur fond de lever de soleil. C'était impressionnant tellement il y avait de ballons...

On aurait dit d'énormes gouttes d'eau inversées dans un ciel extraterrestre.

C'était surtout des silhouettes en contre-jour avec des flammes qui les illuminaient pendant qu'elles s'élevaient dans les airs.

Après une heure de ce merveilleux spectacle aérien, nous sommes allés nous recoucher. Puis nous avons pris nos véhicules pour aller dans le village à côté. On y a dégusté la spécialité sucrée de Turquie, le « kunefe » (galette à base de cheveux d'ange avec un cœur de fromage fondu, le tout, arrosé de miel).

On a acheté des verres à pied en terre cuite et céramique colorée, puis on s'est promenés au milieu des habitations troglodytes creusées dans les montagnes. Leur charme était fou car il y avait un mélange de grottes creusées dans la roche, de vieilles maisonnettes aux façades joliment sculptées et encore d'autres styles architecturaux qui donnaient un cachet particulier à ce village à moitié abandonné.

Nous avons repris les véhicules pour rouler jusqu'à l'Imagination Valley.

Là-bas, nous avons grimpé dans la montagne pendant une petite heure. Le temps d'admirer ses rochers aux formes si particulières nommés les cheminées de fées.

La vallée porte bien son nom car notre imagination s'amuse à voir dans ces pierres étranges, des chameaux, des chiens, un lapin, des danseurs amoureusement enlacés, un Mozart et un gros bonhomme.

Bref, les enfants ont adoré.

Là-bas, Zrinka et Tristan ont offert une abeille en crochet artisanal pour l'anniversaire de Miel et un mouton tout mignon à Taïmoon, car les enfants avaient eu un coup de cœur pour ces deux doudous. On s'est dit au revoir le lendemain, après le déjeuner.

Nous avons roulé quatre heures, quasi sans interruption. Nous savons bien le faire maintenant et nous sommes arrivés à Konya, juste à temps pour voir les derviches tourneurs dont le spectacle commençait à 19 heures, au centre culturel.

Ataturk, à l'époque, avait interdit les derviches tourneurs car ils étaient trop religieux à son goût, lui qui aspirait à moderniser son peuple. Aussi, comme ils sont toujours interdits, les derviches ont trouvé l'astuce de se produire en tant que « spectacle culturel » et non religieux.

Cette représentation n'en reste pas moins très spirituelle et sacrée, avec leur prière au début et à la fin du spectacle.

J'étais étonnée de voir quatre enfants et adolescents parmi

les derviches tourneurs adultes. C'était simple et beau. Il y avait un petit orchestre d'instruments traditionnels, avec un tambour de style chamanique et une flûte en bois.

Leur pas et leur danse étaient très lents et répétitifs. Ils se sont mis à tourner sur eux-mêmes, yeux fermés, tête inclinée, une main vers le ciel pour recevoir l'énergie d'Allah, et l'autre, dirigée vers le sol pour répandre cette énergie. Ils tournaient environ cinq minutes, puis s'arrêtaient, marchaient en cercle et se remettaient à tournoyer.

Il y avait pas mal de gens dans le public (à 2 € la place, on n'hésite pas !), surtout des locaux. Le spectacle a duré 45 minutes.

Nous avons passé la nuit sur le parking désert du centre culturel. Un petit déjeuner maintenant, et on repart direction Antalya.

Lundi 23 juillet. MARTY : Antalya. Retour au sanayi.

Antalya est pour moi, entre autre, lié à son magnifique Sanayi (quartier de garages). Ici des magiciens de la mécanique te désossent intégralement un camion ou te font du tuning incroyable. C'est là que nos amis de l'Odysséebus ont fait changer le moteur de leur double bus.

J'y vais pour un léger souci de troisième « feu stop ». Franchement rien de grave, mais le genre d'imperfection qui ne passe pas au contrôle technique en France.

« Contrôle technique » ? Drôle d'invention pour nous qui avons passé un an au Moyen-Orient à voir rouler des véhicules improbables.

Mon feu stop est une petite barre de LED dans une coque en plastique. J'étais certain qu'il allait l'enlever pour en mettre une neuve parce que j'ai moins de la moitié des LED qui s'allument. Non. Les mécanos électriciens ont démonté la lampe, ils ont travaillé dessus à deux pendant deux heures. Ils ont refait toute la connectique au fer à souder, et peut-être remplacé quelques LED. Au bout de deux heures de ce travail de moine, ils la remettent en place, comme neuve. Le tout pour 6 €, plus deux cafés offerts et une accolade ! Ici, en Turquie, comme dans les autres pays du Moyen-Orient, ils réparent. En France, on remplace. En Turquie, ils ont les compétences et ils prennent le temps de réparer. L'obsolescence programmée n'est pas arrivée jusqu'ici…

L'an dernier, j'avais tordu ma portière, je pensais en bon français que j'allais devoir remplacer la porte mais un carrossier me l'a remise en place à coup de maillet pour 6 € !

Bon, tout n'est pas rose là-dedans, ça pose un problème social chez eux : les salaires sont bas. Je suis content qu'ils réparent au lieu de remplacer, mais ils pourraient se payer plus.

Pour Pascale, Antalya est aussi synonyme de « dentiste ». Vu qu'elle est atteinte de bruxisme, elle a régulièrement de nouvelles caries.

Elle est donc retournée à Attelia, le meilleur dentiste du monde, pour fixer l'implant d'une future couronne. « Attelia, million dollars smile ! » (Il s'agit de leur slogan).

Jeudi 27 juillet 2023. PASCALE :

Hier, j'ai passé la journée chez le dentiste avec les trois enfants, pendant que Marty était au sanayi. J'avais pris leur ordinateur et ils ont regardé des films toute l'après-midi (une fois n'est pas coutume) dans l'un des salons mis à la disposition des patients !

Tout en buvant des Ice Tea, du thé et en se faisant des

nouilles chinoises avec l'eau bouillante en libre accès. En parallèle, je faisais mes soins dentaires qui sont terminés, pour cette fois.

Dans six mois, je devrai revenir à Antalya pour avoir la couronne définitive. Ainsi, j'en profiterai pour y passer quelques jours de vacances en solo.

Je prendrai l'avion mais le transport aéroport-hôtel, dentiste-hôtel et hôtel-aéroport est pris en charge gratuitement par les chauffeurs de ce centre dentaire spécialisé dans les soins pour les étrangers !

En regardant sur Google Maps, Marty a vu que l'ancien terrain vague, situé en face de l'hôtel Castival où mes parents avaient séjourné l'année passée, n'existe plus.

En moins d'un an, un complexe hôtelier a été bâti sur ce terrain ! Nous avons eu la chance d'y être pile au bon moment pour nous y garer durant leur séjour.

Ayant passé son après-midi au sanayi, Marty a réparé presque tout ce qui dysfonctionnait dans le Béluga : la pompe à eau, le phare arrière et l'aiguille des vitesses qui indique à présent la bonne vitesse…

Marty était tombé en désamour par rapport à notre camping-car, car il désespérait des problèmes qui s'accumulaient depuis l'Arabie Saoudite. Mais ça va mieux maintenant.

Nous sommes retournés à la pinède d'Antalya qui côtoie la plage de galets. Pendant les trois nuits que nous y avons passées, la pinède était saturée de voitures garées jusqu'à minuit : des locaux viennent le soir, pour profiter d'une plage moins ensoleillée qu'en journée.

On y a testé notre bidon métallique chauffe-eau qu'on a acheté récemment pour la modique somme de 10 € ! C'est très facile et rapide de faire bouillir un ou deux litres d'eau, avec seulement des brindilles séchées et des bouts de bois ramassés dans la pinède. En quelques minutes, le brasier est allumé dans le compartiment du bas (avec un clapet) et cela chauffe le compartiment du haut rempli d'eau. On se sert alors d'eau pour la théière ou le bol de nouilles chinoises.

Du coup, Marty a aussi investi pour 20 € dans le même style de bidon en métal chauffant, mais plus large, et à la place du réservoir d'eau, il y a une plaque ronde en pierre pour y faire griller des aliments.

D'ailleurs, les enfants ont très envie que, de retour à Montpellier, on fasse des soirées chicha, thés chauffés avec le bidon à feu et servis dans les verres orientaux, agrémenté d'une chorba. La nostalgie nous envahit déjà…

Ce soir, nous allons quitter Antalya pour commencer la route vers Istanbul, ce sera la dernière étape de ce fabuleux voyage en famille.

Le premier soir à la pinède, nous avons rencontré la maman d'Eva (6 ans) qui voyage avec sa propre mère. À la suite de son divorce, elle a quitté son emploi de serveuse, puis elle a revendu sa maison pour acheter un camping-car de seconde main mais récent (2016 à 50 000 €). J'ai cru comprendre que son père était mort récemment, ce qui rendait possible à Martine (sa mère) de voyager avec sa fille et sa petite-fille.

Elles sont donc parties en février et elles ont déjà visité la Grande Bretagne et les pays nordiques d'Europe (Suède, Finlande, Norvège) où elles ont eu vraiment froid car elles s'y trouvaient en hiver et avec une panne de chauffage.

Les quatre enfants se sont bien entendus, malgré leur grande différence d'âge.

Elles sont parties le lendemain après-midi. Elles ignorent encore ce qu'elles feront au mois d'août, tout est possible : continuer sur la route ou bien se poser ?

Le jour de leur départ, nous n'avions ni dentiste ni garage, alors nous sommes allés nous balader en ville. Le bus à l'aller et, en dix minutes, nous étions dans le centre d'Antalya.

Nous avons été boire un jus de fruits frais dans notre habituel « Vitamine bar » et, bien qu'un an plus tard, il nous a reconnus !

Ensuite, tout en profitant des lieux, j'ai été de change en change afin d'échanger la monnaie jordanienne et irakienne qu'il me restait encore. C'est bon, j'ai pu tout échanger en Turkish Lyra.

On a ensuite refait un stock de t-shirts et shorts et on a acheté leur sac à dos qui serviront aussi pour aller à Bruxelles en avion.

Ainsi, nous pourrons préparer leur rentrée scolaire en Belgique avant de faire la route pour Montpellier, leurs affaires seront prêtes pour le retour à l'école.

Maintenant, ils sont tous très contents de retrouver leur vie d'avant, même s'il persiste un peu d'appréhension car Lullaby et Miel vont affronter l'inconnu d'un nouvel établissement et Taïmoon, d'un retour deux ans plus tard, dans la même école.

D'ailleurs, l'un de ses meilleurs amis, n'y sera plus, car il a déménagé entre temps.

Samedi 29 juillet 2023. PASCALE :

Ce matin, c'est « Noël » ! Taïmoon s'est réveillé super tôt par rapport à d'habitude, à 8h30, il déballait les boîtes de jouets que j'ai achetées hier.

Nous sommes à Afyonkarahisa. Petite pensée à Nico et Julie car c'est précisément ici que nous nous étions rencontrés la première fois, l'an dernier. Entre Istanbul et Ankara.

Nico et Julie sont actuellement au Népal. Après l'Iran (où nos chemins s'étaient séparés), ils ont été au Pakistan, puis en Inde où ils sont restés quelques mois.

Maintenant, leur projet est de rentrer en Belgique en six mois, puis de s'installer sur un grand terrain.

Hier, nous avons roulé cinq heures après avoir quitté Antalya. Quand nous sommes enfin arrivés à Afyonkarahisa, nous avions la furieuse envie d'aller voir le film « Barbie » au cinéma. Depuis sa sortie, le 27 juillet, nous cherchions à le voir mais nous n'avions jamais trouvé le temps. Malheureusement, ici en Turquie, ce film est interdit au moins de 13 ans !

Dans le Mall d'Antalya, ils passaient six films, dont « Barbie ». Sur ces six films, cinq étaient interdits au moins de 13 ans... Et le seul autorisé aux enfants s'intitulait « Dracula en Pennsylvanie », un dessin animé. Va comprendre ce monde bizarre.

Bref, impossible de faire passer Taïmoon car la vendeuse de ticket refusait. Mais nous avons récidivé ici, hier soir, à Afyonkarahisa, où nous sommes tombés dans un petit cinéma tenu par un patron sympa qui parlait anglais et qui nous a vendu 5 tickets.

C'était vraiment une chose curieuse que de visionner le film coloré et loufoque de Barbie version féministe, en Turc et en Turquie ! Il n'y avait pas de version originale en anglais.

Par conséquent, Marty et Lullaby ont préféré voir « Oppenheimer », le récit du créateur de la bombe atomique, film réalisé par Christopher Nolan, car il était en anglais. Il durait trois heures, quand « Barbie » durait deux heures (3,50 € par personne).

Comme Martin et Lullaby avaient une séance plus tôt que la nôtre, on s'est baladé dans le centre commercial en plein air, très agréable. On est entré dans un magasin de jouets et j'ai craqué. Il y avait des promotions sur les prix turcs déjà bon marchés. Voilà pourquoi ce fut Noël ce matin.

Hier soir, après la séance de cinéma, il était 23h30 et on est allé se garer au parking réservé pour les camping-cars avec douches, WC, de l'eau, de l'électricité et même un lave linge gratuit. Vive la Turquie ! Ils sont spécialistes de ce genre d'accueil gratuit pour les voyageurs nomades.

Quel concept très intelligent : alors qu'Afyonkarahisa est une ville plutôt petite, sans grand intérêt, elle attire quantité de voyageurs qui viennent acheter des choses, s'y restaurer ou voir des films !

Bravo ! On en est très content. La dernière fois que nous étions dans ce camping, nous étions pressés de rejoindre mes parents à Antalya et nous venions d'Istanbul.

Cette fois-ci, c'est l'inverse. On vient d'Antalya et on va à l'aéroport d'Istanbul prendre l'avion pour retrouver mes parents à Bruxelles.

Décidément cette route, qui traverse le pays du sud au nord, est liée à mes parents et à un temps toujours chronométré.

Samedi 29 juillet 2023. LULLABY : LA FIN

Avant de traverser l'Irak, j'avais peur, en ressortant j'étais saoulé.

Les deux premiers jours en Irak n'étaient qu'une route de désert avec plein de militaires et de convois.

Au moins, j'ai eu ma dose de véhicules de l'armée, ça m'a presque dégoûté. Mais je ne regrette pas du tout d'être passé par là ! C'était vraiment des rencontres, des souvenirs et des lieux incroyables.

C'était vraiment bizarre, les militaires nous disaient des trucs super gentils mais avec un air hyper sérieux, ils étaient vraiment flippants. Ils avaient des masques de tête de mort, de grosses mitraillettes, des tenues militaires, et ils s'étaient imprimés des têtes de mort pirates, des pistolets et des bombes sur leur pochette de balles ou des talkies walkies.

On aurait dit des personnages de jeux vidéos ou de films de guerre.

Il y avait plein de Humvee, pick-up et camions blindés...

Il y avait des impacts de balles sur les vitres et la carrosserie. À part ça, tous les habitants étaient super sympas et accueillants avec nous. On a presque jamais dormi dans notre Béluga tellement on s'est fait inviter.

À la première ville où on est allé, on s'est fait inviter chez un dentiste avec toute sa famille. Il était super sympa et très traditionnel : il portait des djellabas et des keffiehs. Ils m'en ont donné un, je l'ai mis pendant toute la traversée du pays.

Les hommes dormaient dans un grand dortoir avec nous. Et les femmes, de l'autre côté. Après, on a eu plein de pannes... Du coup, on est allé au garage et le garagiste nous a invité chez lui. Il avait un grand jardin avec un mouton vivant mais dans deux jours, il allait l'égorger pour le petit l'Aïd. En plus, il se laissait caresser.

Il avait deux enfants, un garçon qui nous a proposé de jouer à FIFA sur leur vieille télé des années 70 avec l'écran bombé vers l'avant. Et il fallait qu'ils branchent la télé à la prise mais elle était trop vieille et pas compatible... Du coup, pendant vingt minutes, ils ont essayé de brancher le vieux fil électrique sans prise ! Je flippais trop qu'ils s'électrocutent...

Chez les deux familles, c'était les femmes qui faisaient la cuisine et faisaient le pain tous les matins.

Après, on a garé le Béluga dans le parking d'un bled paumé. Et bah, on s'est fait encercler par dix enfants qui nous tournaient autour et tout, alors qu'on était en train de cuisiner.

Et là, il y a cinq adultes qui nous ont dit de venir dormir chez eux. C'était les parents des gosses. On les a suivis et un autre enfant nous a ouvert un grillage (on aurait dit une caserne militaire). À l'intérieur, il y avait trente enfants, plein de femmes et un super vieux papi. C'était une famille. Ils étaient tellement nombreux et ils venaient très près de nous.

Alors leurs parents ont fait comme les CRS : ils ont envoyé des pétards sur la foule de gosses, vraiment délirant...

Depuis qu'on est revenu en Turquie, on voit le changement. Les gens sont beaucoup plus décontractés et ils sont habillés en européen.

On a tous vu que la traversée des pays arabes était terminée et le voyage touchait à sa fin. Demain soir, on doit être à Istanbul pour partir à trois heures du matin... Ça va piquer.

Au milieu du voyage, quand je suis allé avec maman en Belgique, je n'étais pas triste car je savais que j'allais continuer de voyager.

Là c'est différent. Je sais que quand je partirai, je ne reviendrai plus.

Après deux années nomades, ça va faire un choc, on va complètement changer de vie.

Ça me rend triste et en même temps, je suis content que ce long voyage se soit bien fini et que je vais retrouver mes amis, ma maison, ma ville, ma vie normale quoi.

BELGIQUE

Jeudi 3 août 2023, PASCALE :

J'écris ces lignes depuis mon ordinateur, à Bruxelles. Et non plus sur le cinquième carnet de bord du Béluga…

Car depuis le premier août, nous voilà rentrés en Belgique, Lullaby, Miel, Taïmoon et moi. Ça y est, cette date fatidique a fini par arriver ! Elle me semblait si lointaine pourtant, presque inaccessible. Mais le temps nous rattrape toujours.

Je craignais cette nuit de voyage en avion, depuis l'aéroport d'Istanbul jusqu'à Belgrade avec un changement rapide pour un second avion à destination de Bruxelles.

Le premier avion partait à 4h30 du matin (le 31 juillet), le changement entre les deux vols ne durait qu'une heure vingt. Aucun retard n'était permis.

Nous avons tout de même eu un énooooorme retard puisque le premier avion a décollé à 6 heures au lieu de 4h30. C'était donc foutu pour l'autre vol ! Or, racheter 4 billets en plein mois d'août, le coût risquait d'être exorbitant !

Mais la grâce a opéré… Et Air Serbia a été ultra professionnelle car elle a retardé l'autre décollage pour pouvoir faire le transfert. Je n'avais jamais vu ça ! J'étais aux anges !! Un vrai miracle.

Les enfants ont été adorables et sages pendant les longues heures d'attente, ils ont courageusement porté leur sac à dos contenant les affaires qu'ils ramenaient à Bruxelles.

Nous avons laissé Marty, avec le Béluga, dans le garage d'Ufuk : un gars extraordinaire !

Ufuk est spécialisé dans la réparation des camping-cars et autres vans. Il tient un garage dans la banlieue d'Istanbul et nous a ouvert ses portes pendant qu'on se faisait réparer deux ou trois bricoles chez lui (dont installer une nouvelle fenêtre à droite, dans le salon).

Il nous a trouvé une fenêtre un peu plus longue (de 10 cm) que l'originale car elle commençait à se fissurer. Donc, là, Marty attend encore la livraison, puis Ufuk l'installera en quelques heures.

Ensuite, il pourra partir et, à son aise, mais pas trop quand même, entamer la route du retour jusqu'en Belgique où nous nous retrouverons fin août.

Un nouveau réparateur, ami d'Ufuk, a aussi jeté un coup d'œil au moteur du Béluga car il y a à nouveau eu les pannes moteurs à cause de l'injecteur. À priori, c'est réparé. Marty devra faire quelques tests pour s'en assurer.

Un autre employé d'Ufuk avait accepté de nous conduire à l'aéroport. Nous l'avons payé pour cela. Il est venu à 23H30 pour faire une heure de route. Ainsi, Marty n'a pas dû nous y conduire avec le camping-car qui n'était pas vraiment fiable.

Ce garage et les gens qui y travaillent étaient comme une perle précieuse sur notre chemin du retour en Europe !

Nous étions arrivés dans ce garage la veille (dimanche !), le soir, vers vingt heures.

Marty avait frappé à la porte close, à tout hasard, pour voir s'il y avait quelqu'un. Et… Oh ! Surprise ! Ufuk et son assistante nous ont ouvert leurs portes.

En prime, il y avait d'adorables chatons.

Ufuk a beaucoup voyagé, lui aussi. Il a visité l'Europe en vélo, sac à dos et tente, pendant deux ans !

C'est pourquoi il prolonge un peu cet univers nomade en accueillant et réparant les véhicules des voyageurs qui passent par là.

Ainsi, nous avons décidé de passer notre TOUT DERNIER jour, dans la grande ville d'Istanbul. Nous avons laissé le

Béluga au garage et pris le métro jusqu'au Bosphore.

Cela nous a fait tellement de bien de revoir ce centre-ville bouillonnant de vie que l'on connaissait si bien. On a changé encore quelques devises car Marty en aura besoin. Nous avons imprimé nos tickets d'avion, et surtout, nous cherchions une ultime séance photo en costumes, pour clore ce voyage en beauté.

Nous l'avons trouvée au pied de la tour de Galata ! Une vieille tour en pierre avec une pointe dorée sur son toit, trônant au sommet de la colline qui fait face au Bosphore. C'était dense en population mais très sympa. Cette visite-là avait le mérite d'être une première fois pour nous tous !

On a mangé des pâtes dans un restaurant dont la salle du haut donnait sur le détroit. Les enfants se sont régalés à observer les pétroliers et innombrables bateaux qui y circulaient pendant qu'ils dévoraient leur plat.

Voilà comment s'est déroulé la dernière journée de ce long périple de deux ans.

Nous sommes ensuite rentrés en métro jusqu'au garage et nous nous sommes préparés pour le retour en avion qui s'est admirablement bien passé.

À présent, il faudrait donc conclure ce journal. C'est drôle car, pour moi, la vie continue, elle ne s'achève pas avec la fin de ce voyage. Je pourrais ainsi poursuivre nos aventures indéfiniment, même si elles se passent en Belgique ou en France, même si nous retrouvons notre quotidien à Montpellier, même si les trois enfants rentrent à l'école, même si, même si, même si…

Oui, la vie continue et elle nous réserve encore de merveilleuses surprises et d'incroyables rencontres. Ce périple en famille était une sorte de parenthèse hors du temps, qui s'imbrique dans une existence linéaire mais passionnante.

J'ai hâte maintenant de relire les carnets depuis notre départ, en septembre 2021, pour les retranscrire, couper les passages inutiles, embellir certaines formulations car j'écrivais souvent dans l'urgence puisque le temps, toujours, semblait manquer. Et revivre en ce sens l'esprit et le souvenir de ce voyage.

Je suis soulagée d'être rentrée. Fière aussi, car j'ignorais si j'étais capable d'un tel dépassement de moi. Je suis heureuse d'avoir pu répondre à l'appel et au besoin de Marty de réaliser, enfin, son rêve d'explorer le monde. Oui, je l'ai fait et ce fut merveilleux !

Pas facile, pas toujours agréable, mais parfait.

Nous n'avons plus envie de refaire une telle expédition familiale, c'est vraiment éreintant, éprouvant. Toutefois, le goût du voyage ne nous quittera pas de si tôt, nous gardons le Béluga et avec lui, la promesse de découvrir d'autres pays, d'autres gens. Mais en douceur, par période plus courte, avec un véhicule moins chargé, sans les cours des enfants à assurer. Bref, il ne restera que le bonheur d'être ensemble et de vadrouiller sur les routes de cette planète éblouissante.

J'ai l'impression, parfois, que les gens qu'on retrouve à présent, se disent :

« Eh bien, nous ne parlons pas beaucoup du voyage, de notre aventure, alors que nous venons à peine de rentrer… » ou « Finalement, après deux ans, hors norme, ils ont tout de suite retrouvé leurs anciennes habitudes de vie et de consommation… Ce voyage ne les a-t-il pas changés du tout ?! »

C'est vrai, je ne vais pas en parler des heures. Et j'aimais ma vie d'avant donc je ne souhaite pas la changer intégralement suite à ce voyage. Mais les transformations intérieures sont puissantes, même si elles sont invisibles pour l'instant.

J'ai confiance en l'humanité, je suis amoureuse de ma

planète bleue, plus encore qu'avant. Je suis prête à affronter les difficultés de l'existence car j'en ai eu beaucoup à gérer ces derniers mois.

J'aime mes enfants. J'aime Marty. J'aime la vie.

Je suis en paix.

Jeudi 10 août 2021, PASCALE :

Mais où s'arrêtera donc ce journal de bord ?

Je l'ignore car un voyage se vit avant, durant la préparation, pendant, bien entendu, mais aussi après… Les temps qui suivent le retour à la maison font encore partie du voyage, il s'agit de « l'après », le retour, la reprise de la vie, suite à un tel bouleversement. Comme le dit si bien un proverbe : « Le silence qui suit Mozart est encore de Mozart ».

Voilà dix jours que nous sommes revenus dans le « Plat Pays ». Le soleil et le ciel bleu nous ont accompagnés de leur joyeuse présence.

Quant à notre famille, nous sommes dispersés dans trois pays différents ! Lullaby a rejoint ses grands-parents paternels en France, Marty vient d'arriver en Bulgarie et Miel, Taïmoon et moi sommes en Belgique. Et encore… Il y a deux jours, j'étais à Paris pendant le week-end, après avoir déposé Lullaby dans le train pour Caen.

Après deux années intensivement ensemble, nous vivons tous sans soucis cette séparation.

Tout nous va, à vrai dire. Nous aimons la vie alors qu'importe ce qui arrive, nous sommes toujours (ou presque) ravis !

La vie nomade en camping-car, c'était génial. Mais fatiguant.

La vie normale à Montpellier, c'est super. Mais répétitif.

Les vacances à droite et à gauche, tous dispersés, nous

adorons cela. Mais elles ne durent qu'un temps.

J'avoue que mon existence, à présent, me parait d'une facilité étourdissante ! Tout est tellement confortable et léger.

J'ai l'impression qu'après avoir vécu en mouvement, à cinq dans une « Tiny house », à voyager dans des pays plutôt difficiles, bien que magnifiques, tout me semble aisé.

Je vole sur un petit nuage ! Cela me fait l'effet d'avoir porté des chaussures en métal pendant plusieurs mois et que je les ôte enfin… Le quotidien me parait infiniment plus fluide.

Voilà comment je me sens actuellement.

Je pense qu'il en sera de même lorsque nous serons de retour, tous les cinq, dans le sud de la France.

FRANCE

Dimanche 3 septembre 2023, MARTY :

Dernier réveil dans la nature ! La France, c'est beau aussi.

Dernière journée de voyage.

Dernière route pour refermer notre loooongue boucle de deux ans qui nous a menés jusqu'au sultanat d'Oman.

J'ai tellement à en dire, ça viendra dans le courant de l'année.

Ce soir, nous dormirons dans notre maison « en dur », à Montpellier. Il est plus que temps, la rentrée, c'est demain matin. On a préféré profiter jusqu'au dernier moment de cette belle aventure.

Je suis déjà nostalgique. Me reviennent en mémoire toutes ces belles personnes rencontrées et tous ces magnifiques instants qui sont déjà rangés dans la boîte à souvenirs.

Pas encore rentrés que j'ai déjà envie de repartir, ouvrir de nouvelles boucles.

Samedi 9 septembre 2023, PASCALE :

Le retour !

Marty est arrivé parfaitement à l'heure au rendez-vous de Bruxelles, le dimanche 27 août. Pile à temps pour célébrer l'anniversaire des 79 ans de Rose-Marie qui avait organisé sa fête chez mes parents.

Un retour festif qui avait motivé Marty à ne pas traîner sur la route.

Depuis notre séparation en Turquie, les pays que Marty a

traversés pour rejoindre la Belgique sont la Bulgarie, la Roumanie, la Hongrie, la Slovaquie, la République Tchèque, l'Allemagne et la Hollande.

Sa route s'est très bien passée, mis à part quelques soucis d'étanchéité autour de la fenêtre récemment installée à Istanbul... Les fuites ont été détectées dès les premières pluies en Roumanie. Marty a colmaté tout cela avec du silicone et le problème est maintenant réglé.

Il n'avait pas fait la route seul, Laureana l'avait rejoint à Istanbul, juste après notre départ.

J'étais ravie pour eux et rassurée qu'il soit accompagné pour faire cette longue route jusqu'en Belgique.

Nous nous sommes tous joyeusement retrouvés à Bruxelles où nous avons passé trois jours à préparer notre retour, en achetant en ligne les « putains » de vignettes Crit'air pour la Kangoo (Crit'air 3) et le Béluga (Crit'air 4), en rassemblant nos affaires, dont nos courses de produits belges, nos trois cartables préparés pour la rentrée et les caisses qu'on avait envoyées depuis la Grèce, l'année précédente, pour alléger le Béluga.

Nous avons dit au revoir à mes parents le mercredi 30 août, vers onze heures, afin d'arriver à temps près de Mons, au restaurant où Jérémy, mon neveu, est pizzaiolo. Chez « Garibaldi » à Frameries, car cela nous faisait plaisir de le revoir une dernière fois.

De plus, ce restaurant est sur notre route vers la France et la cuisine y est délicieuse ! Son patron italien fait tout maison, de la pâte à pizza, aux pâtes fraîches, en passant par les gnocchis qui sont divins !

Nous avons dormi en France, proche de Paris, le soir même. Le lendemain matin, nous avons roulé jusqu'à Dourdan, chez Damien et Anne-Cécile, la tante de Marty. Nos enfants ont pu jouer avec leurs quatre enfants.

Le camping-car était garé dans leur cour car il n'est pas

autorisé à rentrer dans Paris (seuls les « Crit'air » 1 et 2 peuvent rouler dans cette ville)... Bonjour, la liberté de circuler... Après le covid, la nouvelle raison liberticide est l'écologie. Enfin, une version de l'écologie qui, toujours, arrange bien les riches au détriment des pauvres voués à rester sagement chez eux. Pendant ce temps, l'élite circule au-delà des lois et des éco-taxes dans leur jet privé.

On se croirait en Arabie Saoudite avec la « Muslim road » et la « Non-Muslim road » qui fait un énorme détour pour éviter de passer trop près de la Mecque.

Finalement, les mêmes interdictions ne se baseraient-elles pas sur un « prétexte » qui change en fonction de la mentalité et de l'acceptation de sa population ?

Bref, un difficile retour à la réalité dans ces pays « modernisés »...

Le jeudi 31 septembre, je suis allée chercher Lullaby à la gare Saint Lazare. Son train, contrairement à celui pris à l'aller, était parfaitement à l'heure.

À l'aller, début août, son train Paris-Caen était arrivé avec HUIT heures de retard !!

Lullaby était parti de Paris vers 19h30 or il n'est arrivé en Normandie qu'à 5 heures du matin... Pour un trajet qui ne devait durer que deux heures en temps normal.

Lullaby, âgé de 15 ans, a géré cet imprévu comme un chef, tout seul, en changeant de train avec les autres voyageurs, en patientant toute la nuit, en s'adaptant à la situation.

Donc, cette fois-ci, nous étions plutôt anxieux, mais tout s'est déroulé comme prévu et je l'attendais sur le quai de la gare à seize heures. Nous avons ensuite pris le métro, puis le RER jusqu'à Dourdan.

Heureusement, depuis l'instauration des vignettes « Crit-Air », le prix des tickets de RER est bloqué à 5 euros maximum. Pour nous, avec la carte « famille nombreuse », il est à moitié prix.

Le vendredi 1er septembre, nous avons été à cinq à Paris, Porte de Versailles, pour visiter l'exposition « Titanic ». Une bonne mise en scène reproduisant l'ambiance à bord du navire, les ronronnements continus des machines, la visite des trois styles de chambre selon la classe. Les enfants avaient découvert ce film pendant le voyage, et ils l'avaient adoré.

Le soir même, nous avons quitté la famille d'Anne-Cécile et Damien pour rouler jusqu'à Montpellier. Sans trop traîner car la rentrée scolaire était dans deux jours !

Nous n'avons vraiment pas pris de marge… Après une nuit en pleine nature, et une journée à rouler, nous sommes enfin revenus chez nous !!

Ô joie ! Ô bonheur de retrouver notre maison en excellent état et notre jardin inchangé. Nous avons eu la chance d'accueillir durant deux années des locataires qui ont pris soin de notre habitation et qui l'ont laissée dans un parfait état. Cela contribue aussi à notre euphorie d'être de retour en France.

Inutile de dire que la première semaine d'école fut éreintante…

Les enfants, tout comme Marty et moi, étions sur les rotules.

Lundi 4, rentrée des classes. Mardi 5, Marty et Dorval ont passé la journée à rouler avec la voiture de Dorval afin de récupérer notre Kangoo qui sommeillait depuis deux ans dans un coin perdu de la campagne, face à la maison d'une copine.

Pendant ce temps, je filais à la Préfecture de Montpellier, pour mon rendez-vous de naturalisation. J'avais déposé mon dossier de demande de nationalité française en janvier 2020, juste avant le covid qui a tout ralenti.

Mercredi 6, nous invitions des amis pour nous aider à vider le Box qui contenait nos affaires stockées depuis deux ans.

Le Box nous offrait leur camionnette (12 m2) pour transporter tous nos cartons.

Ce fut une réussite ! Le local fut vidé en deux trajets et les amis nous ont aidés à porter les cartons et les placer déjà dans les différentes pièces.

Seul Taïmoon est resté dans la même chambre qu'avant. Lullaby a pris la chambre des parents à l'étage, les parents se sont installés dans l'ancien garage devenu chambre d'amis et Miel a adopté l'ancienne chambre de Lullaby. Eh oui, tout le monde avait grandi entre temps et les besoins actuels n'étaient plus les mêmes.

Jeudi 7, Marty s'est consacré à rendre la Kangoo présentable, il a viré le nid de guêpes qui s'y était niché, changé la plaque d'immatriculation qui se décomposait, vidé le phare arrière qui s'était rempli d'eau croupie… En vue de lui faire passer le contrôle technique que nous n'avions pas fait depuis deux années.

Vendredi 8, c'était au tour du Béluga d'aller au contrôle technique. Contrairement à ce que craignait Marty, tout était en ordre ! Excepté un roulement sous le châssis qui doit être changé. Nous avons réservé la réparation au garage et nous passerons une contre-visite très bientôt.

Et samedi 9 septembre… Nous avons enfin pu souffler. Quel enfer, cette semaine intensive.

Taïmoon sautillait de joie le premier jour de la rentrée ! Il est allé à l'école en gambadant le long du trottoir. Marty avait du mal à suivre son rythme. Taïmoon a tout de suite retrouvé ses anciens copains de classe et ils se sont amusés comme jamais.

Miel aussi était ravi, bien qu'angoissé à l'idée de rentrer dans un collège totalement inconnu pour lui. Heureusement, il y a retrouvé son meilleur ami Rayan et d'autres copains.

Pour Lullaby, ce fut plus progressif. Il découvrait un nouveau lycée qui n'était pas celui attribué aux élèves de notre quartier, mais comme nous avions quitté le cursus classique, j'avais dû remplir une demande de lycée avec nos préférences. Or notre premier choix était ce lycée-là car il était plus grand, avec plus d'options et une excellente réputation.

Lullaby se retrouve donc un peu perdu au milieu d'élèves qu'il ne connaît pas du tout. Et comme il est plutôt timide, et que, hélas, les téléphones portables sont autorisés dans l'enceinte du lycée, la socialisation se fait avec lenteur.

Mais il reste consciencieux et motivé pour s'y rendre chaque jour.

Après chaque journée de cours, il se met au travail sans qu'on ait à le lui demander et il fait ses devoirs dans sa chambre. Il a bien retenu les habitudes d'autonomie du CNED !

Lundi 11 septembre 2023, PASCALE :

À Montpellier, nos habitudes quotidiennes s'installent tranquillement, dès la deuxième semaine de retour. Et c'est parfait !

Nos cartons de déménagement sont en voie de disparition, même s'il en reste encore çà et là.

Les enfants reprennent leur rythme scolaire avec le coucher tôt et le lever tôt.

Marty retrouve ses amis et moi, je me régale dans cette maison spacieuse !

J'ai une énergie de travail et de motivation rarement atteinte car j'ai soif d'avancer dans mes différents projets littéraires.

Je commence à souffler : la vague du pire, celle du retour sur les chapeaux de roues, est enfin passée.

Maintenant vient le temps du calme, du repos quand je suis fatiguée, de la conquête intérieure de mon univers d'écrivain, du confort délicieux de ma petite habitation du Sud de la France.

J'aime tellement la vie. Je suis si fière d'avoir effectué ce long périple, d'avoir permis à Marty et à nos enfants de le faire ensemble, de l'avoir réussi.

Je suis heureuse.

Mercredi 4 septembre <u>2024</u>, MARTY :

L'heure du bilan.

Vous vous souvenez ? Avec ce post, il y a trois ans pile poil, j'annonçais notre départ en famille sur les routes du monde en camping-car !

Départ un peu précipité en 2021 suite à un sentiment d'étouffement en période Covid. Piqûre de rappel : été 2021 nous en étions au pass vaccinal, et à de nombreuses frontières terrestres encore fermées. Je ne relance pas ici une énième polémique sur cette situation, chacun garde ses croyances, je les respecte. Avec du recul, je remercie l'arrivée du Covid car ça nous a donné un coup de booster.

En même temps relationnellement, familialement, amicalement, scolairement, artistiquement, professionnellement, j'étais en crise. Il fallait changer d'air. Respirer à plein poumons ! Courir le monde ! Retrouver du sens, LE sens ! Être dans son axe. Bas les masques ! C'était nécessaire pour ma santé mentale. Transmuter le coup de massue sur la caboche en coup de pied au séant.

C'est la première fois que je livre ici mes difficultés personnelles. J'ai beaucoup de pudeur mais Facebook restera un réseau Asocial si tout le monde continue à se couper de l'instant présent et à faire semblant. Ça peut devenir un merveilleux espace thérapeutique collectif. J'ai toujours de l'admiration lorsqu'un ami livre ses difficultés personnelles. C'est cliché mais je pense que tout grand voyage, toute grande aventure, l'est d'abord en soi. On ne part jamais pour rien. On ne revient pas non plus pour rien.

Mon âge au moment du départ ? 39 ans… Tiens tiens, ça sent se pointer la crise de la quarantaine. La chance que j'ai est que ma famille (mes trois enfants et leur mère) était partante dans cette folie ! Ma crise personnelle était aussi une crise collective. D'ailleurs qui peut dire qu'il n'était pas en crise en 2021 ?

Une folie ? Oui, bien entendu. Je suis persuadé que c'est cette folie qui nous a permis d'aller si loin dans des pays si difficiles, à une période si instable (on pouvait finir prisonniers en Iran, explosés en Irak, confinés en Arabie, internés en HP au Kurdistan, coincés dans un « no man's land » au Kossovo, tout était possible).

On ne rencontre pas cette folie souvent dans une vie, il faut savoir l'écouter, la saisir, la laisser s'épanouir lorsqu'elle frappe à la porte. On peut me critiquer d'avoir embarqué mes enfants là-dedans. Au contraire, c'est le meilleur cadeau que je pouvais leur offrir. Quand on voit ce que l'école de la république était devenue en période Covid, j'ai bien fait de les sortir de cette impasse. C'était la meilleure éducation possible à leur offrir…

Ils en reviennent avec une créativité, un œil curieux, un esprit d'équipe et un grand sens de l'autonomie, et vous savez quoi… Ils sont peu sur les écrans, ce qui est une merveilleuse victoire !

Nous sommes partis hauts les cœurs pour une seule année mais au bout de quelques mois, une seconde année s'est imposée d'elle-même pour pouvoir s'enfoncer davantage dans le paysage, étirer notre horizon, explorer encore plus loin au-delà de l'Europe.

On ne s'en rend plus compte mais en cette période de troubles, le monde n'était pas encore tout à fait ouvert aux déplacements. Et des pays étaient encore fermés, à cause du Covid ou des guerres qui éclataient (Arménie, Azerbaïdjan, Turkménistan, Chine, Ukraine, Russie…). Une seule route s'ouvrait à nous, et quelle route, celle des mille et une nuits. Elle comprend des difficultés de taille : une entrée par l'Iran (qui commençait tout juste une révolution civile) et une sortie par l'Irak (encore en état de guerre contre Daesh), ça fait rêver.

Ce tour du Moyen-Orient nous mena jusqu'à la frontière Yéménite (encore un pays fermé) à travers les opulents Émirats Arabes Unis, le traditionnel sultanat d'Oman, l'étrange Qatar, la mystérieuse Arabie Saoudite (tout juste ouverte aux étrangers) et l'incroyable Jordanie. À chaque virage, un éblouissement, dans chaque région, de nouveaux amis, les pleines lunes rouges dans les dunes infinies, les chameaux qui traversent n'importe quand, les réveils par les appels à la prière, les découvertes gustatives... Nous avons ri, pleuré, pesté, douté, joué, gravi des montagnes (merci petit moteur), traversé des mers, visité des cités magiques (sublime Iran), enjambé des déserts, mais surtout nous avons découvert la culture arabe et sympathisé avec des locaux ultra accueillants.

Voyager plus loin, mais aussi plus profond en nous, en notre capacité d'adaptation en des situations parfois compliquées : la peur, les pannes, la stupide administration, les blessures, les militaires, le trafic fou dans les grandes villes arabes, une température qui montait jour après jour... Nous sommes partis avec des enfants et nous rentrons avec des adolescents. Sacrée transition.

Ce grand voyage fut une bulle d'air nécessaire.

Après une année de flottement à notre retour, je suis heureux de retrouver une vie moins mouvementée. Et le « Béluga », notre fidèle compagnon sur roues, est prêt pour de nouvelles aventures pendant les vacances, ce que nous venons de faire cet été en Grande Bretagne.

Je reviens de cette grande aventure familiale avec une pile de dessins et une tonne d'histoires à raconter.

Et ça, ce sera la prochaine grande aventure.

Poursuivez votre voyage en lisant ces deux livres :

Pascale Leconte — Martin Trystram

Deux ans en camping-car avec trois enfants
Année *1* : Toutes les routes mènent à Rome

Les dessins du voyage par Marty Trystram.

Marty Trystram

Carnet d'Orient

Deux ans
sur la route
en famille

LIVRET GRAPHIQUE

Photos, illustrations :
Martin Trystram,
Lullaby, Miel, Taïmoon Trystram
Et Pascale Leconte

TURQUIE

IRAN

IRAN

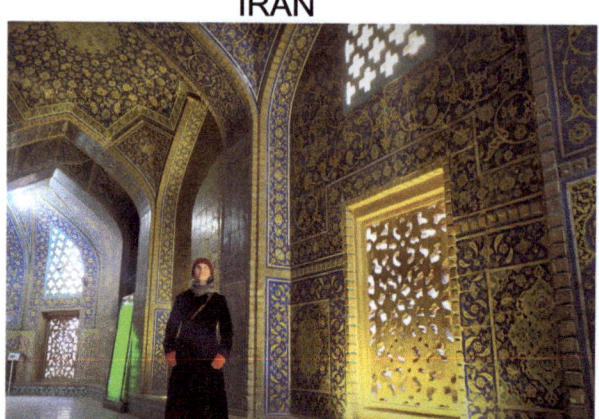

IRAN

OMAN → CENTRAL BANK OF OMAN 1/2 — HALF RIAL → 1 demi rial

IRAN → CENTRAL BANK OF THE ISLAMIC REPUBLIC OF IRAN — 1000000 → 1 million de rials

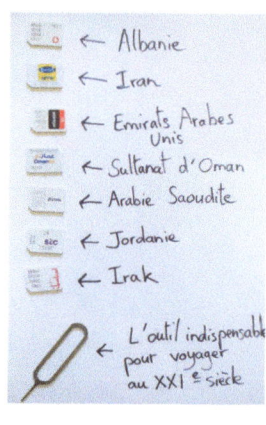

← Albanie
← Iran
← Emirats Arabes Unis
← Sultanat d'Oman
← Arabie Saoudite
← Jordanie
← Irak
← L'outil indispensable pour voyager au XXI ᵉ siècle

EMIRATS ARABES UNIS

La Mosquée d'Abu Dhabi

OMAN

OMAN

ARABIE SAOUDITE

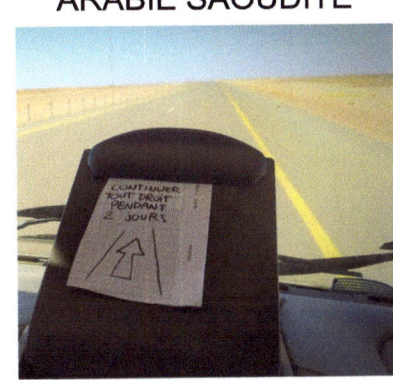

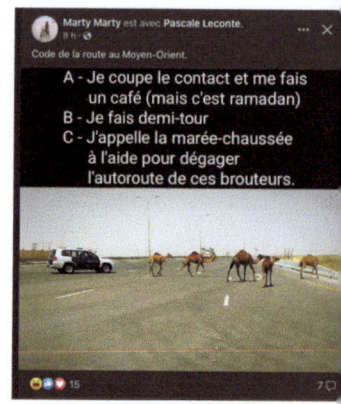

Marty Marty est avec Pascale Leconte.
8 h · ⊘

Code de la route au Moyen-Orient.

A - Je coupe le contact et me fais
 un café (mais c'est ramadan)
B - Je fais demi-tour
C - J'appelle la marée-chaussée
 à l'aide pour dégager
 l'autoroute de ces brouteurs.

😂😮❤️ 15

7 💬

JORDANIE. Petra.

LA MER
MORTE

TURQUIE

Le dernier jour du voyage à Istanbul.

Frontière avec L'Arabie Saoudite

La route des forts de Liwa - Désert du Quart-Vide

Marty Trystrar

Marty Trystram

Ô nuits d'Arabie ... au parfum de velour ...

Marty Trystram

Nuit à la belle étoile dans les hautes dunes du désert de LIWA

Je suis Taïmoon et j'ai dessiné
une mosquée que j'ai vue en
Turquie où j'ai voyagé en
camping-car pendant deux mois.

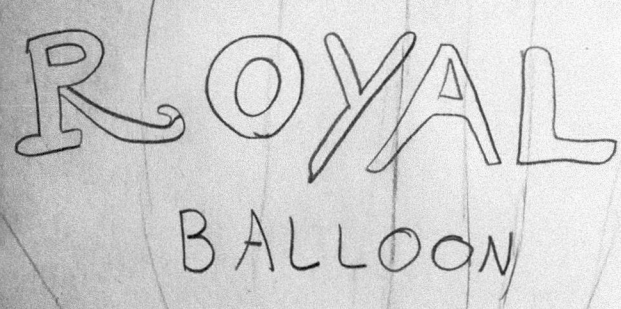

ROYAL
BALLOON

FEU

PHOTOGRAF

COUPLE DE VISITEURS

PAPA

TAÏMOON

MOI

MAMAN

LULLABY

BOUTEILLE DE GA

PILOTE DE MONGOLFIÈRE

**Miel Trystram
2022**

Une planche de BD dessinée par Taïmoon Trystram

SOMMAIRE :

Autres ouvrages de Pascale Leconte :

Deux ans en camping-car avec trois enfants.
ANNÉE 1 : Toutes les routes mènent à Rome.
— BOD Editions

Le dernier conte
— Be Light Editions

La licorne de Nazareth
— BOD Editions

L'éveil de la rose : En quête d'une sexualité consciente.
— BOD Editions

La sirène abyssale
— BOD Editions

Jack l'Éventreur n'est pas un homme
— BOD Editions

Framboise et volupté
— Stellamaris Editions

D'Homo Sapiens à Homo Deus : Comment finaliser
l'évolution de l'humain ?
— BOD Editions

Autres bandes dessinées de Marty Trystram :

Carnet d'Orient. Deux ans sur la route en famille
— BOD Editions

Pacifique
Avec Romain Baudy
— Casterman

La Vallée
Avec Pascal Forneri
— Dupuis

Infinity 8. Guérilla symbolique
Avec Kris et Lewis Trondheim
— Rue de Sèvres

A comme Eiffel
Avec Xavier Coste
— Sarbacane